JN065868

公務員
採用試験
対策シリーズ

三重県の
公務員採用試験
（教養試験）

津市・四日市市・鈴鹿市・
名張市・伊勢市の
中級・短大卒程度／初級・高卒程度

2025

公務員試験研究会　編　　協同出版

まえがき

　公務員は，国や地方の行政諸機関に勤務し，営利を目的とせず，国民や住民などの幸せのため，政策・諸事務を円滑に実施・進行して，社会の土台作りを行うことを職務としています。昨今では，少子高齢化の進行や公務のDX化，国際競争力の低下などの社会情勢の変化に伴って，行政の果たす役割はますます多岐にわたり，重要さを増しています。行政改革が常に論議されているのは，どのような情勢においても安心した生活が送れるよう，公務員に対して国民や市民が，期待を寄せているからでしょう。

　公務員になるためには，基本的には公務員採用試験に合格しなければなりません。公務員採用試験は，公務に携わる広い範囲の職種に就きたい人に対して課される選抜競争試験です。毎年多数の人が受験をして公務員を目指しているため，合格を勝ち取るのは容易ではありません。そんな公務員という狭き門を突破するためには，まずは自分の適性・素養を確かめると同時に，試験内容を十分に研究して対策を講じておく必要があります。

　本書ではその必要性に応え，公務員採用試験に関する基本情報や受験自治体情報はもちろん，「教養試験」，「論作文試験」，「面接試験」について，最近の出題傾向を分析した上で，ポイント，問題と解説，対応方法などを掲載しています。これによって短期間に効率よく学習効果が現れ，自信をもって試験に臨むことができると確信しております。なお，本書に掲載の試験概要や自治体情報は，令和5（2023）年に実施された採用試験のものです。最新の試験概要に関しましては，各自治体HPなどをよくご確認ください。

　公務員を目指す方々が本書を十分活用され，公務員採用試験の合格を勝ち取っていただくことが，私たちにとって最上の喜びです。

公務員試験研究会

三重県の公務員採用試験対策シリーズ

津市・四日市市・鈴鹿市・名張市・伊勢市の
中級・短大卒程度／初級・高卒程度

◆ 目 次 ◆

第1部

試験の概要

- 公務員試験とは
- [参考資料]
  試験情報と自治体情報

公務員試験とは

◆ 公務員とはどんな職業か

　一口でいえば，公務員とは，国家機関や地方公共団体に勤務する職員である。

　わが国の憲法では第15条で，「公務員を選定し，及びこれを罷免することは，国民固有の権利である」としたうえで，さらに「すべて公務員は，全体の奉仕者であつて，一部の奉仕者ではない」と定めている。

　また，その職務および人事管理などについては「国家公務員法」および「地方公務員法」という公務員に関する総合法規により，詳細に規定されている。たとえば「この法律は，……職員がその職務の遂行に当り，最大の能率を発揮し得るように，民主的な方法で，選択され，且つ，指導さるべきことを定め，以て国民に対し，公務員の民主的且つ能率的な運営を保障することを目的とする」(「国家公務員法」第1条)と述べられ，その職務や人事管理についてはっきりと規定されているのである。すなわち，公務は民主的な方法で選択され，また国民に対しては，民主的・能率的な公務の運営が義務づけられているといえよう。

　現在の公務員の基本的性格を知るにあたって，戦前の公務員に触れておこう。戦前，すなわち明治憲法の時代には，公務員は「官吏」または「公吏」などと呼ばれ，「天皇の使用人，天皇の奉仕者」ということになっていた。したがって，官吏の立場は庶民の上に位置しており，封建時代の"お役人"とほとんど変わらない性格を帯びていた。つまり，民主主義に根ざしたものではなく，天皇を中心とした戦前の支配体制のなかで，その具体的な担い手になっていたといえるだろう。

　戦後，制度が一新されて「官吏」は「公務員」と名を変え，その基本的性格もすっかり変化した。つまり，公務員の「公」の意味が「天皇」から「国民」に変わり，国民によって選定された全体の奉仕者という立場が明確にされたのである。

　なお，公務員という職業は，その職務遂行にあたって国民に大きな影響をおよぼすものであるから，労働権・政治行為などの制限や，私企業からの隔離などの諸制限が加えられていることも知っておく必要がある。

◆ 公務員の種類と職務

（1） 公務員の種類

　本書は，津市・四日市市・鈴鹿市・名張市・伊勢市の中級・短大卒程度／初級・高卒程度をめざす人のための参考書だが，ここでは公務員の種類の全体像をごく簡単に紹介しておこう。一般に公務員は国家公務員と地方公務員に大別でき，さらに一般職と特別職とに分けられる。

① 国家公務員と地方公務員

　　国家公務員とは，国家公務員法の適用を受け（＝一般職），国家機関である各省庁やその出先機関などに勤務し，国家から給与を受ける職員をさす。たとえば，各省庁の地方事務局などに勤務する者も，勤務地が地方であっても国家公務員である。

　　一方，地方公務員は，地方公務員法の適用を受け（＝一般職），各地方公共団体に勤務し，各地方公共団体から給与を受ける職員である。具体的には，都道府県や市町村の職員などを指している。

② 一般職と特別職

　　国家公務員と地方公務員は，それぞれ一般職と特別職に分けられる。人事院または各地方公共団体の人事委員会（またはそれに準ずるところ）を通じて採用されるのが一般職である。

　　特別職とは，国家公務員なら内閣総理大臣や国務大臣・国会職員などであり，地方公務員なら知事や収入役などである。それぞれ特別職は国家公務員法および地方公務員法に列記され，その特別職に属さないすべての職を一般職としている。

③ 上級職，中級職，初級職

　　採用試験の区分であると同時に，採用後の職務内容や給与等の区分でもある。採用試験はこの区分に合わせて実施される。地域によっては，その名称も異なる。

（2） 地方公務員の対象となる職務

　地方公務員試験に合格して採用されると，各地方の職員として，事務および調査・研究または技術的業務などに従事することになる。

　公務員採用にあたって公開平等に試験を実施し，成績の良い者から順に採用することを徹底していて，民間企業の採用によくみられる「指定校制」など

の"制限"は原則としてない。もちろん，出身地・思想・信条などによる差別もない。これは公務員採用試験全般にわたって原則的に貫かれている大きな特徴といえよう。

◆「教養試験」の目的と内容

(1)「教養試験」の目的

　教養試験は，国家公務員，地方公務員の，高校卒程度から大学卒程度までのあらゆる採用試験で，職種を問わず必ず行われている。教養試験は，単なる学科試験とは異なり，今後ますます多様化・複雑化していく公務員の業務を遂行していくのに必要な一般的知識と，これまでの学校生活や社会生活の中で自然に修得された知識，専門分野における知識などが幅広く身についているかどうか，そして，それらの知識をうまく消化し，社会生活に役立てる素質・知的能力をもっているかどうかを測定しようとするものである。

　このことについては，公務員試験の受験案内には，「公務員として必要な一般的知識および知能」と記されている。このため，教養試験の分野は，大きく一般知識と一般知能の2つの分野に分けられる。

　一般知識の分野は，政治，法律，経済，社会，国際関係，労働，時事問題などの社会科学と，日本史，世界史，地理，思想，文学・芸術などの人文科学，物理，化学，生物，地学，数学などの自然科学の3つの分野からなっている。

　一般知識の分野の特徴は，出題科目数が非常に多いことや，出題範囲がとても広いことなどであるが，内容としては高校で学習する程度の問題が出題されているので，高校の教科書を丹念に読んでおくことが必要である。

　一般知能の分野は，文章理解，数的推理，判断推理，資料解釈の4つの分野からなっている。

　一般知能の分野の問題は，身につけた知識をうまく消化し，どれだけ使いこなせるかをみるために出題されているため，応用力や判断力などが試されている。そのため，知能検査に近い問題となっている。

　したがって，一般知識の分野の問題は，問題を解くのに必要な基本的な知識が身についていなければ，どんなに頭をひねっても解くことはできないが，一般知能の分野の問題は，問題文を丁寧に読んでいき，じっくり考えるようにすれば，だれにでも解くことができるような問題になっている。

(2)「一般知識分野」の内容

一般知識分野は，さらに大きく3分野に分けて出題される。

社会科学分野	われわれの社会環境，生活環境に密着した分野で，政治，経済，社会，労働，国際，時事などに分かれる。学校で学んだこと，日々の新聞などから知ることができる内容等が中心で，特に専門的な知識というべきものはほぼ必要がない。
人文科学分野	歴史・地理・文化・思想・国語など，人間の文化的側面，内容的要素に関する知識を問うもので，専門的知識よりも幅広いバランスのとれた知識が必要である。
自然科学分野	数学・物理・化学・生物・地学などを通じて，科学的で合理的な側面を調べるための試験で，出題傾向的には，前二者よりもさらに基本的な問題が多い。

以上が「一般知識分野」のあらましである。これらすべてについて偏りのない実力を要求されるのだから大変だが，見方を変えれば，一般人としての常識を問われているのであり，これまでの生活で身につけてきた知識を再確認しておけば，決して理解・解答ができないということはない問題ばかりである。

(3)「一般知能分野」の内容

一般知能分野は，さらに大きく4分野に分けて出題される。

文章理解	言語や文章についての理解力を調べることを目的にしている。現代文や古文，漢文，また英語などから出題され，それぞれの読解力や構成力，鑑賞力などが試される。
判断推理	論理的判断力，共通性の推理力，抽象的判断力，平面・空間把握力などを調べるもので，多くの出題形式があるが，実際には例年ほぼ一定の形式で出題される。
数的推理	統計図表や研究資料を正確に把握，解読・整理する能力をみる問題である。
資料解釈	グラフや統計表を正しく読みとる能力があるかどうかを調べる問題で，かなり複雑な表などが出題されるが，設問の内容そのものはそれほど複雑ではない。

　一般知能試験は，落ち着いてよく考えれば，だいたいは解ける問題である点が，知識の有無によって左右される一般知識試験と異なる。

　教養試験は，原則として5肢択一式，つまり5つの選択肢のなかから正解を1つ選ぶというスタイルをとっている。難しい問題もやさしい問題も合わせて，1問正解はすべて1点という採点である。5肢択一式出題形式は，採点時に主観的要素が全く入らず，能率的に正確な採点ができ，多数の受験者を扱うことができるために採用されている。

◆ 「適性試験」「人物試験」の目的と内容

(1) 「適性試験」の目的と内容

　適性試験は一般知能試験と類似しているが，一般知能試験がその名のとおり，公務員として，あるいは社会人としてふさわしい知能の持ち主であるかどうかをみるのに対し，適性試験では実際の職務を遂行する能力・適性があるかどうかをみるものである。

　出題される問題の内容そのものはきわめて簡単なものだが，問題の数が多い。これまでの例では，時間が15分，問題数が120問。3つのパターンが10題ずつ交互にあらわれるスパイラル方式である。したがって，短時間に，できるだけ多くの問題を正確に解答していくことが要求される。

　内容的には，分類・照合・計算・置換・空間把握などがあり，単独ではなくこれらの検査が組み合わさった形式の問題が出ることも多い。

(2) 「人物試験」の目的と内容

　いわゆる面接試験である。個別面接，集団面接などを通じて受験生の人柄，つまり集団の一員として行動できるか，職務に意欲をもっているか，自分の考えを要領よくまとめて簡潔に表現できるか，などを評価・判定しようとするものである。

　質問の内容は，受験生それぞれによって異なってくるが，おおよそ次のようなものである。

---

① 公務員を志望する動機や理由などについて
② 家族や家庭のこと，幼いときの思い出などについて
③ クラブ活動など学校生活や友人などについて
④ 自分の長所や短所，趣味や特技などについて
⑤ 時事問題や最近の風俗などについての感想や意見

あくまでも人物試験であるから，応答の内容そのものより，態度や話し方，表現能力などに評価の重点が置かれている。

◆「論作文試験」の目的と内容

(1)「論作文試験」の目的

「文は人なり」という言葉があるが，その人の人柄や知識・教養，考えなどを知るには，その人の文章を見るのが最良の方法だといわれている。その意味で論作文試験は，第1に「文章による人物試験」だということができよう。

また公務員は，採用後に，さまざまな文章に接したり作成したりする機会が多い。したがって，文章の構成力や表現力，基本的な用字・用語の知識は欠かせないものだ。しかし，教養試験や適性試験は，国家・地方公務員とも，おおむね択一式で行われ解答はコンピュータ処理されるので，これらの試験では受験生のその能力・知識を見ることができない。そこで論作文試験が課せられるわけで，これが第2の目的といえよう。

(2)「論作文試験」の内容

公務員採用試験における論作文試験では，一般的に課題が与えられる。つまり論作文のテーマである。これを決められた字数と時間内にまとめる。国家・地方公務員の別によって多少の違いがあるが，おおよそ1,000〜1,200字，60〜90分というのが普通だ。

公務員採用試験の場合，テーマは身近なものから出される。これまでの例では，次のようなものだ。

① 自分自身について	「自分を語る」「自分自身のPR」「私の生きがい」「私にとって大切なもの」
② 学校生活・友人について	「学校生活をかえりみて」「高校時代で楽しかったこと」「私の親友」「私の恩師」
③ 自分の趣味など	「写真の魅力」「本の魅力」「私と音楽」「私と絵画」「私の好きな歌」
④ 時事問題や社会風俗	「自然の保護について」「交通問題を考える」「現代の若者」
⑤ 随想，その他	「夢」「夏の1日」「秋の1日」「私の好きな季節」「若さについて」「私と旅」

　以上は一例で，地方公務員の場合など，実に多様なテーマが出されている。ただ，最近の一般的な傾向として，どういう切り口でもできるようなテーマ，たとえば「山」「海」などという出題のしかたが多くなっているようだ。この題で，紀行文を書いても，人生論を展開しても，遭難事故を時事問題風に扱ってもよいというわけである。一見，やさしいようだが，実際には逆で，それだけテーマのこなし方が難しくなっているともいえよう。

　次に，試験情報と自治体情報を見てみよう。

津市の試験情報

令和5年度
津市職員採用試験
6月試験

（令和6年度採用予定）

受 験 案 内

【募集職種】

事務職、技術職（土木）、保健師

受付期間　令和5年5月1日（月）から令和5年6月2日（金）まで
試 験 日　第1次試験　令和5年6月18日（日）
試験場所　津市立三重短期大学ほか

津市総務部人事課（本庁舎7階）
〒514-8611　　津市西丸之内23番1号
電 話 番 号　059-229-3106
ホームページ　http://www.info.city.tsu.mie.jp

1 職種、採用予定人数及び受験資格

職種	採用予定人数	受験資格	
		学歴、免許等	生年月日
事務職	三〇人程度	(1)又は(2)の要件を満たす人 (1) 学校教育法による大学院・大学・短期大学・高等専門学校・専修学校（専門課程）・高等学校・中学校又はこれらに相当すると市長が認める学校等を卒業（修了）した人又は令和6年3月卒業（修了）見込み（ただし、高等学校及び中学校の卒業見込みを除く。）の人 (2) 市長が(1)に掲げる人と同等の資格があると認める人	昭和63年4月2日以降平成18年4月1日までに出生の人
技術職（土木）	六人程度	(1)及び(2)の要件を満たす人 (1) ア又はイに掲げる人 　ア 学校教育法による大学院・大学・短期大学・高等専門学校・専修学校（専門課程）・高等学校又はこれらに相当すると市長が認める学校等を卒業（修了）した人又は令和6年3月卒業（修了）見込み（ただし、高等学校の卒業見込みを除く。）の人 　イ 市長がアに掲げる人と同等の資格があると認める人 (2) 土木に係る専門課程を履修（※）した人又は1級若しくは2級土木施工管理技士の資格を有する人（令和6年3月末までに取得見込みの人を含む。）	昭和63年4月2日以降出生の人
保健師	四人程度	保健師免許を有する人（令和6年3月末までに実施される保健師国家試験により同免許を取得見込みの人を含む。）	

すべての職種に共通する受験資格
　地方公務員法第16条（欠格条項）の各号のいずれにも該当しない人

※ 土木に係る専門課程を履修した学校等は最終に卒業（卒業見込みを含む。）した学校等と同一である必要はありません。

2 職務内容

職種	職務内容
事務職	一般行政事務
技術職（土木）	土木事業に係る計画、設計、施工管理等に関する技術的業務
保健師	乳幼児、妊産婦、成人等の保健指導業務等

4 第1次試験

（1）試験科目

職　　　　　種	試　　験　　科　　目
事　　務　　職	教養試験・事務適性検査
技　術　職（　土　木　）	教養試験・専門試験
保　健　師	

（2）試験の内容

試　験　科　目		試　験　の　内　容
教　養　試　験		時事、社会・人文及び自然に関する一般知識並びに文章理解、判断・数的推理及び資料解釈に関する能力についての択一式（マークシート方式）による筆記試験
事　務　適　性　検　査		事務職員としての適応性を正確さ、迅速さ等の作業能力の面からみるための択一式（マークシート方式）による筆記検査
専門試験	技　術　職（　土　木　）	数学・物理・情報技術基礎、土木基礎力学（構造力学、水理学、土質力学）、土木構造設計、測量、社会基盤工学及び土木施工に関する択一式（マークシート方式）による筆記試験
	保　健　師	公衆衛生看護学、疫学、保健統計学及び保健医療福祉行政論に関する択一式（マークシート方式）による筆記試験

※　教養試験及び専門試験（技術職（土木））の試験問題は、高等学校卒業程度です。

（3）試験日
令和5年6月18日（日）

（4）試験場所
ア　三重会場　津市立三重短期大学（津市一身田中野157番地）ほか
イ　東京会場　砂防会館（東京都千代田区平河町2－7－4）
※　第1次試験の受験会場は、三重、東京会場のうち、原則、居住地に最も近い会場とします。本登録内の設問「受験会場」で、第1次試験の受験希望会場を選択していただき、当該希望を基に決定します。決定した受験会場は受験票に記載されますので、必ずご確認ください。また、東京会場については、応募人数により希望に添えず、三重会場となる場合もあります。
※　応募状況により他会場でも行う場合があります。

（5）結果発表
令和5年6月29日（木）（予定）に、津市ホームページへ合格者の受験番号を掲載し、その後、受験者に対し、合否についてマイページに通知（電子申請が困難な場合に該当する方は郵送）します。
なお、合否結果は個人情報のため、電話等による問い合わせには応じておりません。

5 第2次試験

第1次試験合格者に対して次のとおり行います。

（1）試験科目・試験日

職　　　種	試　験　科　目	試　験　日　（予　定）
事務職	口述試験（個人面接）	令和5年7月15日（土） 又は 令和5年7月16日（日）
	実地試験（グループワーク） ケース記述試験 職場適応性検査	令和5年7月17日（月）
技術職（土木） 保健師	口述試験（個人面接）	令和5年7月15日（土） 又は 令和5年7月16日（日）
	実地試験（グループワーク） 職場適応性検査	令和5年7月17日（月）

※　詳細については、第1次試験の結果発表の際に通知します。

（2）試験場所

第1次試験の結果発表の際に通知します。

（3）結果発表

令和5年7月下旬に、津市ホームページへ合格者の受験番号を掲載し、その後、受験者に対し、合否についてマイページに通知（電子申請が困難な場合に該当する方は郵送）します。
なお、合否結果は個人情報のため、電話等による問い合わせには応じておりません。

6 第3次試験

第2次試験合格者に対して次のとおり行います。

（1）試験科目

ア　口述試験（個人面接）
イ　集団討議
※　詳細については、第2次試験の結果発表の際に通知します。

（2）試験日

令和5年8月中旬から下旬まで
※　詳細については、第2次試験の結果発表の際に通知します。

（3）試験場所

第2次試験の結果発表の際に通知します。

（4）その他

第3次試験の受験日までに最終学校卒業（見込）証明書等の書類を提出していただきます。
※　詳細については、第2次試験の結果発表の際に通知します。

7 最終合格者発表

令和5年8月下旬（予定）に、津市ホームページへ合格者の受験番号を掲載し、その後、受験者に対し、合否についてマイページに通知します。
また、最終合格者発表は郵送でも通知しますのでご確認ください。
なお、合否結果は個人情報のため、電話等による問い合わせには応じておりません。

8 合格から採用まで

（1）最終合格者については、令和6年4月1日に採用する予定です（当該採用日に勤務できない ときは、採用されない場合があります。）。

（2）上記（1）の最終合格者のほか、必要に応じて追加採用候補者を決定し、合格者の辞退があ る場合や欠員が生じた場合等に合格者として繰り上げることがあります。
　　なお、当該繰上げを行う期間は、令和7年3月31日までとします。

（3）受験資格を満たさない場合又は申込内容に虚偽の記載がある場合等は、採用されません。

（4）日本国籍を有しない人で、就職が制限されている在留資格の人は、採用されません。

9 採用後の給与

津市職員の給与に関する条例等の定めるところにより、給料、扶養手当、地域手当、住居手当、 通勤手当、期末手当、勤勉手当等が支給されます。

学　　　歴	初任給（給料）※1	給与月額（見込）※2
大学院（修士課程）修了	１９８，５００円	２３０，５００円
大学卒（保健師養成所卒含む。）	１８５，２００円	２１５，０００円
短期大学・高等専門学校・専修学校（専門課程）卒	１６９，８００円	１９７，１００円
高等学校卒又は中学校卒（18歳の場合）	１５８，９００円	１８４，５００円

※1　上記の初任給は、新卒者等に係る令和5年4月1日付けでの採用の場合の初任給であり、 採用日までに給料の改定等があった場合は、当該改定等後の額となります。また、職務経験 等がある場合は、一定の基準に基づき加算措置があります。

※2　上記の給与月額は、給料、地域手当（勤務地：津市）及び時間外勤務手当を含んでいます （１００円未満の金額については切り捨てで表記しています。）。また、時間外勤務手当につ いては、令和4年度1人当たりの平均時間外勤務時間数で算出しています。
　　なお、上記の給与以外に、期末・勤勉手当（令和4年度実績4.4月分）が別途支給され ます。また、支給要件に応じて扶養手当、住居手当、通勤手当も支給されます。

10 勤務条件等

（1）勤務時間
　　原則として、月曜日から金曜日までの午前8時30分から午後5時15分まで（休憩時間は 正午から午後1時まで）です。ただし、勤務場所等により異なる場合があります。

（2）勤務場所
　　本庁、各総合支所、その他市の機関及び施設で勤務します。

（3）休日
　　原則として、週休2日制（土曜日・日曜日）で、国民の祝日に関する法律に規定されている 休日及び年末年始の休日（12月29日から翌年の1月3日まで）があります。ただし、勤務 場所等によって異なる場合があります。

（4）休暇等
　　年次有給休暇、特別休暇（結婚休暇、産前・産後休暇、夏季休暇等）、病気休暇、介護休暇、 介護時間、育児休業及び部分休業等があります。

令和5年度 津市職員採用試験 9月試験

（令和6年度採用予定）

受 験 案 内

【募集職種】

> 事務職、技術職（土木）、技術職（機械）、
> 技術職（建築）、技術職（電気）、保育士、保健師、
> 技能員（清掃員等）、技能員（調理員）

受付期間　令和5年8月1日（火）から令和5年8月25日（金）まで
試 験 日　第1次試験　令和5年9月17日（日）
試験場所　津市三重短期大学ほか

津市総務部人事課（本庁舎7階）
〒514－8611　津市西丸之内23番1号
電 話 番 号　059－229－3106
ホームページ　http://www.info.city.tsu.mie.jp/

1 職種、採用予定人数及び受験資格

職種	採用予定人数	受験資格 学歴、免許等	生年月日
事務職	一〇人程度	(1)又は(2)の要件を満たす人 (1) 学校教育法による大学院・大学・短期大学・高等専門学校・専修学校（専門課程）・高等学校・中学校又はこれらに相当すると市長が認める学校等を卒業（修了）した人又は令和6年3月卒業（修了）見込みの人 (2) 市長が(1)に掲げる人と同等の資格があると認める人	昭和63年4月2日以降平成18年4月1日までに出生の人
技術職（土木）	六人程度	(1)及び(2)の要件を満たす人 (1) ア又はイの要件を満たす人 ア 学校教育法による大学院・大学・短期大学・高等専門学校・専修学校（専門課程）・高等学校又はこれらに相当すると市長が認める学校等を卒業（修了）した人又は令和6年3月卒業（修了）見込みの人 イ 市長がアに掲げる人と同等の資格があると認める人 (2) 土木に係る専門課程を履修（※）した人又は1級若しくは2級土木施工管理技士の資格を有する人（令和6年3月末までに取得見込みの人を含む。）	昭和63年4月2日以降出生の人
技術職（機械）	二人程度	(1)又は(2)の要件を満たす人 (1) ア及びイの要件を満たす人 ア 学校教育法による大学院・大学・短期大学・高等専門学校・専修学校（専門課程）・高等学校又はこれらに相当すると市長が認める学校等を卒業（修了）した人又は令和6年3月卒業（修了）見込みの人 イ 市長がアに掲げる人と同等の資格があると認める人 (2) 機械に係る専門課程を履修（※）した人又は1級若しくは2級管工事施工管理技士の資格を有する人（令和6年3月末までに取得見込みの人を含む。）	
技術職（建築）	二人程度	(1)又は(2)の要件を満たす人 (1) ア及びイの要件を満たす人 ア 学校教育法による大学院・大学・短期大学・高等専門学校・専修学校（専門課程）・高等学校又はこれらに相当すると市長が認める学校等を卒業（修了）した人又は令和6年3月卒業（修了）見込みの人 イ 市長がアに掲げる人と同等の資格があると認める人 (2) 建築に係る専門課程を履修（※）した人又は1級若しくは2級建築士の資格を有する人（令和6年3月末までに取得見込みの人を含む。）	

19

職種	採用予定数	受験資格	年齢要件
技術職（電気）	二人程度	(1)及び(2)の要件を満たす人 (1) ア又はイの要件を満たす人 　ア　学校教育法による大学院・大学・短期大学・高等専門学校・専修学校（専門課程）・高等学校又はこれらに相当すると市長が認める学校等を卒業（修了）した人又は令和6年3月卒業（修了）見込みの人 　イ　市長がアに掲げる人と同等の資格があると認める人 (2) 電気に係る専門課程を履修（※）した人又は1級若しくは2級電気工事施工管理技士の資格を有する人（令和6年3月末までに取得見込みの人を含む。）	昭和63年4月2日以降出生の人
保育士	一〇人程度	保育士資格と幼稚園教諭普通免許状の両方を有する人または令和6年3月末までに有する見込みの人 なお、幼稚園教諭普通免許状については、令和6年4月1日時点で有効であること	
保健師	二人程度	保健師免許を有する人（令和6年3月末までに実施される保健師国家試験により同免許を取得見込みの人を含む。）	
技能員（清掃員等）	一〇人程度	中学校卒業以上の学歴を有する人	昭和63年4月2日以降平成18年4月1日までに出生の人
技能員（調理員）	五人程度		

すべての職種に共通する受験資格
　地方公務員法第16条（欠格条項）の各号のいずれにも該当しない人

※　土木、機械、建築又は電気に係る専門課程を履修した学校等は最終に卒業（卒業見込みを含む。）した学校等と同一である必要はありません。

2 職務内容

職　　　　　　種	職　　務　　内　　容
事　　務　　職	一般行政事務
技　　術　　職 （　土　　木　）	土木事業に係る計画、設計、施工管理等に関する技術的業務
技　　術　　職 （　機　　械　）	施設等に係る設計、施工・維持管理等の機械に関する技術的業務
技　　術　　職 （　建　　築　）	建築物等に係る設計、施工管理、建築確認等に関する技術的業務
技　　術　　職 （　電　　気　）	施設等に係る設計、施工・維持管理等の電気に関する技術的業務
保　　育　　士	児童福祉施設（保育所、認定こども園等）等、幼稚園その他の施設における児童の保育業務、幼児教育業務等
保　　健　　師	乳幼児、妊産婦、成人等の保健指導業務等
技　　能　　員 （　清　掃　員　等　）	清掃（収集、運搬含む。）、用務等の労務作業
技　　能　　員 （　調　理　員　）	学校、児童福祉施設（保育所、認定こども園等）等における給食業務

21

4　第1次試験

（1）試験科目

職　　　　　種	試　験　科　目
事　　務　　職	教養試験・事務適性検査
技　術　職 （　土　木　）	教養試験・専門試験
技　術　職 （　機　械　）	
技　術　職 （　建　築　）	
技　術　職 （　電　気　）	
保　　育　　士	
保　　健　　師	
技　能　員 （　清掃員等　）	教養試験・業務適性検査
技　能　員 （　調理員　）	

（2）試験の内容

試　験　科　目		試　験　の　内　容
教　養　試　験		時事、社会・人文及び自然に関する一般知識並びに文章理解、判断・数的推理及び資料解釈に関する能力についての択一式（マークシート方式）による筆記試験
事　務　適　性　検　査		事務職員としての適応性を正確さ、迅速さ等の作業能力の面からみるための択一式（マークシート方式）による筆記検査
専門試験	技　術　職 （　土　木　）	数学・物理・情報技術基礎、土木基礎力学（構造力学、水理学、土質力学）、土木構造設計、測量、社会基盤工学及び土木施工に関する択一式（マークシート方式）による筆記試験
	技　術　職 （　機　械　）	数学・物理・情報技術基礎、機械設計、機械工作、原動機及び生産システム技術（電気技術、電子技術、制御）・電子機械に関する択一式（マークシート方式）による筆記試験
	技　術　職 （　建　築　）	数学・物理・情報技術基礎、建築構造設計、建築構造、建築計画、建築法規及び建築施工に関する択一式（マークシート方式）による筆記試験
	技　術　職 （　電　気　）	数学・物理・情報技術基礎、電気基礎、電気機器・電力技術・電子計測制御及び電子技術・電子回路・通信技術・電子情報技術に関する択一式（マークシート方式）による筆記試験
	保　　育　　士	社会福祉、子ども家庭福祉（社会的養護を含む。）、保育の心理学、保育原理・保育内容及び子どもの保健に関する択一式（マークシート方式）による筆記試験（障害児保育については、上記のいずれかの分野で出題することがあります。）
	保　　健　　師	公衆衛生看護学、疫学、保健統計学及び保健医療福祉行政論に関する択一式（マークシート方式）による筆記試験

22

試 験 科 目	試 験 の 内 容
業 務 適 性 検 査	実務的な業務において、処理を集中して速く正確に行えるかをみるための択一式（マークシート方式）による筆記試験（加減算の計算、数の大小関係の判断、文字や図形の照合などの基礎的な問題）

※ 教養試験及び専門試験（技術職（土木）、技術職（機械）、技術職（建築）、技術職（電気））の試験問題は、高等学校卒業程度です。

（3）試験日
　　令和5年9月17日（日）

（4）試験場所
　　津市三重短期大学（津市一身田中野157番地）　ほか
　　※ 応募状況により他会場でも行う場合があります。

（5）結果発表
　　令和5年10月5日（木）（予定）に、津市ホームページへ合格者の受験番号を掲載し、その後、受験者に対し、合否についてマイページに通知（電子申請が困難な場合に該当する方は郵送）します。
　　なお、合否結果は個人情報のため、電話等による問い合わせには応じておりません。

5　第2次試験
　　第1次試験合格者に対して次のとおり行います。

（1）試験科目・試験日

職　　　　種	試 験 科 目	試 験 日 （予定）
事務職	口述試験（個人面接）	令和5年10月14日（土）又は令和5年10月15日（日）
	実地試験（グループワーク）ケース記述試験職場適応性検査	令和5年10月15日（日）
技術職（土木）技術職（機械）技術職（建築）技術職（電気）保健師	口述試験（個人面接）	令和5年10月14日（土）又は令和5年10月15日（日）
	実地試験（グループワーク）職場適応性検査	令和5年10月15日（日）
保育士	実技試験（課題実技）職場適応性検査	令和5年10月13日（金）
技能員（清掃員等）技能員（調理員）	口述試験（個人面接）職場適応性検査	令和5年10月14日（土）又は令和5年10月15日（日）

※ 詳細については、第1次試験の結果発表の際に通知します。

（2）試験場所
　　第1次試験の結果発表の際に通知します。

（3）結果発表
　　技術職（土木、機械、建築、電気）については令和5年10月中旬に、その他職種は令和5年10月下旬に、津市ホームページへ合格者の受験番号を掲載し、その後、受験者に対し、合否についてマイページに通知（電子申請が困難な場合に該当する方は郵送）します。
　　なお、合否結果は個人情報のため、電話等による問い合わせには応じておりません。

6 第3次試験

第2次試験合格者に対して次のとおり行います。

（1）試験科目

ア　口述試験（個人面接）・・・全職種

イ　集団討議・・・事務職、技術職（土木）、技術職（機械）、技術職（建築）、技術職（電気）、保健師

※　詳細については、第2次試験の結果発表の際に通知します。

（2）試験日

技術職（土木、機械、建築、電気）については令和5年11月上旬、その他職種は令和5年11月中旬実施予定

※　詳細については、第2次試験の結果発表の際に通知します。

（3）試験場所

第2次試験の結果発表の際に通知します。

（4）その他

第3次試験の受験日に最終学校卒業（見込）証明書等の書類を提出していただきます。

※　詳細については、第2次試験の結果発表の際に通知します。

7 最終合格者発表

技術職（土木、機械、建築、電気）については令和5年11月上旬（予定）、その他職種は令和5年11月下旬（予定）に、津市ホームページへ合格者の受験番号を掲載し、その後、受験者に対し、合否についてマイページに通知します。

また、最終合格者発表は郵送でも通知しますのでご確認ください。

なお、合否結果は個人情報のため、電話等による問い合わせには応じておりません。

8 合格から採用まで

（1）最終合格者については、令和6年4月1日に採用する予定です（当該採用日に勤務できないときは、採用されない場合があります。）。

（2）上記（1）の最終合格者のほか、必要に応じて追加採用候補者を決定し、合格者の辞退がある場合や欠員が生じた場合等に合格者として繰り上げることがあります。

なお、当該繰上げを行う期間は、令和7年3月31日までとします。

（3）受験資格を満たさない場合又は申込内容に虚偽の記載がある場合等は、採用されません。

（4）日本国籍を有しない人で、就職が制限されている在留資格の人は、採用されません。

9 採用後の給与

津市職員の給与に関する条例等の定めるところにより、給料、扶養手当、地域手当、住居手当、通勤手当、期末手当、勤勉手当等が支給されます。

学　　　歴	初任給（給料）※1	給与月額（見込）※2
大学院（修士課程）修了	１９８，５００円	２３０，５００円
大学卒	１８５，２００円	２１５，０００円
短期大学・高等専門学校・専修学校（専門課程）卒	１６９，８００円	１９７，１００円
高等学校卒又は中学校卒（１８歳の場合）	１５８，９００円	１８４，５００円

※1　上記の初任給は、新卒者等に係る令和5年4月1日付けでの採用の場合の初任給であり、採用日までに給料の改定等があった場合は、当該改定等後の額となります。また、職務経験等がある場合は、一定の基準に基づき加算措置があります。

※2　上記の給与月額は、給料、地域手当（勤務地：津市）及び時間外勤務手当を含んでいます（１００円未満の金額については切り捨てで表記しています。）。また、時間外勤務手当については、令和4年度1人当たりの平均時間外勤務時間数で算出しています。
　　　なお、上記の給与以外に、期末・勤勉手当（令和5年度（予定）４．４０月分）が別途支給されます。また、支給要件に応じて扶養手当、住居手当、通勤手当も支給されます。

10 勤務条件等

（1）勤務時間

原則として、月曜日から金曜日までの午前8時30分から午後5時15分まで（休憩時間は正午から午後1時まで）です。ただし、勤務場所等により異なる場合があります。

（例1）児童福祉施設（保育所、認定こども園）に勤務する保育士の場合
　　　勤務時間は、原則、月曜日から土曜日までのうち1週間当たり5日勤務で、午前7時15分から午後6時30分までのうち7時間45分（施設により異なる場合があります。）

（例2）学校等に勤務する技能員（調理員）の場合
　　　勤務時間は、原則、月曜日から金曜日までの午前8時から午後4時45分まで（学校等により異なる場合があります。）

（2）勤務場所

本庁、各総合支所、その他市の機関及び施設で勤務します。

（3）休日

原則として、週休2日制（土曜日・日曜日）で、国民の祝日に関する法律に規定されている休日及び年末年始の休日（12月29日から翌年の1月3日まで）があります。ただし、勤務場所等によって異なる場合があります（上記「（1）勤務時間」を参照）。

（4）休暇等

年次有給休暇、特別休暇（結婚休暇、産前・産後休暇、夏季休暇等）、病気休暇、介護休暇、介護時間、育児休業及び部分休業等があります。

（5）福利厚生
　ア　健康診断
　　　全職員を対象とした定期健康診断のほか、各種の健康診断を実施しています。
　イ　健康保険等
　　　三重県市町村職員共済組合等に加入し、医療に係る給付等が受けられます。
　ウ　レクリエーション等
　　　津市職員共済組合による庁内各種スポーツ大会等の事業等を実施しています。

（6）人事・研修制度
　ア　自己希望制度
　　　職員の能力、適性、意向に沿った人事配置を行うために、異動希望の有無、希望する部課
　　等を申告する自己希望調書を毎年提出することができます。
　イ　プリセプター制度
　　　市の業務内容や先輩との人間関係等について、新規採用職員が抱く不安感を軽減するため
　　の仕組みとして、採用されてから一定の期間、１人の新人に対して、１人の先輩職員が指導
　　者として担当し、心理的なサポートや職務遂行能力の指導・向上を図るプリセプター制度を
　　導入しています。
　ウ　研修制度
　　　実務研修、専門研修、階層別研修、派遣研修など様々な研修を実施しています。

11　その他
（1）条件付採用について
　　　採用後６か月の間は、地方公務員法第２２条に基づき条件付の採用となり、その職務を良好
　　な成績で遂行したときに正式採用になります（給与等に変動はありません。）。

（2）６月試験を受験した方の再受験について
　　　令和５年度津市職員採用試験（６月試験）を受験した場合でも、再度、９月試験を受験する
　　ことは可能です。なお、６月試験の試験結果が、９月試験の合否に影響することはありません。

（3）試験日程等の変更について
　　　災害や天候等によっては、試験日程等を変更する場合があります。津市ホームページ又はマ
　　イページでお知らせしますので必ず事前にご確認ください。

（4）問い合わせ
　　　この試験の詳細や障がい等を理由とした職員採用試験に係る配慮事項等については津市総務
　　部人事課（津市本庁舎７階）までお問い合わせください。
　　　電話番号（０５９－２２９－３１０６）
　　　メールアドレス（229-3106@city.tsu.lg.jp）

◎　日本国籍を有しない人が津市職員採用試験を受験するに当たって

日本国籍を有しない人の任用等について

　「公権力の行使」又は「公の意思の形成への参画」にたずさわる公務員となるためには、日本国籍を必要とし、それ以外の公務員となるためには、必ずしも日本国籍を必要としないという、いわゆる公務員に関する基本原則に基づき、任用されます。

　したがいまして、日本国籍を有しない人については、「公権力の行使」に係る職務にたずさわらないことを条件として、事務職及び技術職への任用を行います。

　また、日本国籍を有しない人については、職種を問わず、「公の意思の形成への参画」にたずさわる職には、将来においても、任用しないことを条件として、採用を行います。

　このことから、日本国籍を有しない人が津市職員(事務職及び技術職)となった場合には、次に掲げるような「公権力の行使」に係る職務にたずさわることができません。

　日本国籍を有しない人は、どのような職種であっても、次に掲げる「公の意思の形成への参画」にたずさわる職には、将来においても、任用されません。

○　「公権力の行使」に係る職務について
　「公権力の行使」に係る職務とは、次のとおりです。
　1　市民等に対して命令、強制等を加え、一方的に市民等の権利を制限したり、自由を規制したり、権力的に規律したりする内容を含む業務
　2　公共の福祉の維持・増進のため、市民等に対して義務や負担を一方的に課する内容を含む業務
　3　市民等に対して強制力をもって執行する業務
　4　施設管理等に関する裁量権のある業務
　（「公権力の行使」に係る職務の具体例）
　※　建築確認、都市計画決定、生活保護決定、設備の設置命令、税・国民健康保険料の賦課、強制力のある立入検査、土地収用、税等の滞納処分、施設の使用許可、道路の占用許可などに係る業務

○　「公の意思の形成への参画」にたずさわる職について
　「公の意思の形成への参画」にたずさわる職とは、職種を問わず、ライン職における課長に係る専決の権限を有する職以上の職で、具体的には、課長、部次長及び部長並びにこれらに類する権限を有する職と津市の活動について、その企画、立案、決定等に関与する担当副参事（課長級）、担当参事（部次長級）及び担当理事（部長級）が該当します。
　したがって、もっぱら専門的な分野における調査・研究等に係る事務や技術的な事務、あるいは特命の域での補佐的・補助的な事務などにたずさわる担当理事、担当参事及び担当副参事並びに担当主幹級以下の職までの昇任は可能となります。

津市の自治体情報

未来の津市へつなぐ予算

令和5年度当初予算 一般会計予算 1,127億3,000万円

問い合わせ 財政課 ☎229-3124 📠229-3330

　令和5年度の予算については、コロナ禍からの社会経済活動が進みつつある中、引き続き感染防止および物価高騰への対応を図りつつ、各分野の喫緊の課題への対応や市民生活・地域経済を支えるさまざまな行政サービスの安定的な提供を行うとともに、「都市の未来」「こどもたちの未来」「地域の未来」に向けて、大きく変化しようとする社会に対応していくための取り組みを継続的に進めていく"未来の津市へつなぐ予算"としました。

　一般会計予算は、前年度と比べて2.0％増の1,127億3,000万円となりました。また、特別会計等を含めた総額は、前年度と比べて6.1％増の2,789億5,900万円となりました。

※文中や図表中の金額表記は100万円未満を四捨五入などしています。また、▲はマイナスを表しています。

会計別予算額

会計名		令和5年度	令和4年度	増減額	増減率
一般会計		1,127億3,000万円	1,105億3,600万円	21億9,400万円	2.0%
特別会計	国民健康保険事業	266億8,100万円	268億7,500万円	▲1億9,400万円	▲0.7%
	介護保険事業	300億2,400万円	297億400万円	3億2,000万円	1.1%
	後期高齢者医療事業	75億2,300万円	71億9,900万円	3億2,400万円	4.5%
	市営浄化槽事業	5億6,500万円	4億8,400万円	8,100万円	16.7%
	共同汚水処理施設事業	2億4,700万円	1億5,900万円	8,800万円	55.3%
	農業集落排水事業	5億9,100万円	5億8,400万円	700万円	1.2%
	土地区画整理事業	2億5,100万円	2億2,700万円	2,400万円	10.6%
	住宅新築資金等貸付事業	2,300万円	2,900万円	▲600万円	▲20.7%
	椋本財産区	100万円	100万円	0万円	0.0%
	小　計	659億600万円	652億6,200万円	6億4,400万円	1.0%
企業会計	水道事業（支出）	127億8,500万円	142億7,800万円	▲14億9,300万円	▲10.5%
	工業用水道事業（支出）	2,500万円	2,100万円	400万円	19.0%
	下水道事業（支出）	209億3,700万円	195億1,300万円	14億2,400万円	7.3%
	駐車場事業（支出）	2億6,000万円	2億5,200万円	800万円	3.2%
	モーターボート競走事業（支出）	663億1,600万円	530億1,800万円	132億9,800万円	25.1%
	小　計	1,003億2,300万円	870億8,200万円	132億4,100万円	15.2%
合　計		2,789億5,900万円	2,628億8,000万円	160億7,900万円	6.1%

••• 一般会計 歳入 •••••••••••••••••••

市税

個人・法人市民税は、景気の緩やかな持ち直しによる個人所得の増加や、原材料費高騰による企業収益の減少などを見込み、固定資産税・都市計画税は、地価の下落や設備投資の減少などを見込み、市税全体で前年度同額の413億3,800万円を計上しています。

国県支出金

国県支出金は、障害者自立支援給付費負担金や生活保護費負担金などで増額するものの、新型コロナウイルス感染症対応地方創生臨時交付金や参議院議員選挙委託金の減額などを見込み、249億2,300万円(前年度比0.8％減)を計上しています。

地方交付税(普通交付税＋特別交付税)

普通交付税は180億円(前年度比5.9％増)、特別交付税は10億円(前年度比33.3％減)を計上しています。地方交付税全体で190億円、実質的な地方交付税である臨時財政対策債を含めた総額で199億円(前年度比2.5％減)を計上しています。

市債

半田久居線及び雲出野田線道路新設改良事業、北消防署整備事業、(仮称)安東地区コミュニティ施設整備事業などに合併特例事業債を活用するほか、下之川バイパス整備事業や各種ソフト事業に過疎対策事業債、雨水対策のための河川改修工事などに緊急自然災害防止対策事業債、河川の浚渫工事に緊急浚渫推進事業債を活用するなど、34億8,300万円(前年度比3.3％減)を計上しています。

また、実質的な地方交付税である臨時財政対策債については、普通交付税の交付見込みを踏まえ、9億円を計上しています。

歳入
1,127億3,000万円

歳入の状況

	歳入(科目)	予算額	前年度比増減額
一般財源	市税	413億3,800万円	0万円
	地方交付税	190億円	5億円
	地方消費税交付金	76億3,700万円	7億7,500万円
	市債(臨時財政対策債)	9億円	▲10億円
	地方譲与税	10億5,000万円	▲1,200万円
	繰入金(財政調整基金)	40億円	▲11億1,000万円
	その他	25億7,600万円	2億6,200万円
	小 計	765億 100万円	▲5億8,500万円
特定財源	国県支出金	249億2,300万円	▲1億9,100万円
	市債(臨時財政対策債除く)	34億8,300万円	▲1億1,700万円
	繰入金(財政調整基金除く)	44億6,900万円	29億4,800万円
	諸収入	9億2,700万円	2億 700万円
	その他	24億2,700万円	▲6,800万円
	小 計	362億2,900万円	27億7,900万円
	合 計	1,127億3,000万円	21億9,400万円

市税の内訳

個人市民税	160億4,200万円
法人市民税	26億6,300万円
固定資産税	177億 600万円
都市計画税	22億 600万円
たばこ税	17億2,100万円
その他	9億9,900万円
合 計	413億3,800万円

--- 目的税の使いみち -----

都市計画税…道路や公園の整備などの都市計画事業や土地区画整理事業の費用、これらの事業を行うために過去に発行した市債の償還金に使う目的税です。

事業名	予算額	充当可能一般財源額	都市計画税(充当額)
街路事業	6億9,700万円	3,100万円	2,000万円
公園事業(公園整備)	1億2,300万円	5,100万円	3,200万円
土地区画整理事業	1億2,300万円	1億2,300万円	7,800万円
下水道事業	3億 400万円	3億 400万円	1億9,300万円
市債の償還(上記事業などを行うために過去に発行した市債償還金)	29億5,500万円	29億5,500万円	18億8,400万円
合 計	42億 200万円	34億6,400万円	22億 700万円

入湯税…環境衛生施設や鉱泉源の保護管理施設、消防施設やその他の消防活動に必要な施設の整備、観光施設の整備等を含めた観光の振興に使う目的税です。

事業名	予算額	充当可能一般財源額	入湯税(充当額)
消防施設等整備事業	9,000万円	3,100万円	1,000万円
観光振興事業	6,600万円	6,600万円	2,800万円
合 計	1億5,600万円	9,700万円	3,800万円

※都市計画税と入湯税は、充当対象となる事業費から、財源の使途が特定に定められた歳入(特定財源)の額を除いた事業費(一般財源額)に充当します。

•••一般会計 歳出 •••••••••••

義務的経費（人件費）

人件費は、期末勤勉手当の増などを見込み、237億1,800万円（前年度比0.6％増）を計上しています。

義務的経費（扶助費・公債費）

扶助費は、障害者総合支援法に係る介護給付費、訓練等給付費、民間保育所・民間認定こども園の運営費負担金の増などを見込み265億9,500万円（前年度比2.8％増）、公債費は122億7,000万円（前年度比5.3％増）を計上しています。

投資的経費

普通建設事業費の補助事業分は、香良洲高台防災公園整備事業や民間認定こども園施設整備に対する補助などで減となるものの、半田久居線及び雲出野田線道路新設改良事業で増となることなどにより35億5,000万円を計上しています。単独事業分は、榊原自然の森温泉保養館再整備事業（榊原温泉湯の瀬）などが完了したものの、北消防署整備事業の推進などから42億700万円を計上しており、普通建設事業費全体としては77億5,700万円（前年度比3.2％減）を計上しています。

性質別歳出の状況

区分（性質）		予算額	前年度比増減額
義務的経費	人件費	237億1,800万円	1億4,700万円
	扶助費	265億9,500万円	7億3,100万円
	公債費 減税・減収・臨時財政対策債	48億2,300万円	▲2,700万円
	公債費 減税・減収・臨時財政対策債除く	74億4,700万円	6億4,300万円
	小 計	625億8,300万円	14億9,400万円
投資的経費	普通建設事業費 補助	35億5,000万円	2億3,200万円
	普通建設事業費 単独	42億 700万円	▲4億8,800万円
	小 計	77億5,700万円	▲2億5,600万円
その他の経費	物件費	180億1,300万円	4億8,200万円
	繰出金	174億6,300万円	7億1,000万円
	補助費等	54億7,200万円	1億2,800万円
	維持補修費	6億5,100万円	▲6,400万円
	その他	7億9,100万円	▲3億円
	小 計	423億9,000万円	9億5,600万円
合 計		1,127億3,000万円	21億9,400万円

目的別歳出の状況

歳出（科目）	予算額	前年度比増減額
議会費	5億8,800万円	1,900万円
総務費	125億5,000万円	▲600万円
民生費	441億3,100万円	9億6,000万円
衛生費	109億7,000万円	1億7,000万円
労働費	5,600万円	0万円
農林水産業費	24億1,600万円	5,100万円
商工費	10億 800万円	▲11億8,500万円
土木費	144億4,100万円	10億1,300万円
消防費	45億2,800万円	4億6,500万円
教育費	96億5,000万円	9,100万円
公債費	122億7,000万円	6億1,600万円
諸支出金	2,200万円	―
予備費	1億円	―
合 計	1,127億3,000万円	21億9,400万円

基金の状況…基金は財源調整などで54億4,700万円を取り崩し、令和5年度末残高の見込みは92億6,700万円（前年度比6.2％増）となりました。

区 分	令和5年度末残高	前年度比増減額
財政調整基金	49億6,900万円	18億3,100万円
減債基金	19億6,500万円	▲6億2,000万円
まちづくり振興基金	8億3,400万円	▲3億7,400万円
ふるさと津かがやき基金	3億3,100万円	▲2,900万円
公共施設整備基金	500万円	▲9,800万円
美杉地域振興事業基金	3億9,000万円	4,700万円
新型コロナウイルス感染症及び物価高騰対策事業基金	7,200万円	▲1億6,500万円
スポーツ振興基金	1億5,600万円	▲4,400万円
その他の基金	5億4,500万円	▲1,100万円
合 計	92億6,700万円	5億3,700万円

公債費、市債残高の状況…市債は43億8,300万円（前年度比20.3％減）を計上し、令和5年度末市債借入残高の見込みは935億4,600万円（前年度比7.5％減）となりました。

区 分	市債借入額		市債借入残高	
	令和5年度	前年度比増減額	令和5年度	前年度比増減額
普通債	34億8,300万円	▲1億1,700万円	479億1,300万円	▲36億4,400万円
うち合併特例事業債	12億2,000万円	9,500万円	296億4,900万円	▲40億2,500万円
臨時財政対策債	9億円	▲10億円	448億3,000万円	▲37億2,300万円
その他	―	―	8億 300万円	▲2億3,600万円
合 計	43億8,300万円	▲11億1,700万円	935億4,600万円	▲76億 300万円

「広報津 2023年4月16日号」より抜粋

四日市市の試験情報

令和 6 年 度

四日市市職員採用試験要項

第1次試験実施日　令和5年6月18日（日）
受付期間　令和5年5月18日（木）～令和5年6月4日（日）23時59分【受信有効】
○ 電子申請（インターネット）による申し込み

四日市市総務部人事課

1　募集職種と採用予定人員

募集職種	主な職務概要	採用予定人員
事務職	一般行政事務に従事します。	40名程度
技術職（土木）	主として土木関係の専門技術を必要とする業務に従事します。	7名程度
技術職（建築）	主として建築関係の専門技術を必要とする業務に従事します。	3名程度
技術職（電気）	主として電気関係の専門技術を必要とする業務に従事します。	1名程度
保健師	主として保健指導・健康指導に従事します。	1名程度
保育教育職	保育園・こども園・幼稚園等の施設で乳幼児の保育業務や幼児教育業務に従事します。	20名程度
心理判定員	主として児童福祉施設ほか関連部署において、心理相談ほか心理学関係の専門技術を必要とする業務に従事します。	1名程度
言語聴覚士	主として言語聴覚訓練等に関する業務に従事します。	1名程度
社会福祉士	主として福祉関係の知識を必要とする業務に従事します。	3名程度

（注）　1．採用予定人員については、今後の採用計画等の見直しにより変更することがあります。
　　　　2．外国籍の人については、採用後、公権力の行使または公の意思の形成への参画にたずさわる職に任用できません。
　　　　　　詳しくは「外国籍職員の任用に関する基準について」を参照してください。
　　　　3．消防職員、高校生向け等についての採用試験は9月に実施予定です。詳細は広報よっかいち7月下旬号に掲載予定。

2　採用予定日　令和6年4月1日
　　　　　　（採用可能な人についてはそれ以前に採用されることがあります）

3　受験資格
　　次の要件を満たす人が受験できます。

職種区分	年齢	学歴等	専攻学科・資格免許等
事務職	平成6年4月2日～平成17年4月1日に生まれた人	学校教育法に基づく大学院（修士課程）、大学、短期大学、高等専門学校、専修学校専門課程、中等教育学校若しくは高等学校（これに準ずる養護学校高等部等の学校を含む）又はこれらに相当すると市長が認める学校等を卒業した(または大学・短大等については、令和6年3月31日までに卒業見込みである)人	

職種区分	年齢	学歴等	専攻学科・資格免許等
技術職（土木・建築 電気）	昭和59年4月2日〜平成17年4月1日に生まれた人（注）	学校教育法に基づく大学院（修士課程）、大学、短期大学、高等専門学校、専修学校専門課程、中等教育学校若しくは高等学校（これに準ずる養護学校高等部等の学校を含む）又はこれらに相当すると市長が認める学校等を卒業した(または大学・短大等については、令和6年3月31日までに卒業見込みである)人	従来は必須としていた、各職種の専門科目の履修条件は撤廃しました
保健師		学校教育法に基づく大学院（修士課程）、大学、短期大学、高等専門学校、専修学校専門課程の保健師養成課程又は厚生労働大臣の指定した保健師養成所を卒業した（または令和6年3月31日までに卒業見込みである）人	保健師免許を取得している人（令和6年3月31日までに取得見込みの人を含む）
保育教育職		学校教育法に基づく大学、短期大学、高等専門学校、専修学校専門課程を卒業した（または令和6年3月31日までに卒業見込みである）人	保育士資格と幼稚園教諭免許の両方を取得している人（令和6年3月31日までに取得見込みの人を含む）
心理判定員		学校教育法に基づく大学院（修士課程）、大学において心理学を専修する学科を修めて卒業した（または令和6年3月31日までに卒業見込みである）人	
言語聴覚士	昭和59年4月2日以降に生まれた人	文部科学大臣が指定した学校または都道府県知事が指定した言語聴覚士養成所において、言語聴覚士として必要な知識および技能を修得し、卒業した（または令和6年3月31日までに卒業見込みである）人	言語聴覚士免許を有する人（令和5年度実施の国家試験に合格し、免許取得見込のある人を含む）
社会福祉士		学校教育法に基づく大学院（修士課程）、大学、短期大学、高等専門学校、専修学校専門課程、中等教育学校若しくは高等学校（これに準ずる養護学校高等部等の学校を含む）又はこれらに相当すると市長が認める学校等を卒業した(または令和6年3月31日までに卒業見込みである)人	社会福祉士資格を有する人（令和6年3月31日までに取得見込みの人を含む）

```
各職種共通の受験要件
・地方公務員法第16条に定める欠格条項に該当しない人。
・外国籍の人は、永住者または特別永住者の在留資格を有する人に限ります。
※最終合格発表後に、在留資格を証明する書類（住民票など）の提出を求めます。
・資格免許等が必要な職種については、その資格免許等の取得が採用の条件となります。
※最終合格発表後に、資格免許証の写し又は合格証明書等の写しを提出してもらいます。
・受験申込内容に虚偽の記載等が確認された場合は、採用が取り消されることがあります。
・卒業証明書（原本）は、最終合格発表後に提出を求めます。大学院（修士課程）を卒業した人は大学（4年制）の証明書も併せて提出になります。
(注)昭和59年4月2日〜平成6年4月1日の期間に生まれた人（言語聴覚士、社会福祉士を除く）は、
　　上記要件に加えて、次の職務経験・資格等を必要とします。
```

※ 最終学歴は卒業区分に厳格に従って選択いただくもので、大学卒の方が高校卒資格で受験することはできません。

4 試験の日時、会場及び合格発表

区 分	日 時	会 場	合格発表日（予定）
第1次試験	令和5年6月18日(日) 午前10時00分から 午後4時00分頃まで	四日市大学 (四日市市萱生町1200)	令和5年6月30日（金） マイページで本人に通知するとともに、四日市市役所ホームページに掲載します。
第2次試験（予定）	【事務職】指定した期間に、録画した動画をアップロードしていただきます。詳細は、第1次試験合格通知の際に指定します。（会場に来ていただく必要はありません） 【事務職以外】令和5年7月21日（金）・22日（土）23日（日）の3日間に第1次試験合格者について実施する予定です。試験日・会場等は、第1次試験合格通知の際に指定します。		
第3次試験（予定） 事務職のみ	令和5年7月28日（金）から7月30日（日）の3日間の内、指定する1日又は2日間に第2次試験合格者について実施する予定です。（7月29日（土）は全員に対して実施する予定です。）試験日・会場等は、第2次試験合格通知の際に指定します。		

5 試験内容

（1）第1次試験の内容

職種区分		試験科目	試験時間(予定)	試 験 内 容
各職種区分共通		教養試験 （択一式）	120分	時事、社会・人文、自然に関する一般知識及び文章理解、判断・数的推理、資料解釈についての筆記試験
		適性試験	50分	主として職務遂行上必要な資質及び組織への適応性について測定するクレペリン検査
技術職	（土木）	専門試験 （択一式）	120分	数学・物理、応用力学、水理学、土質工学、測量、土木計画、材料・施工などについての筆記試験
	（建築）	専門試験 （択一式）	120分	数学・物理、構造力学、材料学、環境原論、建築史、建築構造、建築計画、建築設備、建築施工などについての筆記試験
	（電気）	専門試験 （択一式）	120分	数学・物理、電磁気学・電気回路、電気計測・制御、電気機器・電力工学、電子工学、情報・通信工学などについての筆記試験
保健師		専門試験 （択一式）	90分	公衆衛生看護学、疫学、保健統計学及び保健医療福祉行政論などについての筆記試験
保育教育職		専門試験 （択一式）	90分	社会福祉・子ども家庭福祉（社会的養護を含む。）、保育の心理学、教育学・教育法規、保育原理・保育内容、子どもの保健などについての筆記試験 ※障害児保育については、上記のいずれかの分野で出題することがあります。
心理判定員		専門試験 （記述式）	90分	心理学基礎論、教育心理学、臨床心理学、社会心理学、発達心理学、認知心理学、心理統計法などについての筆記試験
言語聴覚士		専門試験 （記述式）	90分	基礎医学、臨床医学、臨床歯科医学、音声・言語・聴覚医学、心理学、音声・言語学、社会福祉・教育、言語聴覚障害学総論、失語・高次脳機能障害学、言語発達障害学、発声発語・嚥下障害学、聴覚障害学などについての筆記試験
社会福祉士		専門試験 （択一式）	90分	社会福祉概論（社会保障及び介護を含む。）、社会学概論、心理学概論などについての筆記試験

33

（2）第2次・第3次試験の内容（予定）
　　・第2次試験
　　　◇　事務職　：　録画面接（事前に収録した動画を指定の場所にアップロードしていただきます。詳細は、一次試験合格者に対して案内します。）
　　　◇　技術職（土木、建築、電気）、保健師、心理判定員、社会福祉士
　　　　　　　：　面接試験、事務適性試験、論文試験
　　　◇　保育教育職　：　面接試験、保育実技試験（ピアノ弾き語り、口演童話）、論文試験
　　　◇　言語聴覚士　：　面接試験、論文試験
　　・第3次試験
　　　◇　事務職　：　面接試験、事務適性試験、論文試験
　　　※　採用内定者には、健康診断を受診していただきます。

（3）試験問題等の公開
　　二次・三次試験で実施した論文試験のテーマを市ホームページにて公開しています。

6　受　験　手　続
　　電子申請（インターネットによる申込み）

7　試　験　結　果　の　提　供
　　この試験に不合格になった人で希望者には総合順位と総合得点をお知らせします。以下の要領で申し出てください。
　　（1）対象者：第1次、第2次、第3次（事務職のみ）試験の不合格者
　　（2）内　容：第1次、第2次、第3次（事務職のみ）試験それぞれの総合順位と総合得点
　　（3）期　間：第1次、第2次、第3次（事務職のみ）試験それぞれの合格発表日から1か月間（土・日・祝日を除く）
　　（4）場　所：四日市市役所総務部人事課
　　（5）方　法：受験者本人が、受験票又は本人であることを証明する書類（運転免許証、旅券等）を持参のうえ直接申し出ること

8　受験についての問い合せ先
　　四日市市役所　総務部　人事課　　　　　☎（059）354-8120
　　　　　　　　　　　　　　　　　　　　　E-mail　jinji@city.yokkaichi.mie.jp

外国籍職員の任用に関する基準について

「公権力の行使または公の意思の形成への参画にたずさわる公務員となるためには、日本国籍を必要とする」という公務員の基本原則に基づき、四日市市においては、外国籍の職員は次のような職務につくことはできません。

1　公権力の行使にあたる職務について

「公権力の行使にあたる職務」とは、次のとおりです。
（1）　市民に対して公益的な必要から市民の権利や自由を制限する内容を含む職務
（2）　市民に対して義務や負担を一方的に課す内容を含む職務
（3）　市民に対して義務の履行を強制したり、強制力をもって執行する内容を含む職務
（4）　その他公権力の行使に該当することとなる職務

「「公権力の行使」にあたる主な職務の例」
生活保護の決定、占用許可、立入検査、各種許認可、改善措置命令、税の賦課・滞納処分、公害防止規制、都市計画の決定、建築制限、違反建築物取締、開発行為の許可、土地利用規制など

2　公の意思の形成への参画にあたる職について

「公の意思の形成への参画にあたる職」は、四日市市の行政について企画、立案、決定等の政策形成に関与する職であり、原則として専決権限を有する課長以上の職及び代決権限を有する課長補佐以上の職並びに本市の基本政策、人事及び財政等を担当する職が該当します。

外国籍職員の任用にあたっては、公務員の基本原則に抵触しない職であればつくことができます。専門的な特命事項を担当する課長級以上の担当職及び課長専決権限を全部は適用しない出先機関の長並びに課長補佐相当職以下（本市の基本政策、人事及び財政等を担当する職を除く）の職（具体的には課付主幹、係長、主幹）への昇任は制限されません。

令和6年度

四日市市職員採用試験要項

第1次試験実施日　令和5年9月17日（日）
受　付　期　間　令和5年7月18日（火）　〜　令和5年8月20日（日）23時59分【受信有効】
○ 電子申請（インターネット）による申し込み

四日市市総務部人事課

1　募集職種と採用予定人員

募 集 職 種	主 な 職 務 概 要	採用予定人員
事務職	一般行政事務に従事します。	5名程度
技術職（土木）	主として土木関係の専門技術を必要とする業務に従事します。	5名程度
技術職（建築）	主として建築関係の専門技術を必要とする業務に従事します。	3名程度
技術職（電気）	主として電気関係の専門技術を必要とする業務に従事します。	1名程度
技術職（機械）	主として機械関係の専門技術を必要とする業務に従事します。	1名程度
保健師	主として保健指導・健康指導に従事します。	3名程度
言語聴覚士	主として言語聴覚訓練等に関する業務に従事します。	1名程度

（注）　1．採用予定人員については、今後の採用計画等の見直しにより変更することがあります。
　　　　2．外国籍の人については、採用後、公権力の行使または公の意思の形成への参画にたずさわる職に任用できません。
　　　　　　詳しくは「外国籍職員の任用に関する基準について」を参照してください。
　　　　3．消防職員、事務職（社会人経験者向け）についての採用試験要項は別に用意してあります。

2　採　用　予　定　日　　令和6年4月1日
　　　　　　　　　　　　（採用可能な人についてはそれ以前に採用されることがあります）

3 受 験 資 格

次の要件を満たす人が受験できます。

職種区分	年 齢	学 歴 等	専攻学科・資格免許等
事務職	平成6年4月2日以降に生まれた人	学校教育法に基づく大学院（修士課程）、大学、短期大学、高等専門学校、専修学校専門課程、中等教育学校若しくは高等学校（これに準ずる養護学校高等部等の学校を含む）又はこれらに相当する市長が認める学校等を卒業した（または令和6年3月31日までに卒業見込みである）人	
技術職（土木・建築　電気・機械）	昭和59年4月2日以降に生まれた人(注)	学校教育法に基づく大学院（修士課程）、大学、短期大学、高等専門学校、専修学校専門課程、中等教育学校若しくは高等学校（これに準ずる養護学校高等部等の学校を含む）又はこれらに相当する市長が認める学校等を卒業した（または令和6年3月31日までに卒業見込みである）人	従来は必須としていた、各職種の専門科目の履修条件は撤廃しました
保健師		学校教育法に基づく大学院（修士課程）、大学、短期大学、高等専門学校、専修学校専門課程の保健師養成課程又は厚生労働大臣の指定した保健師養成所を卒業した（または令和6年3月31日までに卒業見込みである）人	保健師免許を取得している人（令和6年3月31日までに取得見込みの人を含む）
言語聴覚士	昭和59年4月2日以降に生まれた人	文部科学大臣が指定した学校または都道府県知事が指定した言語聴覚士養成所において、言語聴覚士として必要な知識および技能を修得し、卒業した（または令和6年3月31日までに卒業見込みである）人	言語聴覚士免許を有する人（令和5年度実施の国家試験に合格し、免許取得見込のある人を含む）

各職種共通の受験要件
- 地方公務員法第16条に定める欠格条項に該当しない人。
- 外国籍の人は、永住者または特別永住者の在留資格を有する人に限ります。
※最終合格発表後に、在留資格を証明する書類（住民票など）の提出を求めます。
- 資格免許等が必要な職種については、その資格免許等の取得が採用の条件となります。
※最終合格発表後に、資格免許証の写し又は合格証明書等の写しを提出してもらいます。
- 受験申込内容に虚偽の記載等が確認された場合は、採用が取り消されることがあります。
- 卒業証明書（原本）は、最終合格発表後に提出を求めます。大学院（修士課程）を卒業の人は大学（4年制）の証明書も併せて提出になります。
(注) 昭和59年4月2日～平成6年4月1日の期間に生まれた人（言語聴覚士を除く）は、
上記要件に加えて、次の職務経験・資格等を必要とします。

※ 最終学歴は卒業区分に厳格に従って選択いただくもので、大学卒の方が高校卒資格で受験することはできません。

4 試験の日時、会場及び合格発表

区　分	日　時	会　場	合格発表日（予定）
第1次試験	令和5年9月17日(日) 午前10時00分から 午後4時00分頃まで	四日市大学 （四日市市萱生町1200）	令和5年9月29日（金） マイページで本人に通知するとともに、四日市市役所ホームページに掲載します。
第2次試験（予定）	【事務職】指定する期間に、録画した動画をアップロードしていただきます。詳細は、第1次試験合格通知の際に指定します。（会場に来ていただく必要はありません） 【事務職以外】令和5年10月14日（土）・15日（日）に第1次試験合格者について実施する予定です。試験日・会場等は、第1次試験合格通知の際に指定します。		
第3次試験（予定） 事務職のみ	令和5年10月27日（金）・28日（土）に第2次試験合格者について実施する予定です。試験日・会場等は、第2次試験合格通知の際に指定します。		

5 試　験　内　容

（1）第1次試験の内容

職種区分		試験科目	試験時間(予定)	試　験　内　容
各職種区分共通		教養試験 （択一式）	120分	時事、社会・人文、自然に関する一般知識及び文章理解、判断・数的推理、資料解釈についての筆記試験
		適性試験	50分	主として職務遂行上必要な資質及び組織への適応性について測定するクレペリン検査
技術職	（土木）	専門試験 （択一式）	120分	数学・物理、応用力学、水理学、土質工学、測量、土木計画、材料・施工などについての筆記試験
	（建築）	専門試験 （択一式）	120分	数学・物理、構造力学、材料学、環境原論、建築史、建築構造、建築計画、建築設備、建築施工などについての筆記試験
	（電気）	専門試験 （択一式）	120分	数学・物理、電磁気学・電気回路、電気計測・制御、電気機器・電力工学、電子工学、情報・通信工学などについての筆記試験
	（機械）	専門試験 （択一式）	120分	数学・物理、材料力学、流体力学、熱力学、電気工学、機械力学・制御、機械設計、機械材料、機械工作などについての筆記試験
保健師		専門試験 （択一式）	90分	公衆衛生看護学、疫学、保健統計学及び保健医療福祉行政論などについての筆記試験
言語聴覚士		専門試験 （記述式）	90分	基礎医学、臨床医学、臨床歯科医学、音声・言語・聴覚医学、心理学、音声・言語学、社会福祉・教育、言語聴覚障害学総論、失語・高次脳機能障害学、言語発達障害学、発声発語・嚥下障害学、聴覚障害学などについての筆記試験

（2）第2次・第3次試験の内容（予定）
・第2次試験
◇ 事務職 ： 録画面接（事前に収録した動画を指定の場所にアップロードしていただきます。詳細は、一次試験合格者に対して案内します。）
◇ 技術職（土木、建築、電気、機械）、保健師
： 面接試験、事務適性試験、論文試験
◇ 言語聴覚士 ： 面接試験、論文試験
・第3次試験
◇ 事務職 ： 面接試験、事務適性試験、論文試験
※ 採用内定者には、健康診断を受診していただきます。

（3）試験問題等の公開
二次・三次試験で実施した論文試験のテーマを市ホームページにて公開しています。

6 受 験 手 続
電子申請（インターネットによる申込み）

7 試 験 結 果 の 提 供
この試験に不合格になった人で希望者には総合順位と総合得点をお知らせします。以下の要領で申し出てください。
（1）対象者：第1次、第2次、第3次（事務職のみ）試験の不合格者
（2）内 容：第1次、第2次、第3次（事務職のみ）試験それぞれの総合順位と総合得点
（3）期 間：第1次、第2次、第3次（事務職のみ）試験それぞれの合格発表日から1か月間（土・日・祝日を除く）
（4）場 所：四日市市役所総務部人事課
（5）方 法：受験者本人が、受験票又は本人であることを証明する書類（運転免許証、旅券等）を持参のうえ直接申し出ること

8 受験についての問い合せ先
四日市市役所 総務部 人事課 ☎（059）354-8120
E-mail jinji@city.yokkaichi.mie.jp

外国籍職員の任用に関する基準について
「公権力の行使または公の意思の形成への参画にたずさわる公務員となるためには、日本国籍を必要とする」という公務員の基本原則に基づき、四日市市においては、外国籍の職員は次のような職務につくことはできません。

1 公権力の行使にあたる職務について
「公権力の行使」にあたる職務とは、次のとおりです。
（1）市民に対して公益的な必要から市民の権利や自由を制限する内容を含む職務
（2）市民に対して義務や負担を一方的に課す内容を含む職務
（3）市民に対して義務の履行を強制したり、強制力をもって執行する内容を含む職務
（4）その他公権力の行使に該当することとなる職務
〔「公権力の行使」にあたる主な職務の例〕
生活保護の決定、占用許可、立入検査、各種許認可、改善措置命令、税の賦課・滞納処分、公害防止規制、都市計画の決定、建築制限、違反建築物除却、開発行為の許可、土地利用規制など

2 公の意思の形成への参画にあたる職について
「公の意思の形成への参画」にあたる職とは、四日市市の行政について企画、立案、決定等の政策形成に関与する職であり、原則として専決権限を有する課長以上の職及び代決権限を有する課長補佐以上の職並びに本市の基本政策、人事及び財政等を担当する職が該当します。
外国籍職員の任用にあたっては、公務員の基本原則に抵触しない職であればつくことができます。専門的な特命事項を担当する課長級以上の相当職及び課長専決権限を全額は適用しない出先機関の長並びに課長補佐相当職以下（本市の基本政策、人事及び財政等を担当する職を除く）の職（具体的には課付主幹、係長、主幹）への昇任は制限されません。

勤務条件（令和5年4月1日現在）
- ●給与
  初任給　　大学卒：２１０，８７０円　　短大卒：１８９，８６０円　　高校卒：１７４，７９０円
  （金額は地域手当（10％）を含む）
  - ☆初任給は、前職歴に応じて加算される場合があります。
  - ☆諸手当として扶養手当、通勤手当、住居手当、地域手当、期末・勤勉手当（4.4月分）などが支給されます。
  - ☆民間給与の動向に応じて改定される国家公務員給与に準拠して給与改定があります。
  - ☆「四日市市職員の初任給、昇格、昇給等の基準に関する規則」が改正される場合があります。

- ●勤務時間・休暇
  - ☆勤務時間　午前８時３０分～午後５時１５分（１週あたり38.75時間）　（注）勤務場所により異なることがあります。
  - ☆休　　日　土曜日・日曜日（完全週休２日制）祝日・年末年始　　（注）勤務場所により異なることがあります。
  - ☆休　　暇　年次有給休暇が年間２０日あり、残日数がある場合は翌年度に繰り越すことができます。
  　　　　　　　その他、結婚休暇、出産補助休暇など条例で定められた休暇があります。

- ●福利厚生
  - ☆共済組合・職員共済会の事業として、各種福利厚生事業の充実を図っています。
    - ・各種健康診断や人間ドックなどの実施により、健康な職場づくりを進めています。
    - ・共済保養所、スポーツ施設と利用契約を結び、余暇利用を支援しています。

《参考》
○　前年度の職員採用試験の状況

職　種	受験者数	最終合格者	競争倍率	職　種	受験者数	最終合格者	競争倍率
事　務	463 人	39 人	11.9 倍	保健師	12人	6 人	2倍
土　木	13 人	7 人	1.9 倍	保育教育職	78人	26 人	3倍
建　築	6 人	5 人	1.2 倍	心理判定員	8人	1 人	8倍
電　気	4 人	2 人	2倍	社会福祉士	9人	2 人	4.5倍

☆ 地方公務員法第16条（欠格条項）

次の各号のいずれかに該当する者は、条例で定める場合を除くほか、職員となり、又は競争試験若しくは選考を受けることができない。

1 禁錮以上の刑に処せられ、その執行を終わるまで又はその執行を受けることがなくなるまでの者
2 当該地方公共団体において懲戒免職の処分を受け、当該処分の日から2年を経過しない者
3 人事委員会又は公平委員会の委員の職にあって、第60条から第63条までに規定する罪を犯し刑に処せられた者
4 日本国憲法施行の日以後において、日本国憲法又はその下に成立した政府を暴力で破壊することを主張する政党その他の団体を結成し、又はこれに加入した者結成し、又はこれに加入した者

○ 昭和59年4月2日～平成6年4月1日の期間に生まれた人（言語聴覚士を除く）

前掲の専攻学科・資格免許等の欄に記載した要件に加え、次の各職種区分の要件を全て満たす必要があります。（平成6年4月2日以降に生まれた人は、以下の要件は不要です）

【土木】 (1) 1級または2級土木施工管理技士の資格を持つ人
(2) 民間企業等において土木関係の設計・施工管理等の職務経験を5年以上有する人（※）

【建築】 (1) 一級建築士または二級建築士の資格を持つ人
(2) 民間企業等において建築関係の設計・施工管理等の職務経験を5年以上有する人（※）

【電気】 (1) 1級または2級電気工事施工管理技士または電気主任技術者（第1種・第2種・第3種のいずれか）の資格を持つ人
(2) 民間企業等において電気工作物関係の設計・施工管理等の職務経験を5年以上有する人（※）

【機械】 (1) 1級または2級管工事施工管理技士の資格を持つ人
(2) 民間企業等において機械工作物関係の設計・施工管理等の職務経験を5年以上有する人（※）

【保健師】 民間企業等において保健師としての職務経験を5年以上有する人（※）

※ 職務経験等について

(1) 職務経験には、会社員や公務員として週30時間以上の勤務を1年以上継続した期間が該当し、これらの職務経験期間が通算5年以上あることを要します。なお、正規、非正規などの雇用形態は問いません。

(2) 複数の職務経験がある場合は通算することができますが、同一期間に複数個所で勤務した場合は、通算できるのはいずれか一つの職務経験のみです。

(3) 休業等（育児休業、介護休業等）により実際の業務に従事しなかった期間については、職務経験期間に通算できません。

(4) 職務経験の確認のため、最終合格発表後に職歴証明書等の提出を求めます。職務経験の証明ができなかった場合は、採用されません。申込みの際は、職歴欄へ職務内容等を詳細に記載してください。

(5) 職務経験期間は、令和5年6月30日までの期間を通算します。

(6) 受験資格において、資格が必要とされている職種については、最終合格発表後に資格免許証の写し又は合格証明書等の写しの提出を求めます。

四日市市の自治体情報

出会い・結婚応援！

で

幸せになろう予算

本市では、皆さんに納めていただいた税金を「どんなことに使うのか」について、毎年、計画（予算）を立てています。今回の特集では、今年度の予算のポイントや具体的な使い道（事業）についてお伝えします。（数字は端数調整している部分があります）

一般会計

1,299億円
（前年度比－0.8%）

行政運営の基本的な経費を計上する会計（子育てや教育、防災、福祉、道路整備など）

特別会計など

860億7,580万円
（前年度比＋8.3%）

一般会計とは区別して経理する会計（国民健康保険、介護保険、競輪の運営など）

企業会計

690億6,141万円
（前年度比＋5.9%）

地方公営企業法に基づく公営企業を経理する会計（上下水道、市立四日市病院）

予算額（総額） 2,850億3,721万円 （前年度比＋3.4%）

一般会計

人口30万人以上の都市に立地する一定規模以上の事業所にかかる税金

主な使い道
- 道路の整備に……… 25億2,093万円
- 学校などの整備に…… 11億2,946万円
- 保育所などの整備に…… 2,944万円

主な増減
- 新型コロナウイルスワクチン接種などに係る国庫支出金の減
- 給食センターの整備が完了したことなどによる市債の減

主な増減
- 中央通り再編事業費の増などによる土木費の増
- 給食センターの整備が完了したことなどによる教育費の減
- 新型コロナウイルスワクチン接種体制確保事業費の減などによる衛生費の減
- 四日市市プレミアム付デジタル商品券事業の終了による商工費の減

41

市民一人当たりに使われるお金は？　約42万円です

※市に納められた税金約24万円に、国・県の補助金などを加えた金額を財源として、市民1人当たり約42万円の事業が行われます

市民一人当たりの内訳 一般会計歳出予算（目的別） 約420,726円 ※令和5年度歳出予算を人口（令和5年3月31日現在）で割った額	民生費 160,182円 高齢者・障害者の福祉、子どもの医療費助成、保育所の整備、生活保護などに使われます。	土木費 75,812円 道路や河川、公園などの整備や維持管理に使われます。	総務費 46,989円 防災や文化振興、スポーツ振興などに使われます。

教育費 43,882円 小・中学校の学校教育や生涯学習の推進などに使われます。	衛生費 39,992円 健康診断・予防接種などの保健衛生やごみ収集・処理などに使われます。	公債費 18,446円 市の借入金の返済に使われます。	消防費 15,433円 消防・救急活動に使われます。

商工費 9,946円 商工業の振興に使われます。	農林水産業費 6,166円 農業・漁業などの振興に使われます。	議会費 2,070円 市議会の運営・活動に使われます。	その他 1,809円 急な支出を必要とする場合に備えて用意しているお金など。

財政の健全化を進めています

　本市では、「財政プラン2020」に基づき、持続可能な財政運営を行ってきました。その結果、市債（市の借金）は着実に減少しています。そして、市税収入の急激な減収や、大規模災害などの不測の事態へ備えるための財政調整基金（市の貯金）も100億円以上を確保しています。

　令和5年度からは、「財政プラン2023」に基づき、引き続き健全な財政運営を行っていきます。

市債（市の借金）残高

凡例：■一般会計　■特別会計　■企業会計

	令和元年度	令和2年度	令和3年度	令和4年度	令和5年度
合計	1,567	1,507	1,441	1,414	1,401
一般会計	1,008	996	984	985	985
特別会計	25	23	22	21	19
企業会計	533	487	435	408	397

財政調整基金（市の貯金）の残高

令和元年度	令和2年度	令和3年度	令和4年度	令和5年度
132	149	139	142	130

「広報よっかいち　2023年5月上旬号」より抜粋

鈴鹿市の試験情報

✿ 鈴鹿市職員採用試験募集要項　　　*鈴鹿市総務部人事課*

令和6年4月採用の職員を募集します。
（一部，令和5年9月及び10月採用あり）

第一次試験日：令和5年6月18日（日）
受 付 期 間：令和5年5月15日（月）午前8時30分から
　　　　　　　令和5年6月6日（火）午後5時15分まで

1　募集職種，採用予定人数，受験資格等

職種 採用予定人数	主な業務内容	資格免許等	年齢	学歴
事務1 （障がい者対象） 1人程度	企画，庶務，予算，経理，調査，指導等の一般行政事務	障害者手帳（身体障害者手帳，療育手帳等又は精神障害者保健福祉手帳）の交付を受けている方	昭和58年4月2日以降の生まれの方	次のいずれかに該当する方 ①学校教育法に定める大学院，大学，短期大学，修業年限が2年以上の専修学校専門課程，高等専門学校を卒業した又は採用日までに卒業見込みの方 ②学校教育法に定める高等学校，特別支援学校高等部等，高等学校に準ずる学校を卒業した方（令和6年3月に卒業見込みの方は除く） ※①又は②と同等の資格があると認められる方を含みます。 ※技術（土木）については上記の学校において土木に関する専門課程・科目を履修していることが必要です。
事務2 12人程度		—	平成5年4月2日以降の生まれの方	
技術 （土木） 5人程度	土木に関する技術的業務	—		
保健師 1人程度	保健に関する相談・指導業務	保健師免許を取得済み又は採用日までに取得見込みの方	昭和58年4月2日以降の生まれの方	
労務 （調理員） 4人程度	学校，保育所等での給食調理業務	調理師免許又は栄養士免許を取得済み，又は採用日までに取得見込みの方		—

※　採用予定人数については，今後の採用計画の見直し等により変更することがあります。

※ 障害者手帳の交付を受けている方は職種区分「事務 1」を受験できますが，それ以外の職種区分の受験を制限するものではありません。

※ 複数の職種を受験することはできません。

※ 外国籍の方の受験には，永住者又は特別永住者の在留資格が必要です。

※ 全ての職種について，地方公務員法第 16 条の欠格事項に該当しないことが条件です。

【地方公務員法第 16 条欠格事項】

(1)禁錮以上の刑に処せられ，その執行を終わるまで又はその執行を受けることがなくなるまでの方

(2)鈴鹿市職員として懲戒免職の処分を受け，その処分の日から 2 年を経過しない方

(3)日本国憲法施行の日以後において，日本国憲法又はその下に成立した政府を暴力で破壊することを主張する政党その他の団体を結成し，又はこれに加入した方

2 採用及び任用

1 採用予定日 「事務 1」「事務 2」及び「技術（土木）」：令和 6 年 4 月 1 日

「保健師」：令和 5 年 10 月 1 日又は令和 6 年 4 月 1 日

「労務（調理員）」：令和 5 年 9 月 1 日又は令和 6 年 4 月 1 日

※保健師，労務（調理員）の採用日については，申込時に希望を確認します。

（採用日の希望は，採用試験の合否に影響するものではありません。）

2 日本国籍を有しない方の任用に当たっては，「公権力の行使又は公の意思の形成への参画に携わる職務を行うためには日本国籍が必要である」という公務員の基本原則に沿った任用が行われます。

3 受験手続

1 申込方法

原則，電子申請（インターネットによる申込み）となります。市ホームページ（人事・職員採用）のリンク先より申込みください。

詳細については，別添の「インターネットによる受験手続方法」を御覧ください。

2 受付期間

令和 5 年 5 月 15 日（月）午前 8 時 30 分から令和 5 年 6 月 6 日（火）午後 5 時 15 分まで

3 受験票

申込受付期間終了後，受験票交付のお知らせメールを送信しますので，申込サイト上のマイページから受験票を印刷し，必要事項を記入の上，第一次試験日当日に持参してください。

なお，令和 5 年 6 月 13 日（火）になっても受験票交付のお知らせメールが届かない場合は，人事課までお問い合わせください。

4 試験の日時，会場及び合格発表等

1 第一次試験

日 時	令和 5 年 6 月 18 日（日）午前 9 時から	
会 場	受験票交付時に案内します。	
科 目	事務 1，事務 2	教養試験(120 分)，事務適性検査(10 分)
	技術（土木）	教養試験(120 分)，専門試験（大学・短大・高専卒は 120 分，高校卒は 90 分），適性検査(10 分)

	保健師	教養試験(120分)，専門試験(90分)，適性検査(10分)
	労務（調理員）	教養試験(50分)，業務適性検査(20分)，適性検査(10分)
そ の 他	・各種試験及び検査は全て活字印刷文で出題される筆記試験（検査）です（択一式）。 ・教養試験は大学卒程度，高校卒程度の2区分とし，受験者の学歴に応じてどちらかの区分の試験を受験することになります（区分は市で指定します。）。	
合格発表	令和5年6月下旬（予定） 受験申込サイトに登録していただいたメールアドレス宛に合否通知を送信します。 また鈴鹿市ホームページへ合格者の受験番号を掲載します。	

2 第二次試験（事務1，事務2以外の職種は第二次試験が最終試験です。）
　第一次試験合格者に対して実施します。
　試験日，会場等詳しくは第一次試験の合格通知で指定します。

試験内容	事務1，事務2	・集団面接 ・適性検査
	技術（土木），保健師，労務（調理員）	・個別面接 ・実技試験（労務（調理員）のみ）
合格発表	受験申込サイトに登録していただいたメールアドレス宛に合否通知を送信します。 また鈴鹿市ホームページへ合格者の受験番号を掲載します。	

3 第三次試験（事務1，事務2のみ）
　第二次試験合格者に対して実施します。
　試験日，会場等詳しくは第二次試験の合格通知で指定します。

試験内容	事務1，事務2	個別面接
合格発表	受験申込サイトに登録していただいたメールアドレス宛に合否通知を送信します。 また鈴鹿市ホームページへ合格者の受験番号を掲載します。	

5 給与

鈴鹿市職員給与条例の定めるところにより，給料，期末手当，勤勉手当等の諸手当が支給されます。
以下の記載内容は，令和5年4月1日現在のものであり，改正により変更する場合があります。

1 初任給
(1)事務，技術，保健師

	給 料	地域手当	合 計
大 学 卒	191,700 円	23,004 円	214,704 円
短 大 卒	172,600 円	20,712 円	193,312 円
高 校 卒	158,900 円	19,068 円	177,968 円

※職務経験がある場合や大学院を卒業した場合等には，一定の基準に基づき加算措置があります。

（2）労務

年齢(採用時)	給　料	地域手当	合　計
34 歳以上	204,200 円	24,504 円	228,704 円
30 歳	191,700 円	23,004 円	214,704 円
25 歳	175,300 円	21,036 円	196,336 円
20 歳	158,900 円	19,068 円	177,968 円

2　主な手当

期末・勤勉手当	4.40 月分（6 月：2.15 月分　12 月：2.25 月分）　※令和 4 年度実績
扶　養　手　当	配偶者 6,500 円　子 10,000 円　父母等 6,500 円
住　居　手　当	借家・借間の場合 28,000 円を上限として支給
通　勤　手　当	公共交通機関の場合：55,000 円を限度として実費支給 自動車等の場合：通勤距離に応じて算出した額を支給

6　成績開示

　　鈴鹿市職員採用試験結果について，口頭により開示請求をすることができる個人情報及び開示方法は次のとおりです。

開　示　す　る　内　容	得点及び順位
開　示　す　る　期　間	合格発表の日から 1 月間
開　示　す　る　場　所	総務部人事課（電話での開示は不可）
開　示　対　象　者	本人
必　要　書　類	受験票又は運転免許証等本人の顔写真が貼付された本人確認書類
開　示　方　法	閲覧又は交付

7　採用試験についてのお問合せ先

　　鈴鹿市 総務部 人事課　　Tel：059-382-9037（直通）　　Fax：059-382-2219

鈴鹿市総務部人事課

✿ 鈴鹿市職員採用試験募集要項　　*鈴鹿市総務部人事課*

令和 6 年 4 月採用の職員を募集します。

第一次試験日：令和 5 年 9 月 17 日（日）
受 付 期 間：令和 5 年 8 月 1 日（火）午前 8 時 30 分から
　　　　　　　令和 5 年 8 月 23 日（水）午後 5 時 15 分まで

1 募集職種，採用予定人数，受験資格等

職種 採用予定人数	主な業務内容	資格免許等	年齢	学歴
事務 1 （障がい者対象） 1 人程度		障害者手帳（身体障害者手帳，療育手帳等又は精神障害者保健福祉手帳）の交付を受けている方	昭和 58 年 4 月 2 日以降の生まれの方	学校教育法に定める大学院，大学，短期大学，修業年限が 2 年以上の専修学校専門課程，高等専門学校，高等学校，特別支援学校高等部等高等学校に準ずる学校を卒業した方又は令和 6 年 3 月末日までに卒業見込の方（これらの方と同等の資格があると認められる方を含みます）
事務 2 3 人程度	企画，庶務，予算，経理，調査，指導等の一般行政事務		平成 5 年 4 月 2 日以降の生まれの方	
事務 3 （学芸員） 1 人程度	埋蔵文化財の発掘調査等に関する業務	・学芸員資格を取得済みの方又は令和 6 年 3 月末日までに取得見込の方 ・埋蔵文化財発掘調査についての知識・経験を有する方 ・普通自動車免許を取得済み又は令和 6 年 3 月末日までに取得見込の方		学校教育法に定める大学（短期大学を除く）又は大学院の史学科その他これに準じる学科において考古学を専攻し，卒業した方又は令和 6 年 3 月末日までに卒業見込の方
事務 4 （社会福祉士） 2 人程度	社会福祉関係業務等の一般行政事務	社会福祉士資格を取得済みの方又は令和 6 年 3 月末日までに取得見込の方	昭和 63 年 4 月 2 日以降の生まれの方	学校教育法に定める大学院，大学，短期大学，修業年限が 2 年以上の専修学校専門課程，高等専門学校，高等学校，特別支援学校高等部等高等学校
技術 （土木） 4 人程度	土木に関する技術的業務	ー	昭和 58 年 4 月 2 日以降の生まれの方	
技術 （建築） 1 人程度	建築に関する技術的業務			

技術 （機械） 1人程度	機械に関する 技術的業務	—	昭和58年4月2日 以降の生まれの方	に準ずる学校を 卒業した方又は 令和6年3月末 日までに卒業見 込みの方（これらの 方と同等の資格 があると認めら れる方を含みま す） ※技術について は上記の学校に おいてそれぞれ の職種に関する 専門課程・科目を 履修しているこ とが必要です。
保育士・ 幼稚園教諭 （一般） 8人程度	乳幼児の保育業務	保育士資格・幼稚園教諭免許 をいずれも取得済みの方又は 令和6年3月末日までに取得 見込みの方	昭和63年4月2日 以降の生まれの方	
保育士・ 幼稚園教諭 （経験者） 2人程度		・保育士資格・幼稚園教諭免 許をいずれも取得済みの方 ・令和5年7月31日時点で， 保育士又は幼稚園教諭として 公立の保育所，幼稚園又は認 定こども園で通算3年以上勤 務した期間がある方		
保健師 5人程度	保健に関する 相談・指導業務	保健師免許を取得済みの方又 は令和6年3月末日までに取 得見込みの方	昭和58年4月2日 以降の生まれの方	
消防 3人程度	火災予防，救急，救 助，消火活動等の 消防業務	—	平成5年4月2日 以降の生まれの方	

※ 採用予定人数については，今後の採用計画の見直し等により変更することがあります。

※ 障害者手帳の交付を受けている方は職種区分「事務1」を受験できますが，それ以外の職種区分の受験を制限するものではありません。

※ 複数の職種を受験することはできません。

※ 事務3（学芸員）を受験される方は，受験申込時に，調査参加経歴書の提出（電子ファイルのアップロード）が必要です。

※ 保育士・幼稚園教諭（経験者）を受験される方は，別紙の「【保育士・幼稚園教諭（経験者）】の職務経験について」を併せて確認してください。なお受験申込時に，職務経験についての自己申告書の提出（電子ファイルのアップロード）が必要です。

※ 職種区分「消防」を受験される方は，日本国籍を有することが条件です。

※ 職種区分「消防」以外を受験される外国籍の方は，永住者又は特別永住者の在留資格が必要です。

※ 全ての職種について，地方公務員法第16条の欠格事項に該当しないことが条件です。

　　【地方公務員法第16条欠格事項】
　　(1)禁錮以上の刑に処せられ，その執行を終わるまで又はその執行を受けることがなくなるまでの方
　　(2)鈴鹿市職員として懲戒免職の処分を受け，その処分の日から2年を経過しない方
　　(3)日本国憲法施行の日以後において，日本国憲法又はその下に成立した政府を暴力で破壊することを主張する政党その他の団体を結成し，又はこれに加入した方

② 採用及び任用

1　採用予定日　令和6年4月1日

2　日本国籍を有しない方の任用に当たっては，「公権力の行使又は公の意思の形成への参画に携わる職務を行うためには日本国籍が必要である」という公務員の基本原則に沿った任用が行われます。

③ 受験手続

1　申込方法
　　原則，電子申請（インターネットによる申込み）となります。市ホームページ（人事・職員採用）のリンク先より申込みください。
　　詳細については，別添の「インターネットによる受験手続方法」を御覧ください。

2　受付期間
　　令和5年8月1日（火）午前8時30分から令和5年8月23日（水）午後5時15分まで

3　受験票

　　申込受付期間終了後，受験票交付のお知らせメールを送信しますので，申込サイト上のマイページから受験票を印刷し，必要事項を記入の上，第一次試験日当日に持参してください。

　　なお，令和5年9月7日（木）になっても受験票交付のお知らせメールが届かない場合は，人事課までお問い合わせください。

4　試験の日時，会場及び合格発表等

1　第一次試験

日　　時	令和5年9月17日（日）午前9時から	
会　　場	受験票交付時に案内します。	
科　　目	事務1，事務2，事務3（学芸員），事務4（社会福祉士）	教養試験(120分)，事務適性検査(10分)
	技術（土木），技術（建築），技術（機械）	教養試験(120分)，専門試験(大学・短大・高専卒は120分，高校卒は90分)，適性検査(10分)
	保育士・幼稚園教諭（一般），保健師	教養試験(120分)，専門試験(90分)，適性検査(10分)
	保育士・幼稚園教諭（経験者）	教養試験(120分)，適性検査(10分)
	保健師	教養試験(120分)，専門試験(90分)，適性検査(10分)
	消防	教養試験(120分)，消防適性検査(15分)，適性検査(10分)
その他	・各種試験及び検査は全て活字印刷文で出題される筆記試験（検査）です（択一式）。 ・教養試験は大学卒程度，高校卒程度の2区分とし，受験者の学歴に応じてどちらかの区分の試験を受験することになります（区分は市で指定します。）。	
合格発表	令和5年10月上旬（予定） 受験申込サイトに登録していただいたメールアドレス宛に合否通知を送信します。 また鈴鹿市ホームページへ合格者の受験番号を掲載します。	

2　第二次試験（事務1，事務2，事務3（学芸員），事務4（社会福祉士）以外の職種は第二次試験が最終試験です。）

　　第一次試験合格者に対して実施します。

　　試験日，会場等詳しくは第一次試験の合格通知で指定します。

試験内容	事務1，事務2，事務3（学芸員），事務4（社会福祉士）	・集団面接 ・適性検査
	技術（土木），技術（建築），技術（機械），保育士・幼稚園教諭（一般），保育士・幼稚園教諭（経験者），保健師，消防	・個別面接 ・実技試験（保育士・幼稚園教諭（一般）及び保育士・幼稚園教諭（経験者）のみ）
合格発表	受験申込サイトに登録していただいたメールアドレス宛に合否通知を送信します。 また鈴鹿市ホームページへ合格者の受験番号を掲載します。	

3　第三次試験（事務1，事務2，事務3（学芸員），事務4（社会福祉士）のみ）

　　第二次試験合格者に対して実施します。

試験日，会場等詳しくは第二次試験の合格通知で指定します。

試験内容	事務1, 事務2, 事務3（学芸員）, 事務4（社会福祉士）	・個別面接 ・実技試験（事務3（学芸員）のみ）
合格発表	受験申込サイトに登録していただいたメールアドレス宛に合否通知を送信します。また鈴鹿市ホームページへ合格者の受験番号を掲載します。	

5 給与

鈴鹿市職員給与条例の定めるところにより，給料，期末手当，勤勉手当等の諸手当が支給されます。
以下の記載内容は，令和5年4月1日現在のものであり，改正により変更する場合があります。

1 初任給（事務，技術，保育士・幼稚園教諭，保健師，消防）

	給　料	地域手当	合　計
大 学 卒	191,700 円	23,004 円	214,704 円
短 大 卒	172,600 円	20,712 円	193,312 円
高 校 卒	158,900 円	19,068 円	177,968 円

※職務経験がある場合や大学院を卒業した場合等には，一定の基準に基づき加算措置があります。

2 主な手当

期末・勤勉手当	4.40月分（6月：2.15月分　12月：2.25月分）　※令和4年度実績
扶 養 手 当	配偶者6,500円　子10,000円　父母等6,500円
住 居 手 当	借家・借間の場合28,000円を上限として支給
通 勤 手 当	公共交通機関の場合：55,000円を限度として実費支給 自動車等の場合：通勤距離に応じて算出した額を支給

6 成績情報の提供

鈴鹿市職員採用試験結果について，口頭により提供請求をすることができる個人情報及び提供方法は次のとおりです。

提 供 す る 内 容	得点及び順位
提 供 す る 期 間	合格発表の日から1月間
提 供 す る 場 所	総務部人事課（電話での提供は不可）
提 供 対 象 者	本人
必 要 書 類	受験票又は運転免許証等本人の顔写真が貼付された本人確認書類
提 供 方 法	閲覧又は交付

7 採用試験についてのお問合せ先

鈴鹿市 総務部 人事課　　Tel：059-382-9037（直通）　　Fax：059-382-2219

鈴鹿市総務部人事課

鈴鹿市の自治体情報

一般会計
692億1,000万円

令和5年度当初予算が可決成立しましたので、お知らせします。

財政課 ☎382-9041 📠382-9040

当初予算の概要

令和5年度の予算は、4月に統一地方選挙が実施されることから、現状の市民サービスを停滞・低下させないように配慮しながら、義務的・経常的な行政経費と継続事業に係る投資的経費を中心とする骨格的な予算として編成しました。

令和5年度は、「鈴鹿市総合計画2023」の後期基本計画における最終年度です。そのため、骨格的予算とする中でも、国や県の施策に協調して迅速な対応が求められる事業費を加えながら、めざす将来都市像である「みんなで創り 育み 成長し みんなに愛され 選ばれるまち すずか」の目標達成につなげる予算となっています。

一般会計予算額は692億1,000万円、また、一般会計、特別会計および企業会計を含めた予算総額は1,115億292万8,000円としています。

歳入歳出の状況

[歳入]

個人市民税、法人市民税および固定資産税において、企業収益と個人所得の増加による増収を見込んでおり、市税全体としては、前年度に比べて約11億3,500万円の増収を見込んでいます。

また、国の令和5年度地方財政計画により、普通交付税および地方消費税交付金などが増加する見込みであり、財政調整基金繰入金を除いた一般財源全体の額としては、前年度より約2億7,000万円の増収を見込んでいます。

[歳出]

骨格的予算としたことで、新たなインフラ整備に係る普通建設事業費が減額となるものの、老朽化した公共施設の計画的な整備を滞らせることのないよう継続事業を中心に改修や建替えに係る経費を計上したほか、社会保障関係経費が引き続き高い水準で推移するものと見込んでいること、また、原油価格・物価高騰の影響により公共施設の電気料金をはじめとした経常経費が増大するものと見込んでいることから、前年度と比べて9億6,500万円の増額で、1.4%増となっています。

主な歳入

■市税
令和4年度より11億3,573万3,000円増の296億6,616万8,000円を計上

■地方交付税
普通交付税は令和4年度より12億円増の42億円、特別交付税は令和4年度と同額の4億2,000万円を計上

■市債
令和4年度より29億6,620万円減の33億3,290万円を計上し、そのうち臨時財政対策債は令和4年度より27億1,000万円減の4億9,000万円を計上

■繰入金
財政調整基金から令和4年度より6,400万円減の24億3,600万円を、地方債減債基金から令和4年度と同額の4億円を計上

一般会計の歳入

市債【4.8%】
33億3,290万円

諸収入【5.0%】
34億8,646万円

繰入金【5.8%】
40億506万1,000円

県支出金【8.1%】
55億8,496万9,000円

国庫支出金【15.1%】
104億2,664万円

地方交付税【6.7%】
46億2,000万円

その他【5.0%】
34億9,450万7,000円

[歳入]合計
692億1,000万円

市税【42.9%】
296億6,616万8,000円

地方消費税交付金【6.6%】
45億9,329万5,000円

※構成比については、歳入・歳出とも表示単位未満四捨五入のため、積み上げが100％にならない場合があります。

○「その他」に含まれる歳入
地方譲与税、利子割交付金、配当割交付金、株式等譲渡所得割交付金、法人事業税交付金、ゴルフ場利用税交付金、自動車取得税交付金、環境性能割交付金、地方特例交付金、交通安全対策特別交付金、分担金及び負担金、使用料及び手数料、財産収入、寄附金、繰越金

■会計別予算額

【単位：千円・％】

会 計 区 分		令和5年度	令和4年度	増減額	増減率
一 般 会 計		69,210,000	68,245,000	965,000	1.4
特別会計	国民健康保険事業	17,625,604	17,232,057	393,547	2.3
	土 地 取 得 事 業	154,000	154,000	0	0.0
	介 護 保 険 事 業	51,734	51,923	▲ 189	▲ 0.4
	後 期 高 齢 者 医 療	4,996,941	4,555,904	441,037	9.7
	小　　　計	22,828,279	21,993,884	834,395	3.8
水 道 事 業 会 計		7,064,014	7,048,901	15,113	0.2
下 水 道 事 業 会 計		12,400,635	12,118,633	282,002	2.3
合　　　計		111,502,928	109,406,418	2,096,510	1.9

▲は「減」を表します。

一般会計の歳出

その他【2.2%】15億5,000万円
議会費【0.6%】4億2,946万6,000円
公債費【6.3%】43億8,272万9,000円
総務費【11.6%】80億449万円
教育費【12.2%】84億1,734万8,000円
消防費【3.9%】26億6,502万7,000円
土木費【10.2%】70億7,000万4,000円
商工費【1.3%】9億1,079万9,000円
農林水産業費【2.4%】16億8,472万6,000円
労働費【0.1%】7,123万3,000円
民生費【40.5%】280億566万4,000円
衛生費【8.7%】60億1,851万4,000円

[歳出]合計 692億1,000万円

主な歳出

■総務費
文化会館施設整備費や選挙執行事務費など、令和4年度より2億9,348万2,000円増の80億449万円を計上

■民生費
子どものための教育・保育給付費や障がい児通所支援事業費など、令和4年度より1億6,428万5,000円増の280億566万4,000円を計上

■教育費
小学校の屋内運動場施設整備に係る事業費や中学校の校舎長寿命化改修に係る事業費など、令和4年度より6億731万9,000円増の84億1,734万8,000円を計上

○「その他」に含まれる歳出　災害復旧費、諸支出金、予備費

令和5年度予算は、主にこのように使います

❶防犯事業費　**285万1,000円**　高齢者の方が特殊詐欺被害防止機器を購入・設置する費用を補助します。

❷通信指令費／消防通信指令事務協議会負担金　**1,085万円**　津市、鈴鹿市及び亀山市消防通信指令事務協議会に対して、通信指令センターの整備に係る負担金を支払います。

❸大規模地震対策事業費　**1,922万8,000円**　津波浸水予測区域等のハザードマップを更新し市民に配布するとともに、Web用ハザードマップを作製し公開します。

❹文化会館／施設整備費　**12億8,913万2,000円**　老朽化した文化会館の長寿命化改修工事を行います。

❺不妊治療助成費　**2,859万9,000円**　保険適用治療終了後の助成の対象を第1子まで拡大します。

❻河曲小学校施設整備費／屋内運動場　**4億7,585万3,000円**　老朽化した河曲小学校屋内運動場の建て替えを行います。

❼部活動地域移行推進費　**254万3,000円**　部活動の地域連携や地域スポーツ・文化活動への移行に向けた調査や研究を行います。

❽子ども医療費　**7億6,834万2,000円**　子ども医療費助成について所得制限を撤廃します。

❾食品ロス削減推進事業費　**168万3,000円**　食品ロスの削減および環境配慮行動を促進するため、鈴鹿市フードドライブ推進事業などの啓発事業を行います。

❿農業競争力強化農地整備事業費　**3,700万円**　下大久保町の寺井池から取水する地区におけるパイプライン事業および農道整備事業の実施計画を策定します。

⓫観光振興費　**3,621万6,000円**　持続可能な観光振興のため、地域資源を有機的に組み合わせた誘客多角化を行います。また、市民祭を活性化するための補助をします。

⓬ホームページ運営費　**3,658万9,000円**　分かりやすく正確な情報を迅速かつ安定的に発信するために市ホームページのリニューアルを行います。

※予算額は、記載のある取り組みを含めた全体の事業費です。

「広報すずか　2023年4月20日号」より抜粋

名張市の試験情報

令和 5 年度

名張市職員採用候補者試験受験案内【Ａ日程】
（一般事務職・技術職・保健師）

令和 5年 5月22日
名張市職員試験委員会

名張市職員の採用候補者を決定する試験を次のとおり実施します。

1．（1）受付期間

採用職種	受 付 期 間
全職種	令和5年5月22日（月） 〜 令和5年6月9日（金）

【試験案内等の入手方法】
①名張市ホームページからダウンロード（申込書の印刷はＡ４・両面）
②郵送での請求
③直接入手（名張市役所 2階 総務部 人事研修室内 職員試験委員会事務局にて）
【申込書類の提出方法】
①郵送の場合：提出書類をご確認のうえ、「特定記録郵便」にて郵送［6月9日（金）の消印有効］
②直接提出の場合：名張市役所 2階 総務部 人事研修室内 職員試験委員会事務局に提出
（ 午前8時30分から午後5時15分まで。但し、土曜日・日曜日は除きます。）
※詳しくは、P5〜6をご覧ください。

（2）採用日

採用職種	採 用 日
全職種	令和6年4月1日

（3）採用職種・採用予定人数・受験資格

採用職種	採用予定人数	受　験　資　格 〈次のすべての要件に該当する人〉
一般事務職 （上級）	1名程度	（1）平成6年4月2日以降に生まれ、大学（短期大学を除く。）卒の人 （令和6年3月卒業見込みの人を含む。）
一般事務職 （中級）		（1）平成6年4月2日以降に生まれ、短期大学又は高等専門学校卒の人 （令和6年3月卒業見込みの人を含む。）
土木技術職 （上級）	2名程度	（1）平成6年4月2日以降に生まれ、土木技術の専門課程を履修した人で大学（短期大学を除く。）卒の人 （令和6年3月卒業見込みの人を含む。）
土木技術職 （中級）		（1）平成6年4月2日以降に生まれ、土木技術の専門課程を履修した人で短期大学又は高等専門学校卒の人 （令和6年3月卒業見込みの人を含む。）
建築技術職 （上級）	1名程度	（1）平成6年4月2日以降に生まれ、建築技術の専門課程を履修した人で大学（短期大学を除く）卒の人 （令和6年3月卒業見込みの人を含む）
建築技術職 （中級）		（1）平成6年4月2日以降に生まれ、建築技術の専門課程を履修した人で短期大学又は高等専門学校卒の人 （令和6年3月卒業見込みの人を含む）
保健師	2名程度	（1）平成6年4月2日以降に生まれ、保健師免許を有する人 （令和6年3月31日までに免許取得見込みの人を含む）

≪注意事項≫

（1）次のいずれかに該当する人は受験できません。
　① 禁錮以上の刑に処せられ、その執行を終わるまで又はその執行を受けることがなくなるまでの人
　② 名張市職員として懲戒免職の処分を受け、その処分の日から2年を経過しない人
　③ 日本国憲法施行の日以降において、日本国憲法又はその下に成立した政府を暴力で破壊することを主張する政党その他の団体を結成し、又はこれに加入した人
　④ 永住者又は特別永住者の在留資格を有しない外国籍の人

　外国籍の人の任用にあたっては、「公権力の行使又は公の意思の形成への参画にたずさわる公務員となるためには、日本国籍を必要とする」という公務員の基本原則に沿った任用が行われます。詳しくは、末尾の「外国籍職員の任用に関する基準」を参照してください。

（2）学歴要件については、下記の区分とします。

　①大学卒
　　ア　学校教育法に規定される大学（短期大学を除く。）を卒業した人及び卒業見込みの人
　　イ　修士課程、博士課程を修了した人及び修了見込みの人
　　ウ　短期大学・高等専門学校等卒業者で大学の科目履修制度（専攻課程など）等を利用して学士を授与された人及び授与見込みの人

②短期大学又は高等専門学校卒
  ア　学校教育法に規定される短期大学又は高等専門学校を卒業した人及び卒業見込みの人
  イ　専修学校で修業年限2年以上の専門課程を卒業した人及び卒業見込みの人
  ウ　学校教育法に規定される大学（短期大学を除く。）を中途退学した人で、2年以上修学し、62
　　単位以上取得した人

③高校卒又は同等の資格を有する人
  ア　学校教育法に規定される高等学校を卒業した人及び卒業見込みの人
  イ　専修学校で修業年限3年以上の高等課程を卒業した人及び卒業見込みの人
  ウ　高等学校卒業程度認定試験に合格した人及び合格見込みの人

（3）大学卒区分に該当する人は、中級及び初級での受験をすることはできません。また、短期大学又は高等
　　専門学校卒区分に該当する人は、初級での受験をすることはできません。

（4）各日程において2つ以上の職種を併せて受験申込をすることはできません。また、受験申込後に受験職
　　種を変更することもできません。

（5）A日程、B日程並びにC日程を併願受験することはできません。ただし、申込書を提出しただけで一切
　　の試験を受験しなかった場合は、未受験者として他の日程の試験を受験することができます。

（6）教養試験及び専門試験の試験問題は、活字印刷文（文字の大きさは10ポイント程度）で出題します。

（7）退職者数の増減や事務事業の見直しなどにより、採用計画等の見直しを実施することがあります。その
　　ため、採用予定人数については、増減することがあります。

2．試験期日・場所及び試験の方法

≪第1次試験≫
【1日目】
（1）　日　　時　　　令和5年7月9日（日曜日）
　　　　※　日時の詳細については、試験案内通知（受験票等）送付の際にお知らせします。
　　　　※　今後の台風・地震等の自然災害等で、やむを得ず日時等を変更する場合があります。

（2）　場　　所　　　名張市鴻之台1番町1番地　　名 張 市 役 所
　　　　　　　　　　　名張市鴻之台1番町2番地　　名張市防災センター（名張消防署2階）
　　　　　　　　　　　のうちいずれか指定する場所
　　　　※　受験者数等によりやむを得ず会場を変更する場合があります。

（3）　試験科目

　　　　　　一般事務職　　　　　　教養試験75分
　　　　　　土木技術職　　　　　　専門（土木）試験90分
　　　　　　建築技術職　　　　　　専門（建築）試験90分
　　　　　　保 健 師　　　　　　　専門（保健師）試験90分
　　　　　　上記試験科目のほか、職場適応性検査・性格特性検査を実施します。

（4）試験内容

教養試験	社会についての関心や基礎的・常識的な知識、職務遂行に必要な基礎的な言語能力・論理的思考力をはかる択一式による筆記試験
専門試験 （土木）	数学・物理、情報技術基礎、土木基礎力学（構造力学、水理学、土質力学）、土木構造設計、測量、社会基盤工学、土木施工に関する択一式による筆記試験
専門試験 （建築）	数学・物理、情報技術基礎、建築構造設計、建築構造、建築計画、建築法規、建築施工に関する択一式による筆記試験
専門試験 （保健師）	公衆衛生看護学、疫学、保健統計学、保健医療福祉行政論に関する択一式による筆記試験

【2日目】

（1）日　時　　令和5年7月15日（土曜日）・16日（日曜日）・17日（月曜日）
　　　　　　　　のうちいずれか指定する日
　　※　日時の詳細については、1次試験1日目の際にお知らせします。
　　※　今後の台風・地震等の自然災害等で、やむを得ず日時等を変更する場合があります。

（2）場　所　　名張市鴻之台1番町1番地　　名張市役所
　　※　受験申込者数等によりやむを得ず会場を変更する場合があります。

（3）試験科目　　集団面接

≪第2次試験≫
第1次試験合格者を対象に次のとおり実施します。
（1）日　時　　令和5年8月19日（土曜日）・20日（日曜日）・26日（土曜日）
　　　　　　　　27日（日曜日）のうちいずれか指定する日
　　※　日時の詳細については、第2次試験結果通知の際に合格者にお知らせします。
　　※　今後の台風・地震等の自然災害等で、やむを得ず日時等を変更する場合があります。

（2）場　所　　名張市鴻之台1番町1番地　　名張市役所

　　※　第1次試験合格者数等によりやむを得ず会場を変更する場合があります。

（3）試験科目　　個人面接（全職種）、集団討論（一般事務職のみ）、作文試験（全職種）
　　※　第1次試験合格者は、別途指定する日までに最終学校卒業（見込）証明書、免許証の写し等の書類を提出していただきます。詳細は、第1次試験結果通知の際に合格者にお知らせします。

3．受験申込手続及び受付期間

（1）　受験申込書の請求
受験申込書は、名張市役所　総務部　人事研修室で令和5年5月22日(月曜日)から交付します。
名張市ホームページからも受験申込書のダウンロードが可能です。(印刷はA4・両面)
郵送での請求は、希望職種を明記のうえ、返信用封筒（角形2号にあて先を記入、120円切手
貼付）を同封して下記まで申し込んでください。

（2）　受験申込書の提出先
〒518-0492　　　名張市鴻之台1番町1番地
名張市役所　総務部　人事研修室内　職員試験委員会事務局

受付期間
令和5年5月22日（月曜日）から令和5年6月9日（金曜日）まで
（午前8時30分から午後5時15分まで。但し、土曜日・日曜日は除きます。）
郵送の場合は、「特定記録郵便」にて郵送してください。
〔6月9日（金）の消印有効〕
なお、受付期間以外の申込みは、いかなる理由があっても受付できません。

4．合格から採用まで

（1）合否の決定　　令和5年9月中旬までに、本人宛に合否を通知いたします。

（2）採点結果　　希望する受験者本人に限り、令和6年3月31日までの間、試験の採点結果
（総合順位・各得点）を公表いたしますので、運転免許証などの身分証明書（写
真のあるもの）を持参し、人事研修室内職員試験委員会事務局へお越しください。
なお、電話、郵便、メール等による請求のほか、代理人の請求による開示はでき
ません。

（3）採用について　　合格者は、職種ごとに作成する「採用候補者名簿」に成績順に登載され、その中
から採用者が決定されます。

（4）その他　　受験資格がないこと又は申込書記載事項が正しくないことが判明した場合には、
合格を取り消すことがあります。
なお、学歴要件の各区分において、令和6年3月卒業見込みで受験された方で、
令和6年3月に卒業できなかった場合、また、保健師の方で、令和6年3月31
日までに該当の免許を取得できなかった場合は、合格を取消します。

5．参考事項（給与等について）

① この試験に合格し、採用された場合には、「職員の給与に関する条例」の規定による給料及び扶養手当、地域手当、住居手当、通勤手当、期末・勤勉手当等の諸手当が支給されます。

② 令和5年4月現在、一般事務職職員の初任給（地域手当を含む。）は、次のとおりです。
　　　　　上級　大学卒　１８６，９４０円
　　　　　中級　短大卒　１６８，６７０円
　　　　　初級　高校卒　１５６，０５３円
　　　　　※職歴、経験等に応じて加算措置があります。

③ 年次有給休暇は、1年につき20日（採用年は、4月1日の採用の場合は15日）あり、このほか特別休暇等があります。

④ 採用職種の主な職務内容は、次のとおりです。

採用職種	主　な　職　務　内　容
一般事務職（上級）	一般行政事務
一般事務職（中級）	
土木技術職（上級）	道路・農業農村整備・上下水道等の事業に関する企画・設計・施工管理等の業務および関連する行政事務
土木技術職（中級）	
建築技術職（上級）	建築の設計・監督・検査、建築確認等の業務および関連する行政事務
建築技術職（中級）	
保　健　師	乳幼児、妊産婦、成人等の保健指導・健康指導等の業務および関連する行政事務

⑤ 採用試験の配点は、次のとおりです。

試験科目		配点（点） 【 】は基準点			
		一般事務職	土木技術職	建築技術職	保健師
第1次試験	集団面接	100 【50】	100 【50】	100 【50】	100 【50】
	教養試験	適否のみ判断 【40】	―	―	―
	専門試験	―	適否のみ判断 【40】	適否のみ判断 【40】	適否のみ判断 【40】
第2次試験	個人面接	100 【50】	100 【50】	100 【50】	100 【50】
	作文試験	25 【10】	25 【10】	25 【10】	25 【10】
	集団討論	25 【10】	―	―	―

※1　基準点は、試験科目ごとに個別に定めた最低限必要な点数です。基準点に達しない試験科目が1つでも存在する場合は、他の試験科目の成績に関わらず不合格となります。

※2　基準点は、採用予定者数や受験者による平均点等を勘案して、試験区分ごとに変更する場合があります。

※3　各試験における合格者は、各試験科目の基準点を満たす受験者のうち、合計点数の高い人から順に採用予定者数等を勘案して決定をします。なお、第1次試験時の教養試験及び専門試験は、基準点による適否のみ判断を行うこととします。

※4　教養試験、専門試験は、標準偏差を用いた標準点を使用します。受験者の点数は、概ね0点から100点に分布します。

外国籍職員の任用に関する基準

「公権力の行使又は公の意思の形成への参画にたずさわる公務員となるためには、日本国籍を必要とする」という公務員の基本原則に基づき、名張市においては、外国籍の職員は次のような職務につくことはできません。
1. 公権力の行使にあたる職務について
　　「公権力の行使にあたる職務」とは、次のとおりです。
　　①市民に対して公益的な必要から市民の権利や自由を制限する内容を含む職務
　　②市民に対して義務や負担を一方的に課す内容を含む職務
　　③市民に対して義務の履行を強制したり、強制力をもって執行する内容を含む職務
　　④その他の公権力の行使に該当することとなる職務
2. 公の意思の形成への参画にあたる職務について
　　「公の意思の形成への参画」にあたる職とは、名張市の行政について企画、立案、決定等の政策形成に関与する職であり、原則として専決権限を有する室長以上のライン職及び本市の基本政策、人事及び財政等を担当する職が該当します。

令和 5 年度

名張市職員採用候補者試験受験案内【Ｂ日程】
（一般事務職、管理栄養士）

令和 5 年 7 月 3 1 日
名張市職員試験委員会

名張市職員の採用候補者を決定する試験を次のとおり実施します。

1．（1）受付期間

採用職種	受　付　期　間
全職種	令和5年7月31日（月）　～　令和5年8月18日（金）

【試験案内等の入手方法】
①名張市ホームページからダウンロード（申込書の印刷はＡ４・両面）
②郵送での請求
③直接入手（名張市役所 2階　総務部　人事研修室内　職員試験委員会事務局にて）
【申込書類の提出方法】
①郵送の場合：提出書類をご確認のうえ、「特定記録郵便」にて郵送［8月18日（金）の消印有効］
②直接提出の場合：名張市役所 2階　総務部　人事研修室内　職員試験委員会事務局に提出
（ 午前8時30分から午後5時15分まで。但し、土曜日・日曜日及び祝日は除きます。）
※詳しくは、P5～7をご覧ください。

（2）採用日

採用職種	採　用　日
全職種	令和6年4月1日

（3）採用職種・採用予定人数・受験資格

採用職種	採用予定人数	受験資格 〈次のすべての要件に該当する人〉
一般事務職 （初級）	1名 程度	（1）平成6年4月2日以降に生まれ、高校卒又は同等の資格を有する人 （令和6年3月卒業見込み又は資格取得見込みの人を含む。）
一般事務職 （職務経験者）	1名 程度	（1）昭和59年4月2日以降に生まれ、大学卒、短期大学卒、高等専門学校卒、高校卒又は同等の資格を有する人 （令和6年3月卒業見込み又は資格取得見込みの人を含む。） （2）平成28年7月1日から令和5年6月30日までの間に、民間企業等における職務経験を5年以上有する人
管理栄養士	1名 程度	（1）平成6年4月2日以降に生まれ、管理栄養士免許を有する人 （令和6年3月31日までに免許取得見込みの人を含む）

※一般事務職（職務経験者）の職務経験の詳細については、P3をご覧ください。

≪注意事項≫

（1）次のいずれかに該当する人は受験できません。

① 禁錮以上の刑に処せられ、その執行を終わるまで又はその執行を受けることがなくなるまでの人

② 名張市職員として懲戒免職の処分を受け、その処分の日から2年を経過しない人

③ 日本国憲法施行の日以降において、日本国憲法又はその下に成立した政府を暴力で破壊することを主張する政党その他の団体を結成し、又はこれに加入した人

④ 永住者又は特別永住者の在留資格を有しない外国籍の人

> 外国籍の人の任用にあたっては、「公権力の行使又は公の意思の形成への参画にたずさわる公務員となるためには、日本国籍を必要とする」という公務員の基本原則に沿った任用が行われます。詳しくは、末尾の「外国籍職員の任用に関する基準」を参照してください。

（2）学歴要件については、下記の区分とします。

①大学卒

　　ア　学校教育法に規定される大学（短期大学を除く。）を卒業した人及び卒業見込みの人

　　イ　修士課程、博士課程を修了した人及び修了見込みの人

　　ウ　短期大学・高等専門学校等卒業者で大学の科目履修制度（専攻課程など）等を利用して学士を授与された人及び授与見込みの人

②短期大学又は高等専門学校卒

　　ア　学校教育法に規定される短期大学又は高等専門学校を卒業した人及び卒業見込みの人

　　イ　専修学校で修業年限2年以上の専門課程を卒業した人及び卒業見込みの人

　　ウ　学校教育法に規定される大学（短期大学を除く。）を中途退学した人で、2年以上修学し、62単位以上取得した人

③高校卒又は同等の資格を有する人

　　ア　学校教育法に規定される高等学校を卒業した人及び卒業見込みの人

　　イ　専修学校で修業年限3年以上の高等課程を卒業した人及び卒業見込みの人

　　ウ　高等学校卒業程度認定試験に合格した人及び合格見込みの人

（3）学歴区分が大学卒区分、短期大学又は高等専門学校卒区分に該当する人は、初級での受験をすることはできません。

（4）各日程において2つ以上の職種を併せて受験申込をすることはできません。また、受験申込後に受験職種を変更することもできません。

（5）A日程、B日程並びにC日程を併願受験することはできません。ただし、申込書を提出しただけで一切の試験を受験しなかった場合は、未受験者として他の日程の試験を受験することができます。

（6）教養試験及び採用適性検査の試験問題は、活字印刷文（文字の大きさは10ポイント程度）で出題します。

（7）退職者数の増減や事務事業の見直しなどにより、採用計画等の見直しを実施することがあります。そのため、採用予定人数については、増減することがあります。

（8）一般事務職（職務経験者）の職務経験については、下記のとおり取り扱います。
　①「民間企業等における職務経験」は、平成28年7月1日から令和5年6月30日までの間に、民間企業、公務員（名張市役所勤務を除く。）、法人・団体等において、1週あたりの所定労働時間が30時間以上の期間が該当します。なお、正規・非正規などの雇用形態は問いません。
　②職務が複数ある場合は通算することができ、5年（60箇月）以上となる場合が該当となります。ただし、同一期間内に複数箇所で勤務した場合は、いずれか1つの勤務期間のみを職務経験として通算することができます。
　③職務経験期間の1箇月は、勤務を開始した日の翌月に応答する日の前日までを1箇月として計算します。なお、1箇月未満の端数は切り捨てとします。
　　例）1箇月：4月1日⇒4月30日、5月15日⇒6月14日、1月31日⇒2月28日（閏年は29日）
　　　　1年　：4月1日⇒翌年3月31日、5月15日⇒翌年5月14日、1月31日⇒翌年1月30日
　④職務経験期間に産前産後休暇は含みますが、育児休業、病気休職等は含みません。

※合格者には、各勤務先における在職証明書（在職期間、雇用形態、職務内容、1週あたりの勤務時間など）を提出していただきます。なお、5年（60箇月）以上の職務経験期間が確認できなかった場合は採用されません。

2．試験期日・場所及び試験の方法
≪第1次試験≫
【1日目】
　（1）　日　　時　　令和5年　9月17日（日曜日）

　　　　※　日時の詳細については、試験案内通知（受験票等）送付の際にお知らせします。
　　　　※　今後の台風・地震等の自然災害等で、やむを得ず日時等を変更する場合があります。

　（2）　場　　所　　名張市鴻之台1番町1番地　　名　張　市　役　所
　　　　　　　　　　名張市鴻之台1番町2番地　　名張市防災センター（名張消防署2階）
　　　　　　　　　　のうちいずれか指定する場所

　　　　※　受験者数等によりやむを得ず会場を変更する場合があります。

63

（3）　試験科目

　　一般事務職（初級）　　　　　　教養試験75分

　　一般事務職（職務経験者）　　　採用適性検査30分

　　管理栄養士　　　　　　　　　　専門（栄養士）試験90分

　　　　上記試験科目のほか、職場適応性検査・性格特性検査等を実施します。

（4）　試験内容

教 養 試 験	社会についての関心や基礎的・常識的な知識、職務遂行に必要な基礎的な言語能力・論理的思考力をはかる択一式による筆記試験
採用適性検査	言語・論理、数理・推論の能力をはかる択一式による筆記試験
専 門 試 験 （ 栄養士 ）	社会生活と健康、人体の構造と機能、食品と衛生、栄養と健康、栄養の指導、給食の運営の能力をはかる択一式による筆記試験

【2日目】

（1）　日　　時　　　令和5年9月23日（土曜日）・24日（日曜日）・30日（土曜日）

　　　　　　　　　　　のうちいずれか指定する日

　　　※　日時の詳細については、1次試験1日目の際にお知らせします。

　　　※　今後の台風・地震等の自然災害等で、やむを得ず日時等を変更する場合があります。

（2）　場　　所　　　名張市鴻之台1番町1番地　　名張市役所

　　　※　第1次試験合格者数等によりやむを得ず会場を変更する場合があります。

（3）　試験科目　　　集団面接

≪第2次試験≫

　第1次試験合格者を対象に次のとおり実施します。

（1）　日　　時　　　令和5年11月3日（金曜日）・4日（土曜日）・5日（日曜日）

　　　　　　　　　　　のうちいずれか指定する日

　　　※　日時の詳細については、第1次試験結果通知の際に合格者にお知らせします。

　　　※　今後の台風・地震等の自然災害等で、やむを得ず日時等を変更する場合があります。

（2）　場　　所　　　名張市鴻之台1番町1番地　　名張市役所

　　　※　第1次試験合格者数等によりやむを得ず会場を変更する場合があります。

（3）　試験科目　　　個人面接（全職種）、作文試験（全職種）、集団討論（一般事務職のみ）

　　　※　一般事務職（職務経験者）の個人面接は、プレゼンテーションの時間を設けます。プレゼンテーションの題など詳細は、第1次試験結果通知の際に合格者にお知らせします。

　　　※　第1次試験合格者は、別途指定する日までに最終学校卒業（見込）証明書、資格証、免許証の写し等の書類を提出していただきます。詳細は、第1次試験結果通知の際に合格者にお知らせします。

３．受験申込手続及び受付期間

　（１）　受験申込書の請求

　　　　　受験申込書は、名張市役所　総務部　人事研修室で令和５年７月３１日(月曜日)から交付します。

　　　　　名張市ホームページからも受験申込書のダウンロードが可能です。(印刷はＡ４・両面)

　　　　　郵送での請求は、希望職種を明記のうえ、返信用封筒（角形２号にあて先を記入、１２０円切手貼付）を同封して下記まで申し込んでください。

　（２）　受験申込書の提出先

　　　　　〒５１８－０４９２　　　　　名張市鴻之台１番町１番地

　　　　　名張市役所　総務部　人事研修室内　職員試験委員会事務局

　　　　受付期間

　　　　令和５年７月３１日（月曜日）から令和５年８月１８日（金曜日）まで

　　　　（午前８時３０分から午後５時１５分まで。但し、土曜日・日曜日及び祝日は除きます。）

　　　　<u>郵送の場合は、「特定記録郵便」にて郵送してください。</u>

　　　　〔８月１８日（金）の消印有効〕

　　　　なお、受付期間以外の申込みは、いかなる理由があっても受付できません

４．合格から採用まで

　（１）合否の決定　　　令和５年１１月中旬に、本人宛に合否を通知いたします。

　（２）採点結果　　　希望する受験者本人に限り、令和６年３月３１日までの間、試験の採点結果（総合順位・各得点）を公表いたしますので、運転免許証などの身分証明書（写真のあるもの）を持参し、人事研修室内職員試験委員会事務局へお越しください。なお、電話、郵便、メール等による請求のほか、代理人の請求による開示はできません。

　（３）採用について　　合格者は、職種ごとに作成する「採用候補者名簿」に成績順に登載され、その中から採用者が決定されます。

　（４）その他　　　受験資格がないこと又は申込書記載事項が正しくないことが判明した場合には、合格を取り消すことがあります。

　　　　　　　　　なお、学歴要件の各区分において、令和６年３月卒業見込み又は資格取得見込みで受験された方で、令和６年３月に卒業できなかった又は資格を取得できなかった場合、また、管理栄養士の方で令和６年３月３１日までに該当の免許を取得できなかった場合は、合格を取消します。

5．参考事項（給与等について）

① この試験に合格し、採用された場合には、「職員の給与に関する条例」の規定による給料及び扶養手当、地域手当、住居手当、通勤手当、期末・勤勉手当等の諸手当が支給されます。

② 令和5年4月現在、一般事務職職員の初任給（地域手当を含む。）は、次のとおりです。

    上級　大学卒　１８６，９４０円

    中級　短大卒　１６８，６７０円

    初級　高校卒　１５６，０５３円

    ※職歴、経験等に応じて加算措置があります。

③ 一般事務職（職務経験者）の初任給（地域手当を含む。）は、採用される人の学歴や経歴に応じて決定をします。

    例）２２歳で大学を卒業し、民間企業で下記の職務経験を有する場合

    ○職務経験年数　８年（３０歳程度）　　約２２６，０００円

    ○職務経験年数１３年（３５歳程度）　　約２５１，０００円

    ※上記の額は、あくまで参考であり、職歴経験の内容等により異なります。

④ 年次有給休暇は、1年につき２０日（採用年は、4月1日の採用の場合は１５日）あり、このほか特別休暇等があります。

⑤ 採用職種の主な職務内容は、次のとおりです。

採用職種	主　な　職　務　内　容
一般事務職（初級）	一般行政事務
一般事務職（職務経験者）	一般行政事務
管理栄養士	給食管理、栄養指導等の業務および関連する行政事務

⑥ 採用試験の配点及び基準点は、次のとおりです。

試験科目		配点（点）　【　】は基準点		
		一般事務職（初級）	一般事務職（職務経験者）	管理栄養士
第1次試験	集団面接	１００【５０】	１００【５０】	１００【５０】
	教養試験	適否のみ判断【４０】	―	―
	専門試験	―	―	適否のみ判断【４０】
	採用適性検査	―	適否のみ判断【４０】	―
第2次試験	個人面接	１００【５０】	１００【５０】	１００【５０】
	作文試験	２５【１０】	２５【１０】	２５【１０】
	集団討論	２５【１０】	２５【１０】	―

※1　基準点は、試験科目ごとに個別に定めた最低限必要な点数です。基準点に達しない試験科目が
　　　1つでも存在する場合は、他の試験科目の成績に関わらず不合格となります。

※2　基準点は、採用予定者数や受験者による平均点等を勘案して、試験区分ごとに変更する場合が
　　　あります。

※3　各試験における合格者は、各試験科目の基準点を満たす受験者のうち、合計点数の高い人から
　　　順に採用予定者数等を勘案して決定をします。なお、第2次試験時の教養試験及び採用適性検査
　　　は、基準点による適否のみ判断を行うこととします。

※4　教養試験及び採用適性検査は、標準偏差を用いた標準点を使用します。受験者の点数は、概ね0
　　　点から100点に分布します。

6．その他

◎この試験に関する問い合わせ先

職員試験委員会事務局（名張市役所　総務部　人事研修室内）

〒518-0492　三重県名張市鴻之台1番町1番地

電話　0595-63-7315　FAX　0595-64-2560

E－mail　jinji@city.nabari.mie.jp　HP　https://www.city.nabari.lg.jp

外国籍職員の任用に関する基準

　「公権力の行使又は公の意思の形成への参画にたずさわる公務員となるためには、日本国籍を必要と
する」という公務員の基本原則に基づき、名張市においては、外国籍の職員は次のような職務につくこ
とはできません。
1．公権力の行使にあたる職務について
　「公権力の行使にあたる職務」とは、次のとおりです。
　①市民に対して公益的な必要から市民の権利や自由を制限する内容を含む職務
　②市民に対して義務や負担を一方的に課す内容を含む職務
　③市民に対して義務の履行を強制したり、強制力をもって執行する内容を含む職務
　④その他の公権力の行使に該当することとなる職務
2．公の意思の形成への参画にあたる職務について
　「公の意思の形成への参画」にあたる職とは、名張市の行政について企画、立案、決定等の
政策形成に関与する職であり、原則として専決権限を有する室長以上のライン職及び本市の
基本政策、人事及び財政等を担当する職が該当します。

名張市の自治体情報

なばりの新時代幕開け予算
新たな事業や拡充した事業を中心にご紹介します

令和5年度当初予算は、総合計画「なばり新時代戦略」の基本構想にある「変化をおこし 活力あふれ みんなでつくる 大好きなまち なばり」の実現に向けて、重点プロジェクト「おこす」と7つの基本施策の取組を着実に前進させるための予算編成としました。

施政方針 市政運営の基本的な
[市HP] 考え方や主要施策

総合企画政策室 ☎63・7389　財政経営室 ☎63・7403

重点プロジェクト 「おこす」

大阪・関西万博をきっかけに、観光で名張の経済を元気に

1,400万円（大阪・関西万博経済創出事業）

©Expo 2025

食と観光を基軸にした産業基盤の確立を目指し、官民連携による推進組織を設立します。2025年大阪・関西万博をきっかけにした観光誘客と観光消費の拡大で市内経済の活性化に取り組みます。

▶ 観光誘客を促進するための目玉づくりと情報発信
・魅力ある観光コンテンツや観光商品づくり
・国内外へ向けた戦略的で効果的なプロモーション
・観光DXの推進

▶ 観光消費を拡大させるための商品やサービスの充実
・市内での宿泊、周遊、滞在を促す仕掛けづくり
・付加価値の高い観光商品やサービスの充実
・魅力ある食や土産物の充実（新商品の開発）

▶ 市内で経済が好循環する仕組みづくり
・「バショ、モノ、ヒト、コト」あらゆる地域資源の活用
・地元食材や特産品の観光分野における販路拡大

なばりに愛着を持ち、主体的にまちづくりに関わる人を増やす

527万円（シティプロモーション推進事業）

なばりの魅力やまちへの思いを掘り起こすワークショップを通して、キャッチコピーやロゴマークを市民の皆さんと共に作成。令和6年3月に開催する市制70周年記念事業でロゴマークなどを披露する予定です。シティプロモーション専用サイトも構築し、市民ぐるみのシティプロモーションを進めながら、名張に愛着を持ち、主体的にまちづくりに関わる人を増やしていきます。

広報なばり2月号では、シティプロモーションについてご紹介しています。

市内で新しく事業を始めたい人や事業者を応援、雇用を確保

2,460万円（雇用労働人材確保事業）

昨年7月に設立した名張市事業承継人材マッチング支援協議会（フミダス）を通して、第三者による事業承継の取組を推進します。また、事業所の新規事業の展開など、攻めの経営の伴走型支援やDXを活用した支援など多方面から市内事業所の事業継続に取り組みます。

フミダスって？…自分のスキルを生かしたい人と地元企業を繋いだり、事業承継や新規事業を立ち上げたい人を支援します

フミダスHP

市民参画で総合計画「なばり新時代戦略」を推進します

91万円（総合計画推進事業）

次代を担う若い世代をはじめ、多様な人々がまちの魅力づくりや課題解決にチャレンジできる仕組みの構築などの取組を進めます。

令和5年度当初予算の概要

財政経営室 ☎63・7403　詳しくは市HPで

今まで取り組んできた事業も継続、一部拡充へ！

これまで市民の皆さんと共に進めてきた地域共生社会の取組を発展させる事業や、子ども・子育て支援、防災や安全対策などの予算をしっかり確保するとともに、有機廃業庭地づくりや空き家リノベーションなどの事業では、予算を一部拡充しました。

将来負担の減少を意識しながら、限られた予算の中で！

将来負担を減少させていくため、市が行う工事などの投資事業には、国の補助金などを最大限に活用しつつ、借入金の返済の一部を国が負担する地方債を充てることや、全額が市の負担となる行政改革推進債を借入しない方針のもと、限られた財源の中で予算を編成しています。

一般会計は、292億4,200万円

一般会計の当初予算額は、292億4,200万円。前年度当初予算額との比較では、15億8,100万円増。伸び率は、5.7%となっています。これは、前年度に市長選挙があったため、政策的経費や新規事業の予算を計上していなかったためです。また、特別会計につきましては、前年度比0.1%増の182億8,887万円としています。

会計名	令和5年度予算額	前年度比
一 般 会 計	292億4,200万円	5.7%
住宅新築資金等貸付事業会計	530万円	△73.2%
東山霊園造成事業会計	5,720万円	16.7%
国民健康保険会計	78億8,470万円	△1.0%
介護保険会計	78億5,540万円	0.5%
後期高齢者医療会計	17億7,400万円	3.8%
特別会計小計	182億8,887万円	0.1%
国民財産区会計	17万円	0%
病院事業会計	63億 376万円	△0.3%
水道事業会計	32億3,000万円	10.0%
下水道事業会計	66億3,480万円	16.1%
企業会計小計	169億6,235万円	8.1%
合計	644億9,322万円	4.7%

※記載の金額は、表示単位未満を四捨五入しているため、合計が合わない場合があります。

「広報なばり 2023年4月1日号」より抜粋

伊勢市の試験情報

令和6年4月1日採用予定
伊勢市職員募集要項

募 集 職 種

　　事　務　職
　　事　務　職（障がい者対象）
　　土木技術職
　　建築技術職
　　電気技術職
　　保　育　士
　　技能労務職（清掃収集・道路維持管理など）
　　技能労務職（給食調理など）
　　技能労務職（給食調理など：就職氷河期世代対象）

受 付 期 間

　　令和5年8月1日（火）～8月24日（木）

受 付 方 法

　　応募受付は、原則、パソコン、スマートフォン等からのWEB申込となります。
　　※詳細な申込方法は3ページの「4　受験手続」をご覧ください。

第1次試験日

　　令和5年9月17日（日）
　　※詳細は5ページの「5　試験の日時及び場所等」をご覧ください。

> 伊勢市総務部職員課
> 〒516-8601
> 　伊勢市岩渕 1-7-29
> 　本庁舎本館2階（215番窓口）
> 　ＴＥＬ　0596-21-5505

1 募集職種、採用予定人員及び職務内容

募集職種	採用予定	職務内容
事務職	4人 程度	一般行政事務に従事します。
事務職（障がい者対象）	1人 程度	一般行政事務に従事します。
土木技術職	1人程度	道路、河川、公園、上下水道施設等の整備・維持管理に係る設計・工事・監督、都市計画に関する企画・調整など、土木の専門業務に従事します。
建築技術職	1人程度	公共施設（庁舎、市営住宅、学校など）の整備・維持管理に係る設計・工事・監督など、建築の専門業務に従事します。
電気技術職	1人程度	排水処理施設や公共施設（庁舎、市営住宅、学校など）の電気設備の整備・維持管理に係る設計・工事・監督など、電気の専門業務に従事します。
保育士	15人程度	公立保育所において乳幼児の保育業務に従事します。 ※幼稚園教諭資格をお持ちの場合は、認定こども園・公立幼稚園等へ人事異動となる場合があります。
技能労務職（清掃収集・道路維持管理など）	2人程度	ごみの排出指導及び収集運搬並びに道路・河川・公園等施設の維持管理業務等に従事します。
技能労務職（給食調理など）	1人程度	公立小学校・保育所における給食調理業務等に従事します。
技能労務職（給食調理など：就職氷河期世代対象）	1人程度	公立小学校・保育所における給食調理業務等に従事します。

2 受験資格

次の各号に該当する人

(1) 地方公務員法（昭和25年法律第261号）第16条に規定する欠格条項に該当しない人で、伊勢市に通勤可能な人

(2) 日本国籍を有しない人（外国籍の人）は、永住者又は特別永住者の在留資格を有すること。
　　　なお、外国籍の人は採用後、公権力の行使又は公の意思の形成への参画に携わる職（本要項6ページ「9 外国籍職員の任用に関する基準について」を参照）には任用できません。

(3) 受験区分
　　ア 事務職
　　　　平成元年4月2日から平成18年4月1日までに生まれた人

　　イ 事務職（障がい者対象）
　　　　昭和59年4月2日から平成18年4月1日までに生まれた人
　　　　下記の①～③のいずれかに該当する人
　　　　①身体障害者手帳の交付を受けている人、又は都道府県知事の定める医師（以下「指定医」という。）若しくは産業医による障害者の雇用の促進等に関する法律別表に掲げる身体障害を有する旨の診断書・意見書（心臓、じん臓、呼吸器、ぼうこう若しくは直腸、小腸、ヒト免疫不全ウイルスによる免疫又は肝臓の機能障害については、指定医によるものに限る。）の交付を受けている人
　　　　②療育手帳の交付を受けている人、又は児童相談所、知的障害者更生相談所、精神保健福祉センター、障害者職業センター、精神保健指定医により知的障害者であると判断された人
　　　　③精神障害者保健福祉手帳の交付を受けている人

70

ウ 土木技術職、建築技術職、電気技術職
　I 昭和59年4月2日から平成16年4月1日までに生まれた人
　II 平成16年4月2日から平成18年4月1日までに生まれた人

エ 保育士
　昭和59年4月2日から平成16年4月1日までに生まれた人
　保育士資格を有する人又は令和6年3月31日までに取得見込みの人
　　※幼稚園教諭免許を有する人については人事異動により認定こども園・公立幼稚園等へ異動
　　となる場合があります。

オ 技能労務職（清掃収集・道路維持管理など）
　平成元年4月2日から平成18年4月1日までに生まれた人

カ 技能労務職（給食調理など）
　昭和59年4月2日から平成18年4月1日までに生まれた人
　調理師免許を有する人又は令和6年3月31日までに取得見込みの人（令和6年3月31日
　　現在、免許を取得する資格があり、これを申請中の人を含む。）

キ 技能労務職（給食調理など：就職氷河期世代対象）
　昭和45年4月2日から昭和59年4月1日までに生まれた人
　調理師免許を有する人又は令和6年3月31日までに取得見込みの人（令和6年3月31日
　　現在、免許を取得する資格があり、これを申請中の人を含む。）

> 　この試験は、雇用環境が厳しい時期に就職活動を行い、不本意ながら不安定な仕事に就いている
> などの課題に直面している「就職氷河期世代」を対象として実施するものです。

3　試験の方法

　試験は、第1次試験、第2次試験及び第3次試験とし、第2次試験は、第1次試験合格者を対象に行い、第3次試験は、第2次試験合格者を対象に行います。
　※日程や試験内容は変更になる場合があります。

（1）第1次試験

ア 試験種目

職　　　　　種	試　験　区　分
事務職	教養試験・適性試験
事務職（障がい者対象）	教養試験・職場適応性試験
土木技術職、建築技術職、電気技術職、保育士	教養試験・適性試験・専門試験
技能労務職（清掃収集・道路維持管理など）、技能労務職（給食調理など）、技能労務職（給食調理など：就職氷河期世代対象）	教養試験・業務適性試験

71

イ　試験の内容

試験区分	内　　　容
教養試験（技能労務職以外）	高等学校卒業程度における時事、社会・人文、自然に関する一般知識並びに文章理解、判断・数的推理及び資料解釈に関する択一式による筆記試験
教養試験（技能労務職）	高等学校卒業程度における社会についての関心や基礎的・常識的な知識、職務遂行に必要な基礎的な言語能力・論理的思考力に関する択一式による筆記試験
専門試験（土木技術職）	受験区分Ⅰは数学・物理、応用力学、水理学、土質工学、測量、土木計画（都市計画を含む。）及び材料・施工、Ⅱは数学・物理・情報技術基礎、土木基礎力学（構造力学、水理学、土質力学）、土木構造設計、測量、社会基盤工学及び土木施工についての択一式による筆記試験
専門試験（建築技術職）	受験区分Ⅰは数学・物理、構造力学、材料学、環境原論、建築史、建築構造、建築計画（都市計画、建築法規を含む。）、建築設備及び建築施工、Ⅱは数学・物理・情報技術基礎、建築構造設計、建築構造、建築計画、建築法規及び建築施工についての択一式による筆記試験
専門試験（電気技術職）	受験区分Ⅰは数学・物理、電磁気学・電気回路、電気計測・制御、電気機器・電力工学、電子工学及び情報・通信工学、Ⅱは数学・物理・情報技術基礎、電気基礎、電気機器・電力技術・電子計測制御及び電子技術・電子回路・通信技術・電子情報技術についての択一式による筆記試験
専門試験（保育士）	社会福祉、子ども家庭福祉（社会的養護を含む。）、保育の心理学、保育原理、保育内容及び子どもの保健についての択一式による筆記試験 ※障害児保育については、上記のいずれかの分野で出題することがあります。
適性試験	職員としての適応性を正確さ、迅速さ等の作業能力の面からみるための択一式による筆記試験
職場適応性試験	公務員としての職業生活への適応性について、性格特性をみるための択一式による筆記試験
業務適性試験	実務的な業務において、処理を集中して早く正確に行えるかをみるための択一式による筆記試験

※試験問題は活字印刷文で出題します。

（2）第2次試験
　　口述試験（面接）・・・・全職種

（3）第3次試験
　　口述試験（集団討議及び面接）
　　　　　　・集団討議・・・・事務職（障がい者対象）及び技能労務職を除く全職種
　　　　　　・面接　・・・・全職種

4　受験手続

ア　受験申込方法
　　受験申し込みは、原則、電子申請（インターネットによる申込み）となります。
　　※　インターネットの利用環境が整わない等、やむを得ない事情により電子申請ができない場合に限り、書面申し込みにより対応しますので、「（2）受験申し込みを書面で行う場合」をご参照ください。

イ　受験申込（本登録）の際における職種別追加書類

受験区分	添　付　す　る　書　類
事務職（障がい者対象）	受験区分の「①～③のいずれかに該当する人」を確認するため、①～③のいずれの書類の写し（PDFや写真データ等）を受験申込（本登録）の際に電子ファイルで添付してください。

※受験区分「イ　事務職（障がい者対象）」以外の職種については、受験申込（本登録）の際に追加書類の提出はありません。

※受験区分「エ　保育士」、「カ　技能労務職（給食調理など）」及び「キ　技能労務職（給食調理など：就職氷河期世代対象）」については、第2次試験以降に資格・免許等に関する確認を行いますので、別途、ご連絡いたします。

5　試験の日時及び場所等

（1）第1次試験

令和5年9月17日（日）

※時間及び場所は、受験票により申込者に追って通知します。

（2）第2次試験

令和5年10月14日（土）、10月15日（日）のいずれかに行いますが、時間及び場所は、第1次試験合格者に通知します。

（3）第3次試験

10月下旬に実施予定ですが、日時及び場所は、第2次試験合格者に通知します。

（4）試験結果（得点及び順位）の通知

第1次試験の試験結果について、本人の得点・職種ごとの順位を結果通知書にてお知らせします。

6　合格者の決定及び発表

（1）決定方法

第1次試験、第2次試験及び第3次試験の結果に基づいて決定します。

（2）発　表

令和5年11月中旬ごろに受験者に通知します。

7　採用予定年月日

令和6年4月1日

受験資格を満たさない場合や申込書に虚偽の記載がある場合等は、採用されない場合があります。

8　給　与

伊勢市職員給与条例（平成17年伊勢市条例第42号）の規定に基づき支給します。

9　外国籍職員の任用に関する基準について

【公務員に関する基本原則】

「公権力の行使又は公の意思の形成への参画に携わる公務員となるためには、日本国籍を必要とする。」

伊勢市においては、上記の基本原則に基づき、外国籍の職員は次のような職務につくことができません。

（1）公権力の行使に相当する職務

ア　市民に対して公益的な必要から市民の権利や自由を制限する内容を含む職務

イ　市民に対して義務や負担を一方的に課す内容を含む職務

ウ　市民に対して義務の履行を強制したり、強制力をもって執行する内容を含む職務

エ　その他公権力の行使に該当することとなる職務

（2）公の意思の形成への参画に相当する職

「公の意思の形成への参画」に相当する職とは、伊勢市の行政について企画、立案、決定等の政策形成に関与する職であり、原則として専決権限を有する課長以上の職及び代決権限を有する課長補佐等以上の職並びに本市の基本政策、人事及び財政等を担当する職が該当します。

伊勢市の自治体情報

令和5年度 伊勢市の当初予算

財政課(☎ 21-5529 FAX 21-5522)

一般会計 歳出 (使うお金)

歳出総額 523.7億円

消防費 23.3億円 **(4.5%)**
消防、救急、防災対策など

農林水産・観光費等 18.2億円 **(3.4%)**
農林水産・観光・商工業の活性化など

教育費 39.6億円 **(7.6%)**
小中学校、幼稚園、社会教育など

民生費 215.0億円 **(41.0%)**
子育て支援、高齢者・障がい者などに対する福祉など

総務費等 46.8億円 **(9.0%)**
議会運営・市全般の管理事務など

衛生費 55.7億円 **(10.6%)**
保健衛生、環境、ごみ・し尿処理など

公債費 57.6億円 **(11.0%)**
借入金の返済

土木費 67.5億円 **(12.9%)**
都市計画、道路・河川の維持・整備など

目的別

目的別では、福祉分野の経費である民生費が41.0%を占め、続いて土木費が12.9%、公債費が11.0%となります。

性質別

性質別では、福祉サービスの経費である扶助費が23.2%を占め、続いて、人件費が18.8%、繰出金が16.7%となっています。また、扶助費・人件費・公債費からなる義務的経費は53.0%を占めています。

歳出総額 523.7億円

維持補修費 3.2億円 **(0.6%)**

その他経費 1.8億円 **(0.3%)**
出資金・予備費など

補助費等 35.1億円 **(6.7%)**
各種団体に対する補助金や一部事務組合に対する負担金など

扶助費 121.3億円 **(23.2%)**
児童・高齢者・障がい者などの福祉サービスに必要な経費

投資的経費 41.6億円 **(7.9%)**
道路、公園、排水施設などの整備に必要な経費

義務的経費 53.0% (277.4億円)

物件費 77.4億円 **(14.8%)**
消耗品・備品・委託料などの経費

人件費 98.5億円 **(18.8%)**
一般職員・会計年度任用職員、市長・議員・各種委員などの給与・報酬

繰出金 87.2億円 **(16.7%)**
特別会計・企業会計への支出

公債費 57.6億円 **(11.0%)**
借入金の返済

74

総額 1,095億8,166万1千円

令和5年度の当初予算が3月議会定例会で議決されました。その概要をお知らせします。

市の会計の構成

令和5年度 会計別予算規模

区分		予算額			対前年度比
		億	万	千円	
一般会計（ア）		523	7,350	0	− 4.5%
特別会計	国民健康保険	126	7,156	5	− 0.7%
	後期高齢者医療	34	9,649	4	＋ 4.6%
	介護保険	149	4,133	9	＋ 1.7%
	観光交通対策	4	9,982	7	− 5.9%
	土地取得	4	7,234	1	＋ 4.5%
	小計（イ）	320	8,156	6	＋ 0.9%
企業会計	病院事業	99	1,730	4	＋ 6.0%
	水道事業	46	7,693	2	＋ 2.8%
	下水道事業	105	3,235	9	＋ 17.4%
	小計（ウ）	251	2,659	5	＋ 9.8%
合計(ア)＋(イ)＋(ウ)		1,095	8,166	1	＋ 0.1%

※対前年度比は、令和4年度当初予算額との増減比です。

伊勢市の会計は、一般会計・特別会計・企業会計で構成されています。

一般会計は、まちづくりや福祉、産業経済、教育など市の全般的な事業を行うための会計です。

特別会計は、保険料など特定の収入で事業を行い、事業の収支を明確にし、一般会計と経理を区分するため、国民健康保険など5つの特別会計を設けています。

企業会計は、事業収入により公共の利益を目的に経営する事業の会計で、病院事業・水道事業・下水道事業を設けています。

一般会計当初予算 523億7,350万円です。

一般会計 歳入（入るお金）

市税収入は、全体で3億6,000万円増の162億1,000万円となっています。また、一般財源の不足を補うため、年度間の財源調整機能を担う財政調整基金から28億2,200万円を繰り入れることとしています。

各種交付金 40.4億円（7.7%）
地方譲与税、地方消費税交付金など

市債 28.6億円（5.5%）
国や金融機関からの借入金

市税 162.1億円（30.9%）

依存財源 57.5%
国・県からの交付金や借入金

歳入総額 523.7億円

自主財源 42.5%
市が自主的に収入できる財源

国・県支出金 115.3億円（22.0%）
特定の事業に対し、使途を限定した国・県からの交付金

地方交付税 116.8億円（22.3%）
地方財政の運営を保障するための国からの交付金

その他 60.5億円（11.6%）
使用料、手数料、負担金、財産収入、繰入金、寄附金など

第2部

教養試験
社会科学・人文科学

- 政治・経済・社会
- 歴　史
- 地　理

社会科学　政治・経済・社会

―――――――――――――――― **POINT** ――――――――――――――――

政治：学習法としては，まず，出題傾向をしっかり把握すること。出題形式や出題内容は当然変わっていくが，数年単位で見ると類似した内容を繰り返していることが多い（後述の「狙われやすい！重要事項」参照）。そのような分野を集中的に学習すれば効果的である。学習の中心となるのは基礎・基本の問題であるが，要点がまとまっているという点で，まずは本書の問題にしっかり取り組むとよい。そしてその学習の中で問題点や疑問点が出てきた場合に，教科書・学習参考書・辞典・専門書で学習内容をさらに高めていこう。

経済：まず高等学校の「政治・経済」の教科書で，次の項目のような主要な要点をまとめてみよう。

(1) 国内経済…金融政策・財政政策・景気変動・国民所得・GNIとGDP・三面等価の原則・国家予算・独占禁止法・公正取引委員会など

(2) 第二次世界大戦後の国際経済の歩み…OECD・EEC→EC→EU・GATT→WTO

(3) 国際経済機構…IMF・IBRD・IDA・UNCTAD・OPEC・OAPEC・ケネディラウンド → ウルグアイラウンド → ドーハラウンド・FTA → EPA → TPP

　最新の動向については，ニュースや時事問題の問題集等で確認しておこう。

社会：社会の学習法は，問題を解くことと合わせて，新聞等を精読するに尽きる。記事をスクラップするなどして，系統的に理解を深めていくことが大切である。新聞などに掲載されている社会問題は，別の様々な問題と関連していることが多い。1つのテーマを掘り下げて理解することにより，社会で起きている時事的な問題をより横断的に結びつけてとらえることが可能となる。そのためにも，様々なメディアを通じて日々新しい情報をチェックし，政治・経済・社会・環境など，網羅的にニュースを把握しておくようにしておきたい。

狙われやすい! 重要事項

☑ 国会や選挙の制度
☑ 国際的な機構や国際政治
☑ 基本的人権 (各論まで)
☑ 金融政策や財政政策の制度と実情
☑ 少子高齢化や社会保障
☑ 日本経済の実情
☑ 日本と世界の国際関係
☑ 科学技術や医療などの進歩
☑ 社会的な課題

《 演 習 問 題 》

1 日本の行政機関に関する記述として，正しいものはどれか。

1　公正取引委員会は，内閣府の外局として設置された行政委員会であり，独占禁止法の運用を主たる任務としている。

2　三権分立の原則により，行政機関は前審であろうとも裁判的行為を行うことはできないため，強制力のある決定については全て司法裁判に委ねられている。

3　原子力規制委員会は，原子力発電所の安全性に関する審査を担う機関であり，経済産業省の外局として設置されている。

4　国と地方の紛争を処理する機関として，国地方係争処理委員会が設置されているが，この機関は典型的な独任制の形態をとっている。

5　消費者庁は，消費者行政の一元化を図るために，農林水産省の外局とし設置されている。

2 国家についての学説や国家観に関する記述として，妥当なものはどれか。

1　G.イェリネックは，国家の三要素として，構成員としての国民，統治の範囲を示す領土，国家の最高法規を決定できる立法権を挙げた。

2　階級国家観とは，国家を階級支配の道具ととらえる説であり，プラトンによって提起されて以来，各国の憲法に大きな影響を与えた。

3　ドイツの社会主義者F.ラッサールは，自由主義的な国家観がその役割を治安維持や国防に限定していることを批判して，最小限の役割しか果たさない国家を夜警国家と呼んだ。

4　20世紀に入り，失業や貧困などの社会問題が深刻化し，労働者保護のための立法活動が重視されるようになったことに伴い，行政国家から立法国家への変化が顕著になった。

5　J.ロックは，国家の権力が集中することの危険性を指摘し，権力を立法権，司法権，行政権の三権に分立することを提唱した。

3 各国の政治制度に関する記述として，妥当なものはどれか。

1　アメリカの連邦議会代議院は，大統領に対する不信任権を持ち，大統領は，それに対抗して代議院を解散することができる。

2　フランスの大統領は，重要な案件について国民投票に付託することができ，また，国民議会を解散することができる。

3　ドイツの首相は，国民の直接選挙によって選ばれるため，連邦議会の多数派と首相が属する会派が異なり，情勢が流動化することがある。

4　イギリスの内閣における首相や閣僚は，全員が庶民院の議員でなければならず，また，最高法院の裁判官は貴族院議員を兼職する。

5　イタリアの大統領は，議会の解散権，首相の任免権など強大な権限を持っており，それが同国の政治の安定をもたらしている。

4 日本における国と地方自治体における選挙権と被選挙権の要件に関する記述として，妥当なものはどれか。

1　選挙権が与えられる年齢は，国政選挙については20歳以上，地方選挙については18歳以上とされている。

2　地方議会選挙の被選挙権には住所に関する要件がある一方，都道府県・市町村長の被選挙権については，当該地域に居住していなくても立候補できる。

3 被選挙権が与えられる年齢は，都道府県知事，衆議院議員，参議院議員については30歳以上であり，都道府県議会議員，市町村長，市町村議会議員については25歳以上である。

4 地方選挙における外国人の選挙権については，首長選挙については与えられていない一方，地方議会議員選挙については認められている。

5 日本国籍を有しながら外国に居住する者については，日本国外にいる間，国政選挙についての選挙権が停止される。

5 日本国憲法における直接民主制的規定に関する記述として，妥当なものはどれか。

1 日本国憲法を改正する際，国民投票に先立ち，衆議院と参議院において，出席議員の「三分の二以上」の賛成によって発議することが求められる。

2 日本国憲法を改正する際に行われる国民投票において，投票に参加できるのは，「二十歳以上の国民」である。

3 最高裁判所の国民審査において，投票者の過半数が裁判官の罷免を可とするとき，その裁判官は罷免される。

4 特定の地方公共団体のみに適用される地方特別法を制定する際には，その地方公共団体から選出された国会議員の同意が必要となる。

5 国民投票法は，国会が重要であると認めた法律案および条約について，国会の議決を経た後，それを国民投票に付し，その過半数の賛成を成立の要件とする旨を定めている。

6 各国の選挙制度に関する記述として，妥当なものはどれか。

1 アメリカの連邦議会選挙は，元老院，代議院ともに，小選挙区制によって行われているため，二大政党のいずれかに属さないと当選は困難である。

2 イギリスの首相は，国民が直接投票する公選制が採用されているため，庶民院の多数派とのねじれが度々生じている。

3 中国の全国人民代表大会における各代表は，各省の有権者から直接選ばれ，大会前には激しい選挙戦が繰り広げられる。

4 フランスの国民議会選挙において，過半数の得票を得た候補者がいない場合には，上位3名による決選投票が行われる。

5 ドイツでは，大選挙区制による議会選挙が行われているため，小党分立によって情勢が不安定化する現象が度々みられる。

7 国際連合の安全保障理事会に関する記述として，妥当なものはどれか。

1　総会の決議には拘束力があるのに対して，安全保障理事会の決議は勧告的な意義を持つにとどまる。

2　非常任理事国の選出については，総会における全加盟国による選挙により上位10ヵ国を選出する方式が採用されているため，地域的偏在が度々問題となった。

3　安全保障理事会が扱った事項について，その後に総会が審議し，決議などを行うことは認められていない。

4　安全保障理事会における実質事項の決議については，10ヵ国以上の賛成と，常任理事国による拒否権の行使がないことが要件となる。

5　安全保障理事会は，常任理事国5ヵ国，非常任理事国10ヵ国で構成されており，国際連合の発足以来，その数に変動はない。

8 日本の内閣に関する記述として，妥当なものはどれか。

1　内閣の独立と職務の円滑な遂行をはかるため，内閣を構成する国務大臣の数については，上限が設けられていない。

2　国務大臣は，担当する省等における統括や事務を担当しなければならず，それを担当しない無任所大臣を置くことはできない。

3　内閣総理大臣およびその他の国務大臣は，その全員が文民でなければならない。

4　参議院において内閣総理大臣に対する問責決議案が可決された場合，内閣は総辞職しなければならない。

5　内閣総理大臣は，その就任時点において衆議院議員でなければならない。

9 経済政策に関する記述として，妥当なものはどれか。

1　公債発行を伴う拡張的財政政策は，クラウディング・アウトと呼ばれる金利の低下や民間投資の増加をもたらす。

2　インフレターゲットは，物価の上昇率の目標を決め，それを達成するために金融政策を実施することである。

3　ゼロ金利政策は，金融機関が企業等に融資する際に，返済額に手数料以外の金利を上乗せすることを禁ずる政策である。

4　日本では，財政法により公共事業の財源として公債を発行することが禁

じられている。

5　日本において中央銀行が市場から買うことができる有価証券は，短期国債に限られている。

10 国際連盟と国際連合に関する記述として，妥当なものはどれか。

1　国際連盟では，理事会に強力な権限が集中し，総会の力が形式的なものにとどまったため，理事国以外の国々からの不満が少なくなく，後の機能停止の直接的な原因となった。

2　国際連盟では，加盟当初からソビエト連邦の影響力が大きかったため，日本やアメリカなどとの激しい対立をもたらした。

3　国際連合では，安全保障理事会における実質事項の決議には法的拘束力がある一方で，総会における決議の効力の多くは勧告的なものにとどまる。

4　国際連合の主要機関の1つである信託統治理事会の規約には，協議の対象として，各国政府に加え非政府組織が挙げられている。

5　国際連合の事務局を統括する事務総長は，高度の政治的な影響力がもとめられる場合が少なくないため，安全保障理事会の常任理事国出身の者を選出する慣例が定着している。

11 日本における法の効力に関する記述として，妥当なものはどれか。

1　条例は，特定の地方において制定され，その効力は当該地域に限定されるが，その効力を確定させるためには，総務大臣の承認が要件とされる。

2　最高裁判所が下す判決には，判例法としての実質的な効力が認められるため，下級裁判所や最高裁判所は，その趣旨と異なる判決を下すことはできない。

3　政令は，それを所管する国務大臣の決定によって定められ，法律の施行などに関する内容を含む命令としての役割を担う。

4　同一の事項に関して，一般法と特別法が存在する場合，一般法の適用が優先されなければならない。

5　最高裁判所による違憲審査の範囲は，法律のみならず，命令，規則，処分に及び，それらが憲法に違反するとされた場合には，その訴訟事件における効力が否定される。

12 大日本帝国憲法と日本国憲法に関する記述として，妥当なものはどれか。

1　大日本帝国憲法は，枢密院の審議等を経て天皇によって発布されたが，日本国憲法は，大日本帝国憲法の改正手続を経て天皇によって公布された。

2　大日本帝国憲法においては，国権の最高機関としての枢密院が設置され，多くの権限はこの機関に集中していた。

3　大日本帝国憲法における人権には法律の留保が付されていたが，日本国憲法においても，基本的人権は公共の福祉を守るための諸法令の下に位置づけられることが明記された。

4　内閣総理大臣については，大日本帝国憲法と日本国憲法の両方において，行政権を担う内閣の最高責任者としての地位や権限について規定されている。

5　日本国憲法には地方自治の規定が含まれているが，この規定は大日本帝国憲法において定められていた地方自治の本旨を発展させたものである。

13 日本の裁判制度に関する記述として，妥当なものはどれか。

1　日本において裁判への市民参加を進めるきっかけとなったのは，裁判員制度の導入である。その対象は，重大な刑事裁判と賠償額が一定以上の民事裁判である。

2　高等裁判所の裁判官は，最高裁判所が作成した名簿に基づき，内閣によって任命される。また，地方裁判所の裁判官は，高等裁判所によって任命される。

3　司法権の独立を守るため，原則として特別裁判所の設置は禁止されている。また，行政機関は，終審としての裁判的行為を行うことができない。

4　最高裁判所の裁判官は，衆議院選挙の際に行われる国民審査の対象となる。ただし，長官については，その対象とされていない。

5　最高裁判所によって違憲判決が確定すると，その法律は効力を失う。違憲とされた法律は，直ちに最高裁判所の職権で廃止の手続が進められる。

14 特定商取引法のクーリング・オフに関する記述として，妥当なものはどれか。

1　クーリング・オフとは，契約の解除を業者と協議をすることである。

2　訪問販売では，契約した日から8日目までがクーリング・オフ期間である。

3　クーリング・オフを行っても，契約はなかったことにはならない。

4　消費者がすでに払ったお金は，全額戻ってくる。

5　受け取った商品は，消費者の費用負担で返品をする。

<u>15</u>　日本国憲法に定められた基本的人権に関する記述として，妥当なものはどれか。

1　日本国憲法では，基本的人権を侵すことのできない永久の権利としているが，大日本帝国憲法に定められた人権には法律の留保が付されていた。

2　社会権は，生存権，教育を受ける権利，労働者の諸権利などの総称であるが，大日本帝国憲法の条文においても一定の範囲で認められていた。

3　平等権についての諸規定は，不当な差別を禁止する趣旨であるが，例外として，法律の定めるところにより貴族や華族の制度を設けることが認められている。

4　自由権に関する諸規定は，不当な干渉を排除する趣旨であるが，結社の自由については，特別に公共の福祉による制限を受ける旨が明文で定められている。

5　公務員の不法行為によって損害を受けた国民は，その公務員に対して賠償を請求する権利が認められている。

<u>16</u>　日本の刑事手続に関する記述として，妥当なものはどれか。

1　犯罪を実行したと疑われる者を逮捕し，身柄を拘束するためには，いかなる場合でも司法官憲が発した逮捕状が必要である。

2　刑事裁判によって確定した有罪判決が誤っていたことが明らかになった場合，それを取り消す手段はないものの，国に対して刑事補償を請求できる。

3　有罪を証明できる証拠や証言がない場合には，本人の自白をもって有罪とし，刑罰を科すことができる。

4　裁判員が参加する裁判では，はじめに市民から選ばれた裁判員が有罪か無罪かを評決によって決定し，有罪の場合，裁判官が量刑を決定する。

5　刑事被告人は，いかなる場合でも弁護人を依頼する権利があり，経済的理由によって自ら依頼できない場合には，国選弁護人が付される。

17 民法の規定に関する記述として，妥当なものはどれか。

1　結婚に関する規定が改正されたことに伴い，結婚できる年齢について，男女間で差が生じるようになった。

2　遺言書がない場合で被相続人に婚内子と婚外子がいる際には，両者には，相続できる財産の割合に差がつくことになる。

3　単に権利を得たり，義務を免れたりする行為であっても，未成年者が法律行為をする際には，法定代理人の同意を得ることが求められる。

4　成年とされる年齢が18歳に引き下げられたことに伴い，18歳または19歳の者が結婚する場合，両親の同意は不要となった。

5　私的自治を尊重する趣旨から，公の秩序又は善良の風俗に反する事項を目的とする法律行為であっても，その効力は有効である。

18 日本の裁判員裁判に関する記述として，妥当なものはどれか。

1　裁判員裁判の対象となるのは，請求する損害賠償額が一定額以上の民事裁判と，重大な事件についての刑事裁判に限られる。

2　成年年齢が引き下げられたが，裁判員となることができる年齢は20歳以上のままである。

3　裁判員は，有権者名簿の中から無作為に選ばれるが，学業，介護などの事情により，免除されることがある。

4　裁判員裁判において，裁判員と法曹資格を有する裁判官の数は，同数とされている。

5　裁判員は，公判中に証人や被告人に質問することは許されず，尋ねたいことはあらかじめ裁判官に伝えることが求められる。

19 物価に関する記述として，妥当なものはどれか。

1　インフレーションが進む下では，継続的に物価が上昇し，貨幣の価値が低下するため，定額の収入を得ている者の生活に悪影響が生じる。

2　好況と物価の上昇が同時に進むことをスタグフレーションといい，オイルショックの影響を受けた1970年代にその傾向が顕著にみられた。

3　インフレーションは，債務者に不利にはたらく一方で，債権者に有利に作用する。

4　インフレーションは，通貨制度と大きな関連があり，一般に管理通貨制よりも金本位制において生じやすい。

5　クリーピング・インフレーションとは，価格が急激かつ大幅に上昇する現象を意味し，戦間期のドイツなどでみられたことがある。

20 **令和元（2019）年以降に施行された新法および改正法に関する記述として，妥当なものはどれか。**

1　令和3（2021）年に施行されたデジタル社会形成基本法は，デジタル社会の形成に関する施策を迅速かつ重点的に推進することによって，日本経済の持続的かつ健全な発展と国民の幸福な生活の実現に寄与することを目的として制定された。

2　令和3（2021）年に施行されたデジタル庁設置法に基づく新しい官庁として，経済産業省の外局であるデジタル庁が設置された。

3　令和4（2022）年に施行された改正著作権法により，国立国会図書館は，絶版その他これに準ずる理由により入手困難な資料について，図書館に限り送信できるようになった。

4　令和3（2021）年に施行された改正高齢者雇用安定法に基づき，70歳までの就業機会の確保について，事業主にはそれを可能とする措置を制度化する義務に関する規定が設けられた。

5　令和3（2021）年に施行された改正会社法により，株主総会にあたり，各株主に対し，総会の議案を印刷し，郵送することが義務付けられた。

21 **財政に関する記述として，妥当なものはどれか。**

1　財政の役割として，資源配分の最適化，所得再分配，経済の安定的な成長が挙げられ，累進課税制度は，他の制度に比べて資源配分の最適化に貢献する意義を持つ。

2　ケインズの乗数理論によれば，公債を財源とした場合，公共投資の方が減税に比べて国民所得を増やす効果が大きい。

3　「借金によって調達した分を除く歳入」から「借金の返済に充てる歳出を除いた歳出」を控除した額をプライマリー・バランスといい，これが赤字の場合，公債の残高は減少する。

4　一般会計は，特定の歳入と特定の歳出を区分して経理することにより，特定の事業や資金運用の状況を明確化することを特徴としている。

5　日本の財政法第4条により，公共事業，出資金，貸付金の原資のために国債を発行することが禁じられている。

22 **日本の金融に関する記述として，正しいものはどれか。**
1　株式や社債による資金調達は，証券会社を介在させるため，直接金融ではなく，間接金融に分類される。
2　銀行の経営が破綻した際，有利子の預金については，保護される額に上限が設けられている。
3　好況等の要因によって資金に対する需要が増加すると，金利は低下する傾向がある。
4　資金の需要に対して資金の供給が過剰な状況の下では，金利は上昇する傾向がある。
5　金融ビッグバン以降，銀行業への参入の条件は厳格化され，金融持株会社を中心とした再編は禁止された。

23 **国民所得の諸概念とその計算法に関する記述として，妥当なものはどれか。**
1　国民所得の諸概念は，国民経済の規模などをストックの面に着目して計算するという特徴がある。
2　国内において生産された付加価値の合計が国内総生産（GDP）であり，報酬，利子，配当などによる海外からの純所得が含まれている。
3　国民所得の諸概念を計算する際，公害による環境への損失は控除されず，また，家庭内における家事サービスの価値は含まれていない。
4　国内純生産（NDP）は，国内総生産から固定資本減耗分を控除して求められ，間接税分は含まれていない。
5　農家の自家消費や持家の帰属家賃は，市場を介した取引ではないため，国民所得計算に反映されない。

24 **日本銀行に関する記述として，妥当なものはどれか。**
1　日本銀行政策委員会において，日本政府の代表は，出席はできるものの，議決権は与えられていない。
2　日本銀行は，市中銀行から預金を預け入れ，その額に応じた利息を支払うことができるが，手数料等を徴収することはできない。
3　日本銀行は，金融政策による誘導の指標として，マネタリーベースではなく，公定歩合を用いるとの方針を打ち出した。

4 日本銀行は，金貨や金地金を受け入れた際に限り，日本銀行券を発行することができる。

5 財政の健全性を保持するために，日本銀行が金融市場から国債を購入することは禁じられている。

25 **経済学説に関する記述として，妥当なものはどれか。**

1 アダム・スミスは，古典派経済学の代表的な論客である。彼によれば，人口の増加に食糧などの増産が間に合わないことが貧困の原因であり，その克服のためには，人口の抑制が求められる。

2 リカードによれば，各国には，それぞれの発展段階がある。そのため，保護貿易により，幼稚産業を保護することが不可欠である。

3 ケインズは，不況の原因を有効需要の不足に求めた。それを克服するためには，公共投資などの積極的な財政政策を行うことが望ましいとした。

4 フリードマンは，マネタリストを代表する論客として知られる。彼は，ルールに基づく金融政策について，その効果は限定的なものであり，かえって経済をかく乱させるリスクが高いと評価した。

5 サプライサイド経済学の立場から主張を展開した者として，ボスキン，フェルドシュタイン，ラッファーらが挙げられる。彼らによれば，減税は，財政支出を縮小させるため，経済成長を委縮させる効果を持つ。

26 **市場機構と市場の失敗に関する記述として，妥当なものはどれか。**

1 完全競争市場において，需要者は価格に対して支配力を持たないため，供給者は価格を先導するプライスリーダーとして行動する。

2 完全競争市場において，技術革新によって価格が低下し，取引量が増加する現象は，市場の失敗の典型的な例である。

3 外部不経済が存在する場合，政府が介入しないと，均衡における価格は過大となり，量は過少となる。

4 売手と買手との間に情報の非対称性がある場合，良質の財が市場から駆逐され，品質の悪い財のみが流通する現象は，レモンの原理と呼ばれる。

5 公共財は，私的財と異なり，2人以上の者が同時に消費できない競合性という性質を持つ。

27 税の分類に関する記述として，妥当なものはどれか。

1　消費税は，税率の増減が消費者の行動に直接的な影響を及ぼすため，直接税に分類される。

2　固定資産税は，保有する不動産の価値に応じてその所有者が負担する税であり，国税に分類される。

3　累進税とは，課税対象額に応じて税率が変化する税であり，その例として所得税が挙げられる。

4　逆進税は，所得の増加に応じて実質的な負担率が減少する税であり，日本における利子に対する課税がこれにあたる。

5　企業に課せられる税のうち，事業税は国税，法人税は地方税である。

28 貿易に関する記述として，妥当なものはどれか。

1　リカードが保護貿易と幼稚産業の保護の必要性を主張したのに対し，リストは自由貿易と国際分業が各国に利益をもたらすことを説いた。

2　国際貿易機関は，世界貿易機関が発足するまでの間，自由貿易を推進する積極的な役割を果たした。

3　EPAが自由貿易と関税を柱とした協定であるのに対し，FTAは投資や人材の交流を含めた包括的な内容を持つのが一般的である。

4　変動為替相場制の下で通貨が減価すると，その通貨を用いている国の輸出には有利な影響を及ぼす。

5　貿易黒字が急増すると，その国への支払いが増えるため，その国の通貨の需要が減少し，その通貨は減価する。

29 各国の政治情勢に関する記述として，妥当なものはどれか。

1　アメリカの二大政党は共和党と民主党であるが，2001年以降バイデン政権に至るまで，共和党の大統領が続いた。

2　イギリスの二大政党は労働党と自由党であるが，2019年の総選挙では地域を基盤とする政党も一定の議席を確保した。

3　中国では，全国人民代表大会の議席の一部を民主派が占めたことに危機感を強めた政府が主導し，2020年に国家安全維持法を成立させた。

4　イタリアでは，2018年に行われた総選挙において，大衆迎合主義で知られる「五つ星運動」が最大の議席を獲得した。

5　ドイツでは，2021年に行われた選挙において，同盟90/緑の党がはじめ

て第1党となった。

30 日本における労働と雇用に関する記述として，妥当なものはどれか。
1　最低賃金は最低賃金法によって全国一律に定められており，景気の拡大を受けて，2010年代前半はその額の増加が続いた。
2　労働組合法の改正により，労働組合として認められるための要件が撤廃されたことから，組織率が大きく上昇し，2018年には3割を超えた。
3　障害者の雇用を促進する政策が進められ，一定数以上の従業員を抱えながら法定雇用率に満たない企業や経営者には，刑事罰が科せられることになった。
4　高齢者の雇用を促進する観点から，原則として各企業に対し，定年の廃止，定年の延長，継続雇用により，65歳までの雇用を確保する義務が課せられた。なお，2021年4月より，70歳までの就業確保措置が努力義務として追加された。
5　労働基準法の改正により，間接差別を含め，性別による差別を禁止する様々な措置が講じられるようになった。

31 国際経済に関する記述として，妥当なものはどれか。
1　長期資金の融資や供給は国際復興開発銀行（IBRD）が担う一方，短期資金については，国際開発協会（IDA）が担当する。
2　ブレトンウッズ協定には，米ドルと金の一定比率での交換を前提とする国際金本位制に関する規定が盛り込まれた。
3　固定為替相場制は，各国間の通貨の交換比率を固定し，それ以外での取引を禁ずる制度である。
4　変動為替相場制が認められたのは，1971年のスミソニアン合意以降である。
5　1985年のプラザ合意は，ドル安を是正し，外国為替相場をドル高に導く内容を柱としていた。

32 20世紀以降の人間観についての諸学説に関する記述として，妥当なものはどれか。

1　アドルノは，自分以外の者の意向に敏感で，自分が属する社会の動向に同調しやすい性格類型を他人指向型と名付け，現代におけるアメリカの上層階級や中産階級に典型的であるとした。

2　リースマンは，自らの主体的な考えよりも，権威ある者に無批判に服従する一方で，自分よりも弱く，劣った者に服従を求める性格を権威主義的パーソナリティと呼んだ。

3　フロムは，自由を重荷に感じた人々が，そこから逃げ，かえって自由を束縛するはずのファシズムに惹かれていったことを指摘した。

4　サンデルは，他者から期待される自己を「me」とする一方，主体的な自己を「I」とし，「me」が「I」からの反応を受けながら，行為が形成されるとした。

5　ミードは，コミュニタリアニズムの立場から，歴史を担う共同体の一員として自己をとらえることの重要性を指摘した。

33 法学や政治学の諸学説に関する記述として，妥当なものはどれか。

1　近代民主政治の基本原理として，議会主権と法の支配が挙げられる。ダイシーは，これらの原理を理論化することに貢献した。

2　ロックは，権力分立による統治の重要性を強調した。特に，国家権力を立法権，司法権，行政権に分立させ，抑制と均衡の関係に置くべきであるとした。

3　モンテスキューは，早い時期から権力分立を唱えた者の一人である。彼は，立法権を優位に置き，行政権や外交権を統制することが，よりよい統治につながるとした。

4　マキァヴェリは，近代的政治学の確立に貢献した。特に，君主は，近代的な道徳や宗教的な倫理に従うことによって，正統性を持つ支配権を行使できると主張した。

5　自由主義と民主主義は，各国によって様々な展開を遂げた。トクヴィルは，アメリカにおいて両者のあつれきが生じる一方，ヨーロッパでは，両者の融合がはかられていると評価した。

34 令和3（2021）年に決定された第6次エネルギー基本計画に関する記述として，妥当なものはどれか。

1　エネルギー基本計画は，エネルギー政策の基本的な方向性を示すためにエネルギー政策基本法に基づき国会によって策定される計画である。

2　国際的にエネルギー事情が悪化することを踏まえ，以前の基本計画に盛り込まれていた原発依存度の低減という文言は削除された。

3　電源構成に関する2030年における「野心的な見通し」を提示し，その中で，原子力の割合は20～22％とされた。

4　2050年までに，温室効果ガスの削減をゼロにするカーボンニュートラルを実現するため，再生可能エネルギーとメタンハイドレートを二本柱とする方針が示された。

5　使用済み核燃料については，安全性やコストに関する問題を踏まえ，その活用についての方針は盛り込まれなかった。

35 社会意識に関する記述として，妥当なものはどれか。

1　ラスウェルによれば，政治的無関心は，無政治的無関心，反政治的無関心，脱政治的無関心に分類される。その中でも，政治過程への参加を低価値なものとみなすことによる無関心は，反政治的無関心に属する。

2　リースマンは，人々の志向が時代によって推移してきたことを指摘した。それによれば，現代人は伝統志向型，他人志向型を経て，内部志向型に移行したとされる。

3　フロムは，全体主義に傾倒する人々の心理を分析した。彼によれば，人々は，自由を与えられながらも，権威に無批判に従うことを自ら求める傾向があり，それがナチスの台頭を招いたとされる。

4　ブラウナーは，社会が変動する時期におけるアノミーについて分析した。この状況は，急速な社会変動により，規範が欠如したり弛緩したりすることによってもたらされる。

5　デュルケームは，非人間的な社会や心理の状態を表す人間疎外について探求した。彼によれば，人間疎外には無力性，無意味性，無規範性，社会的孤立性，自己疎隔がある。

36　近年の環境問題に関する記述として，妥当なものはどれか。

1　世界の温室効果ガスの総排出量は，2010年から2019年にかけては，その前の10年間に比べると減少している。

2　我が国の温室効果ガス排出・吸収量は減少傾向にあり，2021年度は2020年度より2.0％減少した。

3　我が国が排出する温室効果ガスのうち，CO_2の排出が全体の排出量の約70％を占めている。

4　人間活動の影響により，現在の地球上の種の絶滅は，過去1,000万年平均の少なくとも数十倍，あるいは数百倍の速度で進んでいる。

5　2022年の南極域上空のオゾンホールの最大面積は，南極大陸と同じ大きさにまで広がった。

37　雇用・労働に関する記述として，妥当なものはどれか。

1　フレックスタイム制とは，労働者が一日のうちの就業する時間帯を自由に選べる制度で，日本では大企業などで採用されているものの，法律で正式に導入されてはいない。

2　企業内組合とは，企業ごとに結成される労働組合で，職業別組合が主流である欧米に対し，終身雇用，年功序列とともにかつては日本の「三大雇用慣行」といわれた。

3　リストラとは，リストラクチャリングの略で，人員整理・解雇を意味する言葉であり，日本ではバブル崩壊後の不況のなかで「リストラ」というカタカナ語として定着した。

4　完全失業率とは，労働力人口に占める完全失業者の割合で，内閣府が労働力調査の結果として公表するが，完全失業者とは，調査期間中，仕事も求職活動もしていない者をいう。

5　ワークシェアリングとは，「仕事を分けて減らす」の意味で，仕事が減った分だけ雇用も減って合理化が進み，企業の人件費を抑制することをねらいとしている。

38　社会保障の歴史に関する記述として，妥当なものはどれか。

1　世界初の社会保険が創設されたのはドイツで，ワイマール憲法で知られるワイマール共和制の時期に労災保険と年金保険が制定された。

2　第二次世界大戦中，イギリスでベヴァリッジ報告が発表され，「ゆりか

ごから墓場まで」をスローガンとした社会保障計画が提唱された。

3　戦前のわが国では，公的な社会保障制度は存在せず，社会保険もなかったため，医療費はすべて自己負担となっていた。

4　戦後のわが国の社会保障の4つの柱となっているのは，社会保険，生活保護，社会福祉，公衆衛生と医療である。

5　田中角栄内閣は，1973年を福祉元年と位置づけ，社会保障の大幅な制度拡充を実施，この年，国民皆保険・皆年金も実現した。

39　日本社会の高齢化に関する記述として，妥当なものはどれか。

1　事業主には，定年の廃止，定年の延長，継続雇用のいずれかの方法により，本人が希望すれば65歳まで継続して雇用することが義務付けられている。なお，2021年4月より，70歳までの就業確保措置が努力義務として追加された。

2　人口ピラミッドが富士山型を描く場合，多産多死型の社会であることを示し，現在の日本のように，急激な高齢化が進む典型例となる。

3　介護保険は，40歳以上の国民に加入が義務付けられる社会保険であり，要支援2段階，要介護3段階，合わせて5段階に分けた状況に応じて，自己負担なしでサービスの給付が受けられる制度である。

4　後期高齢者医療制度は，60歳以上の高齢者を対象とした医療制度であり，高齢化に対応した公的医療保険制度の再構築を目的として新設された。

5　公的年金は賦課方式を採用しているため，年金の給付額と納付額，納付期間は独立的に決定されている。

40　マス・コミュニケーションとマス・メディアに関する記述として，妥当なものはどれか。

1　ラザースフェルドやマートンは，オピニオン・リーダーの役割を否定し，マス・コミュニケーションは，マス・メディアとその受け手による1段階の流れであることを見出した。

2　日本のマス・メディアの特徴として，テレビやラジオの比重が高い一方，新聞の発行部数が諸外国に比べて極めて少ないことが挙げられる。

3　マス・コミュニケーションの一般的な特徴として，他のコミュニケーションに比べて双方向性が高いことが挙げられる。

4　マコームズとショーは，マス・メディアは，話題や争点に影響を与えることは少ないものの，政治的な意見に多大な影響を与えることを見出した。

5　リップマンは，人々が，環境そのものよりもマス・メディアが提供する擬似環境に対して画一的な反応を示すことについて，ステレオタイプと呼んだ。

41 社会学の諸学説に関する記述として，妥当なものはどれか。

1　コントは，社会学を自然科学の延長線上において構想するとともに，社会の分析などにおける実証主義の必要性を説いた。

2　ジンメルは，コントやスペンサーらが社会学の対象を社会化の形式に矮小化していることを批判し，総合社会学を提唱した。

3　マードックは，血縁のない他人同士が同居を通じて絆を深めていく過程を重視し，そのようなプロセスによって形成される小集団を拡大家族と呼んだ。

4　パーソンズは，国家における手段的役割と表出的役割に着目し，社会的な分業についての独自の説を構築した。

5　スペンサーは，社会を生命体としてとらえる社会有機体説を批判し，社会の動きと個々人の役割を分離して考察すべきであることを強調した。

42 日本の医療に関する記述として，妥当なものはどれか。

1　我が国は，明治時代以降，国民皆保険制度を採用し，世界最高レベルの平均寿命と保健医療水準を実現している。

2　我が国の保険制度の財源は，すべて被保険者の保険料によってまかなわれている。

3　75歳以上の者の医療費の窓口負担割合は，現職並み所得者は3割，それ以外の者は1割となっている。

4　我が国の国民医療費の国民総生産（GDP）に対する割合は，10％を超えている。

5　2020年度の医科診療医療費を主傷病による傷病分類別にみると，「循環器系の疾患」が最も多い。

43 令和4年版子供・若者白書に関する記述として，妥当なものはどれか。

1　2019年以降，高等学校を卒業しても進学も就職もしていない者の割合
は増え続けている。

2　2022年4月1日に，成年年齢が18歳に引き下げられたことにより，18歳
で飲酒・喫煙が可能になった。

3　女性の婚姻年齢は，16歳から18歳に引き上げられ，男女とも，18歳に
なれば親権者の同意なく婚姻できるようになった。

4　小学生・中学生の不登校児童生徒数は，2013年から2020年にかけて概
ね横ばいである。

5　2020年現在，30歳未満の死因の構成比をみると，15歳以上の若者の死
因の約半数は，不慮の事故である。

44 近年の国際情勢に関する記述として，妥当なものはどれか。

1　BRICSとは，ブラジル，ロシア，インド，中国，サウジアラビアを指
し，その頭文字をとったものである。

2　インドは，2014年以降，国民会議派を率いるモディ首相が政権を担っ
ている。

3　2000年の中国＝アフリカ協議フォーラムの開催以降，中国はアフリカ諸
国への積極的な投資を進め，2020年の対アフリカ物品貿易額では12年連
続でアフリカ最大の貿易相手国となった。

4　北大西洋条約機構（NATO）には，2023年5月現在，フィンランドとス
ウェーデンを含む31か国が加盟している。

5　2021年の栄養不足人口は，7億200万人から8億2,800万人と推定され，
最も多いのはアフリカ地域である。

《 解 答 ・ 解 説 》

1 1

解説　1．正しい。公正取引委員会は，独占禁止法の運用にあたるために一定の独立性を確保された行政委員会である。　2．行政機関に禁じられているのは，終審としての裁判的行為である。前審としての裁判的行為の例として，海における事故の際に開かれる海難審判，労使紛争の際の労働委員会における審理などが挙げられる。ここでの決定は強制力を持つが，あくまで前審としての位置付けであるため，司法裁判によって決定が覆されることがある。　3．原子力規制委員会は，環境省の外局である。　4．国地方係争処理委員会は，5名の委員で構成される合議制の機関である。独任制とは，与えられた権限の下，単独で，決済を含む職務を行う形態を指すことばである。5．消費者庁は，農林水産省ではなく，内閣府の外局である。

2 3

解説　1．イェリネックによる国家の三要素として挙げられるのは，「国民」「領土（領域）」「主権」である。　2．階級国家観を提唱したのは，K.マルクスらである。プラトンは，知恵の徳を体現する哲人の統治により正義を実現する国家論を展開した。　3．正しい。夜警国家とは，治安維持や国防などの最小限の役割のみを果たす国家を意味する。　4．議会が大きな責任を負う国家を立法国家という。社会問題の深刻化に伴い，福祉政策などの国家の役割が拡大したことにより，行政機関や官僚が大きな役割を果たさざるを得なくなり，行政国家化が進んだ。　5．選択肢の文章は，C.モンテスキューについての説明である。J.ロックは，立法権の執行権（行政権）と同盟権（外交権）を統制する権力分立を提唱した。

3 2

解説　1．誤り。アメリカにおいて，代議院（下院），元老院（上院）とも，大統領に対する不信任権はない。ただし，収賄罪や国家反逆罪などの罪を大統領が犯した場合には，弾劾によって罷免することができる。また，大統領は，いずれの院に対しても解散権を持たない。　2．正しい。フランスの大統領は，選択肢に挙げたものの他，首相の任命・罷免権などを持つ。　3．誤

り。ドイツの首相は，議会の多数派から選出される。過半数を占める党派がない場合，連立政権が組まれる。　4．誤り。イギリスの首相は，慣例として庶民院（下院）における多数派の党首が任命されるが，閣僚は，貴族院（上院）議員でもよい。また，最高法院は最高裁判所に改組され，裁判官が貴族院議員を兼職する制度は廃止された。ただし，直ちに失職したわけではなく，新たな裁判官を決める際には，貴族院（上院）議員と兼職させないことになった。　5．誤り。イタリアの大統領の権限は，儀礼的なものにとどまる。

④ 2

解説 1．選挙権が与えられる年齢は，国政選挙，地方選挙ともに18歳以上とされている。　2．正しい。地方議会については，住所に関する要件が定められている。　3．衆議院議員の被選挙権は25歳以上の者に与えられる。4．外国人の地方参政権は，首長，議員いずれも認められていない。　5．日本国籍を有しながら外国に居住する者についても，在外公館における投票などにより国政選挙に参加できる。

⑤ 3

解説 1．誤り。日本国憲法第96条1項には「この憲法の改正は，各議院の総議員の三分の二以上の賛成で，国会がこれを発議し，国民に提案してその承認を経なければならない。この承認には，特別の国民投票又は国会の定める選挙の際行われる投票において，その過半数の賛成を必要とする」と定めている。　2．誤り。日本国憲法の改正手続に関する法律の第3条には，「日本国民で年齢満一八年以上の者は，国民投票の投票権を有する」と定められている。　3．正しい。最高裁判所の裁判官は，日本国憲法第79条第2項に基づき，任命後初めて行われる衆議院選挙の際，国民審査に付される。なお，それから10年経過した後に行われる衆議院選挙の際にも国民審査に付され，それ以降も同様である。投票は，投票者が罷免すべきと判断する裁判官の欄に×印を記入する方式で行われる。日本国憲法第79条第3項には，「投票者の多数が裁判官の罷免を可とするときは，その裁判官は，罷免される」と定められており，投票者の過半数が罷免を可とした場合には，その裁判官は罷免される。　4．誤り。地方特別法の制定にあたり，その地方公共団体から選出された国会議員の同意を求める規定は日本国憲法や法律などに存在

しない。日本国憲法第95条に「一の地方公共団体のみに適用される特別法は，法律の定めるところにより，その地方公共団体の住民の投票においてその過半数の同意を得なければ，国会は，これを制定することができない」と定められている。　5．誤り。日本において，条約や法律を対象とした国民投票は存在しない。なお，フランスでは，大統領が条約や法律を国民投票に付託することができ，このような制度はプレビシットと呼ばれる。

6　1

解説　1．正しい。アメリカでは，元老院（上院）は各州から2名，代議院（下院）は各州から人口に比例した議席数の代表を選出するが，いずれも各選挙区から1名のみが当選する小選挙区制となっているため，二大政党以外が議席を得ることは難しい。　2．誤り。イギリスは首相公選制を採用していない。首相は，庶民院（下院）の多数派から任命される。　3．誤り。中国の全国人民代表大会における各代表は，直接選挙で選出されるわけではない。まず，各地域において人民代表大会から代表が選出され全国人民代表大会の議員となり，そこから全国人民代表大会での代表を選出するという段階を経る。4．誤り。上位3名を上位2名とすると正しい記述になる。　5．誤り。ドイツでは，小選挙区制を加味した比例代表制を中心として議席を配分する選挙制度が採用されている。

7　5

解説　1．誤り。安全保障理事会において決議された実質事項については拘束力がある。一方，国連総会による決議には拘束力がなく，その効力は勧告的な意味にとどまる。ただし，予算や加盟の承認などについては，総会の決議に拘束力が認められる。　2．誤り。非常任理事国は地域ごとに枠を定めて選出する方式が採用されている。　3．誤り。国連憲章に選択肢に示したような禁止事項は定められていない。また，「平和のための結集」決議により，安全保障理事会が拒否権によって機能停止に陥った際，緊急特別総会において，武力行使を含む勧告を決議できるようになった。　4．誤り。「10ヵ国以上」を「9ヵ国以上」とすると正しい記述になる。　5．正しい。安全保障理事会の拡大や日本などの常任理事国入りは度々議論されているものの，実現には至っていない。

8 3

解説 1. 誤り。内閣法の規定により，内閣総理大臣が任命する大臣の数は原則14名以内とされている。ただし，同法には，特別に必要がある場合には3名増員できる旨が定められており，また，特別法の制定によりさらに増員することができる。 2. 誤り。無任所大臣を置くことは認められている。 3. 正しい。文民とは非軍人のことである。日本には軍は存在しないものの，現職自衛官がその地位を保持したまま大臣に就任することはできないと解されている。 4. 誤り。参議院における問責決議に法的拘束力はない。ただし，衆議院において内閣不信任案が可決されるか，内閣信任決議案が否決された場合には，10日以内に衆議院が解散されない限り，内閣は総辞職しなければならない。 5. 誤り。内閣総理大臣は，国会議員の中から指名され，天皇によって任命される。国会議員であればよいので，「衆議院議員でなければならない」という記述は誤りである。

9 2

解説 1. 誤り。拡張的財政政策を実施するために公債を発行すると，民間の資金を政府が吸い上げるため，資金の需給のバランスが崩れ，金利が上昇し，民間投資が減少する。これら一連の流れは，クラウディング・アウトと呼ばれる。 2. 正しい。日本においては，物価の上昇率の目標を2％と決め，金融緩和を実施した。 3. 誤り。ゼロ金利政策は，買いオペレーションなどの金融緩和により，金融機関相互の金利をゼロに導く政策である。日本では，目標となる金利は「無担保コール翌日物」が該当する。 4. 誤り。財政法第4条によれば，公共事業の財源，出資金や貸付金の原資として公債を発行することができる。 5. 誤り。日本銀行が市場から購入している有価証券には，短期国債，長期国債，信託商品などがあるので，「短期国債に限られている」とする記述は誤りである。

10 3

解説 1. 誤り。国際連盟では，理事会と総会の力の関係があいまいであった。 2. 誤り。国際連盟において，ソビエト連邦の加盟は遅れ，また，同国は後に除名された。よって，「加盟当初からソビエト連邦の影響力が大きかった」との記述は誤りである。 3. 正しい。国際連合において，安全保障理事

会の決議には法的拘束力があるが，総会の決議の効力は勧告的なものにとどまり，拘束力はない。ただし，加盟の最終的な承認や予算については，総会において強制力のある決定ができる。　4．誤り。「信託統治理事会」を「経済社会理事会」とすると正しい記述となる。　5．誤り。事務総長は，中立性を保つ趣旨から，常任理事国以外の出身者を選出する慣例が定着している。

11　5

解説　1．誤り。条例は，各地方公共団体が法律の範囲内で制定することができ，総務大臣の承認は不要である。　2．誤り。過去に最高裁判所が下した判決による判例は，大法廷において変更することができる。よって，「異なる判決を下すことはできない」とする記述は誤りである。　3．誤り。「それを担う国務大臣」を「内閣」とすると正しい記述になる。　4．誤り。広い事項について定めた法律を一般法，より狭い事項について定めた法律を特別法という。同一の事項については，原則として特別法の適用が優先される。5．正しい。具体的な訴訟事件において憲法に反するとされた法律，命令，規則，処分は，その事件における効力が否定される。ただし，それらの改正等については，一定の手続が求められ，例えば，法律の場合には国会における改正手続きが必要となる。

12　1

解説　1．正しい。日本国憲法は，形式的には大日本帝国憲法の改正手続を経て成立し，天皇によって公布された。　2．枢密院は天皇の諮問機関であった。天皇を主権者としていたため，「国権の最高機関」という表現は大日本帝国憲法に用いられていない。　3．基本的人権については，「侵すことのできない永久の権利」として定められている。「公共の福祉」は，権利の濫用を防ぐ趣旨であり，諸法令の下に基本的人権を位置づけるものではない。4．日本国憲法については，内閣や内閣総理大臣についての詳細な規定が含まれているが，大日本帝国憲法においては，内閣が天皇を輔弼する責任を負う以外に詳しい規定はない。内閣総理大臣は，「同輩中の主席」と呼ばれ，他の国務大臣との上下関係も明確ではなかった。　5．大日本帝国憲法には地方自治についての規定がなかった。なお，地方自治の本旨とは，住民の意思に基づく住民自治と，国等から独立した団体自治を指す概念である。

13 3

解説 1. 誤り。民事裁判は，裁判員裁判の対象外である。　2. 誤り。下級裁判所の裁判官は，最高裁判所が名簿によって指名し，内閣によって任命される。　3. 正しい。日本国憲法第76条第2項に関する記述である。　4. 誤り。最高裁判所裁判官は，長官も含め，国民審査の対象となる。　5. 誤り。違憲判決が確定しても，直ちに法律が廃止されるわけではない。最終的には国会における廃止や改正の手続が必要となる。

14 4

解説 1. クーリング・オフとは，特定の取引に限って，取引の契約後も一定の期間考える時間を消費者に与えて，消費者が契約を一方的に解除することができるとした制度のことである。　2. クーリング・オフ制度を設けている「特定商取引法」（「特定商取引に関する法律」）は，訪問販売の場合，申込書面または契約書面など，契約の内容を記載した書面の交付が消費者になされた日から計算して8日目までをクーリング・オフ期間としている。　3. クーリング・オフを決められた期間内に発信すれば，発信した時点で契約は最初からなかったものになる。　4. 正しい。クーリング・オフ制度では，消費者がすでに払ったお金は全額戻ってくる。　5. クーリング・オフ制度では，受け取った商品は事業者の費用負担で返品ができる。

15 1

解説 1. 正しい。基本的人権についての「法律の留保」は，人権に関する規定はあるものの，法律によりそれを制限できるという趣旨である。2. 誤り。大日本帝国憲法に社会権の規定はなかった。　3. 誤り。日本国憲法第14条には，貴族や華族の制度を認めない旨が定められている。　4. 誤り。公共の福祉による制限を受ける旨が明文で定められているのは財産権をはじめとした経済活動の自由である。　5. 誤り。日本国憲法において，公務員の不法行為により損害を受けた際，国または公共団体にその賠償を求める権利が認められている。よって，「その公務員に対して」という記述は誤りである。

16 5

解説　1．誤り。現行犯逮捕の場合逮捕状は不要であり，緊急逮捕の場合は逮捕の時点で逮捕状が発せられていなくてもよい。　2．誤り。確定した判決について，その誤りが証明された場合には，再審によって無罪とすることができる。　3．誤り。日本国憲法第38条の規定により，「自己に不利益な唯一の証拠が本人の自白である場合には，有罪とされ，又は刑罰を科せられない」とされており，本人の自白のみをもって有罪とすることはできない。4．誤り。日本の裁判員裁判では，裁判員と裁判官が合議と多数決により，有罪か無罪か，そして有罪の場合どのような量刑とするかを決定する。　5．正しい。国選弁護人は，国費によって付される弁護人である。

17 4

解説　1．誤り。結婚できる年齢については，改正前の民法では男性が18歳以上，女性が16歳以上であったが，改正後は，男女ともに18歳以上とされた。　2．誤り。違憲判決を受けて，婚内子と婚外子の間の相続差別は解消された。　3．誤り。民法第5条により，「単に権利を得，又は義務を免れる法律行為」について，法定代理人の同意は不要である。　4．正しい。改正前の民法では，20歳未満の者が結婚する場合，両親の同意が必要であった。5．誤り。民法第90条の規定により，公の秩序又は善良の風俗に反する事項を目的とする法律行為は無効とされる。

18 3

解説　1．誤り。民事裁判は裁判員裁判の対象外である。　2．誤り。改正少年法の施行に伴い，裁判員選任年齢は20歳以上から18歳以上に引き下げられた。　3．正しい。裁判員に選ばれた場合，裁判員として活動することは義務とされるが，一定の要件の下，それが免除されることがある。　4．誤り。裁判員裁判において審理などに参加する人数は，「裁判官3名および裁判員6名」または「裁判官1名および裁判員4名」のいずれかである。　5．誤り。裁判員も，公判中に証人や被告人に質問することが認められている。

19 1

解説 1. 正しい。インフレーションの下では，給与や年金を生活の糧にしている者は，実質的な収入が目減りする。　2. 誤り。「好況」を「不況」とすると正しい記述になる。「スタグフレーション」は，「不況＝スタグネーション」と「物価上昇＝インフレーション」を合わせた造語である。　3. 誤り。インフレーションは，返済時の貨幣価値が目減りするため，債権者に不利に，債務者に有利にはたらく一方で，スタグフレーションは，返済時の貨幣価値が増加するため，債権者に有利に，債務者に不利に作用する。　4. 誤り。貨幣の発行が制約される金本位制に比べ，管理通貨制の下では，中央銀行が裁量的に貨幣を発行することができるため，インフレーションが生じやすい。5. 誤り。クリーピング・インフレーションとは，緩やかな速度で進む物価上昇である。一方で，戦間期のドイツのように，価格が急激かつ大幅に上昇するのは，ハイパーインフレーションである。

20 1

解説 1. 正しい。令和3（2021）年に施行されたデジタル社会形成基本法第1条において，「デジタル社会の形成に関する施策を迅速かつ重点的に推進し，もって我が国経済の持続的かつ健全な発展と国民の幸福な生活の実現に寄与することを目的とする」と定められている。　2. 誤り。令和3（2021）年に施行されたデジタル庁設置法に基づく新しい官庁として，デジタル庁が設置された点は正しいが，デジタル庁設置法第2条において，「内閣に，デジタル庁を置く」と定められている。　3. 誤り。令和4（2022）年に成立した改正著作権法により，国立国会図書館は，絶版その他これに準ずる理由により入手困難な資料について，個人に対しても送信できるようになった。送信が図書館等に限られていたのは改正前の法律の規定である。　4. 誤り。「義務」を「努力義務」とすると正しい記述になる。「義務」の場合，違反すると罰則等が課せられるが，「努力義務」の場合，強制力はない。なお，この法律は，少子高齢化が急速に進展し人口が減少する中で，経済社会の活力を維持するため，働く意欲がある高年齢者がその能力を十分に発揮できるよう，高年齢者が活躍できる環境の整備を目的としている。　5. 誤り。改正会社法では，Webで株主総会の資料を提供できる株主総会資料の電子提供制度が導入されたことにより，議案の印刷や各株主に対する郵送は不要となった。

21 2

解説　1．誤り。所得再分配は，高所得者から相対的に大きな金額を徴収し，福祉政策等を通じて低所得者等に配分することを意味するから，所得が高いほど税率を高くする累進課税制度は，その例である。一方，資源配分の最適化は，市場機構に委ねた場合に生じる諸問題を修正するものであり，その例として公共財の供給などが挙げられる。つまり，市場機構に委ねた場合，不可欠なインフラなどの公共財が供給されないことがあるが，これを公的な支出によって補うことが財政の役割の一つである。　2．正しい。ケインズは，『雇用・利子および貨幣の一般理論』等において，乗数理論を提唱した。それによれば，公債発行によって調達した財源を公共投資や減税に用いた場合，乗数倍の国民所得を増加させる効果がある。その乗数は公共投資の方が減税より大きい。その理由は，減税の場合，一部が貯蓄に回ってしまうからである。　3．誤り。プライマリー・バランスについての記述は正しいが，これが赤字の場合，新たな借金の額が借金の返済額を上回るため，公債の残高が増加する。　4．誤り。選択肢の説明は，特別会計についてのものである。一般会計において，特定の歳入と歳出は区分されない。　5．誤り。財政法第4条は，公共事業，出資金，貸付金の原資のために国債を発行することを例外的に認めている。これの目的以外の国債は，「赤字国債」「特例国債」と呼ばれる。ちなみに，財政法第4条には「国の歳出は，公債又は借入金以外の歳入を以て，その財源としなければならない。但し，公共事業費，出資金及び貸付金の財源については，国会の議決を経た金額の範囲内で，公債を発行し又は借入金をなすことができる」と定められている。なお，「公債」とは，国が発行する国債や地方自治体が発行する地方債などの総称である。

22 2

解説　1．株式や社債による資金調達は，直接金融に分類される。間接金融は，銀行からの借り入れによる資金調達を指す。　2．正しい。ペイオフについての記述である。　3．資金需要が増加すると，金利は上昇する傾向がある。　4．資金の需要に対して資金の供給が過剰な状況の下では，金利は低下する傾向がある。　5．銀行業への参入の条件は大幅に緩和された。インターネットや流通を主たる業務とする企業が銀行業に参入する例がみられるようになった。また，金融持株会社を中心とする金融業界の再編が進んだ。

23 3

解説 1. 誤り。国民所得の諸概念は，一定期間の流れを示すフローの概念である。 2. 誤り。GDPに海外からの純所得は含まれておらず，それを加えると国民総所得 (GNI) が求められる。 3. 正しい。国民所得計算から都市化や公害に伴う損失を控除し，余暇，家庭内の家事労働の価値を加えると，国民純福祉 (NNW) が求められる。 4. 誤り。GDPから固定資本減耗分を控除してNDPが求められるという点は正しいが，これには間接税が含まれている。NDPから間接税を控除し，補助金を加えると，国内所得 (DI) が求められる。 5. 誤り。農家の自家消費や持家の帰属家賃は，国民所得計算に反映される。

24 1

解説 1. 正しい。日本銀行政策委員会における決定は，総裁，2名の副総裁，6名の審議委員の計9名による多数決によって行われる。政府代表は，出席はできるが議決権はない。 2. 日本銀行は，2016年よりマイナス金利を導入した。これにより，市中銀行が日本銀行に預金を預け入れる際に，手数料を支払うことが求められるケースが生じた。 3. 日本銀行は，2013年以降，金融政策による誘導の指標として，マネタリーベースを用いることを打ち出した。なお，公定歩合は，現在では「基準割引率および基準貸付利率」と呼ばれている。 4. 選択肢の文章は，金本位制の下での原則について述べたものである。管理通貨制の下では，裁量的に発行額が調整される。 5. 日本銀行が政府から直接国債を引き受けることは原則として禁じられているが，発行後一定期間が経過した国債を市場から購入することは禁じられておらず，むしろ公開市場操作における買いオペレーションとして積極的に行われている。

25 3

解説 1. 誤り。第2文はマルサスによる主張である。 2. 誤り。選択肢に示されているのは，ドイツ歴史学派のリストによる主張である。リカードは，比較生産費説に基づき，自由貿易と国際分業の利益を強調した。 3. 正しい。乗数理論により，公共投資の増額は，乗数倍の国民所得をもたらすことを示した。 4. 誤り。フリードマンは，裁量的な財政政策を批判するとともに，ルールに基づく金融政策を推奨した。 5. 誤り。サプライサイド経済学は，貯蓄や減税が経済に好ましい影響を与えるとする立場である。

26 4

解説 1. 誤り。完全競争市場において，各経済主体は自ら価格を決定することができない。　2. 誤り。選択肢において述べられたことは，完全競争市場において起こり得る現象である。市場の失敗とは，完全競争市場においてもたらされた均衡が資源の最適配分をもたらさないことを意味する。例えば，公害に代表される外部不経済が挙げられる。　3. 誤り。外部不経済とは，市場を通して行われる経済活動が，市場を通さずに第三者に負の影響を与えることである。この場合，望ましい均衡点と比べて，価格は過少に，量は過大となる。　4. 正しい。アカロフは，中古車市場の分析から，レモンの原理を提唱した。　5. 誤り。「2人以上の者が同時に消費できない競合性」を「2人以上の者が同時に消費できる非競合性」とすると正しい記述になる。例えば，混雑していない一般道路は，複数の者が同時に通行できる事象はこれにあたる。

27 3

解説 1. 誤り。納税義務を負う者と負担する者が一致する税を直接税，一致しない税を間接税という。消費税は，事業者が納税義務を負う一方，原則として消費者が負担するため，間接税に分類される。　2. 誤り。固定資産税は地方税である。　3. 正しい。所得税は，所得が増加するほど税率が上昇する性質を持つため，累進税に分類される。　4. 誤り。逆進税についての説明は正しいが，利子に対する課税は所得に関わらず税率が一定であるため，比例税に分類される。　5. 誤り。事業税は地方税であり，法人税は国税である。

28 4

解説 1. 誤り。リカードとリストの学説についての説明が逆になっている。　2. 誤り。国際貿易機関（ITO）は発足に至らなかったため，世界貿易機関（WTO）が発足するまでの間，関税と貿易に関する一般協定（GATT）が貿易に関する秩序の形成と自由貿易の推進などの役割を担った。　3. 誤り。EPA（経済連携協定）とFTA（自由貿易協定）についての説明が逆になっている。　4. 正しい。一般に，通貨の減価は，輸出に有利に，輸入に不利にはたらく。　5. 誤り。貿易黒字が増加すると，その国への支払いが増える。その際，その国の通貨への需要が増え，その通貨は増価する。

29 4

解説 1. 誤り。2001年1月時点の大統領は民主党のビル・クリントン（第42代）であり，その後，共和党のジョージ・ブッシュ（第43代），民主党のバラク・オバマ（第44代），共和党のドナルド・トランプ（第45代），民主党のジョー・バイデン（第46代）が続く。　2. 誤り。自由党を保守党とすると正しい記述になる。なお，2019年に行われた総選挙では，スコットランド国民党が全650議席中48議席を占めた。　3. 誤り。中国では，事実上政府に批判的な勢力が全国人民代表大会において議席を得ることは不可能である。なお，2020年には香港国家安全維持法が成立し，香港における民主派の弾圧などが進んだ。　4. 正しい。なお，大衆迎合主義・ポピュリズムで知られる「五つ星運動」は，イタリアにおける連立政権の一翼を担った。　5. 誤り。ドイツでは，2021年に行われた連邦議会選挙において，5月の世論調査時点では，同盟90/緑の党が首位であったが，最終的な選挙の結果は社会民主党が第1党となった。

30 4

解説 1. 誤り。最低賃金は，都道府県ごとに定められている。　2. 誤り。労働組合の組織率は低下傾向にあり，10％台の後半で推移している。　3. 誤り。法定雇用率に満たない企業には納付金の納入が義務付けられるが，刑事罰が科せられるわけではない。　4. 正しい。高年齢者雇用安定法についての記述である。　5. 誤り。労働基準法ではなく，男女雇用機会均等法に関する記述である。なお，間接差別とは，直接的な男女差別でなくても実質的に差別を助長する規定や基準の差異のことである。

31 2

解説 1. 誤り。国際開発協会（IDA）を国際通貨基金（IMF）とすると正しい記述になる。国際開発協会（IDA）は，途上国が緩やかな条件で融資を受けられるようにするために設立された機関である。　2. 正しい。当初の交換比率は，金1オンス＝35ドルであった。　3. 誤り。固定為替相場制は，基準となる交換比率を設定し，変動の幅が一定以内になるように調整する制度である。なお，調整の手段は，通貨当局による介入である。　4. 誤り。「1971年のスミソニアン合意」を「1976年のキングストン合意」とすると正し

い記述になる。　5．誤り。「ドル安」と「ドル高」を入れ替えると正しい記述
になる。プラザ合意以降の急激な円高は，日本経済に円高不況と呼ばれる影
響をもたらした。

32 3

解説　1．誤り。選択肢は，リースマンの学説についての説明である。リー
スマンは，伝統的社会に特徴的な伝統志向型，自己の内面的価値を重んずる
内部指向型と対比し，他人指向型のパーソナリティを提示した。　2．誤り。
選択肢は，アドルノの学説についての説明である。なお，権威主義的パーソ
ナリティの特徴として，人種や民族に対する偏見を持つことも挙げられる。
3．正しい。選択肢の文は，フロムの『自由からの逃走』に示された視点であ
る。　4．誤り。選択肢は，サンデルではなく，ミードによるパーソナリティ
に関する学説についての説明である。　5．誤り。選択肢は，ミードではなく，
サンデルの学説についての説明である。

33 1

解説　1．正しい。ダイシーの主著『憲法研究序説』の内容についての記述
である。　2．誤り。三権分立は，モンテスキューの主著『法の精神』によっ
て主張された。　3．誤り。ロックについての記述である。　4．誤り。マ
キャヴェリは，政治を道徳や倫理，宗教から切り離したため，「近代政治学の
祖」などと呼ばれる。　5．誤り。トクヴィルは，ヨーロッパにおいて自由主
義と民主主義の対立がみられる一方，ジャクソニアンデモクラシーが力を持
つ当時のアメリカにおいて，両者の融合がみられるとした。

34 3

解説　1．誤り。エネルギー基本計画は，エネルギー政策の基本的な方向
性を示すためにエネルギー政策基本法に基づき政府が策定するものであるか
ら，「国会によって策定される計画」という記述は誤りである。　2．誤り。
「原子力については安全を最優先し，再生可能エネルギーの拡大を図る中で，
可能な限り原発依存度を低減する」との文言が盛り込まれた。　3．正しい。
提示された2030年における「野心的な見通し」によれば，エネルギーの構成
比率について，再生可能エネルギー36〜38％，原子力20〜22％，LNG20％，

石炭19％，石油等2％，水素・アンモニア1％とされた。　4．誤り。第6次エネルギー基本計画において示されたカーボンニュートラルを実現するために示された二本柱とは，再生可能エネルギーと水素である。なお，メタンハイドレートとは，天然ガスの主成分でエネルギー資源である「メタンガス」が水分子と結びつくことでできた氷状の物質であり，その消費の際，温室効果ガスである二酸化炭素を排出する。　5．誤り。第6次エネルギー基本計画において，核燃料サイクルについて，関係自治体や国際社会の理解を得つつ，六ヶ所の再処理工場の竣工と操業に向けた官民一体での対応，プルサーマルの一層の推進などの方針が示されている。

35 **3**

解説 1．誤り。第1文は正しい。第2文については，政治過程への参加を低価値なものとみなすのは，無政治的無関心である。反政治的無関心は，政治過程への参加そのものが宗教等の信条に反すると考えることによる無関心であり，脱政治的無関心は，政治過程での失望を契機とする無関心である。2．誤り。リースマンによれば，人々の意識は，伝統志向型，内部指向型，他人志向型の順に変化してきた。　3．正しい。フロムの主著『自由からの逃走』の内容についての記述である。　4．誤り。デュルケームについての記述である。　5．誤り。選択肢はシーマンに関する記述である。

36 **4**

解説 1．誤り。世界の温室効果ガスの総排出量は，2010年から2019年にかけては，その前の10年間に比べると，年平均増加率は下がったものの，増加している。　2．誤り。我が国の2021年度の温室効果ガス排出・吸収量（温室効果ガス排出量から吸収量を引いた値）は，2020年度から2.0％増加している。　3．誤り。我が国が排出する温室効果ガスのうち，CO_2の排出は全体の排出量の約91％を占めている。　4．正しい。2019年に公表された「生物多様性と生態系サービスに関する地球規模評価報告書」では，人間活動の影響により，現在の地球上の種の絶滅は，過去1,000万年平均の少なくとも数十倍，あるいは数百倍の速度で進んでおり，適切な対策を講じなければ，今後更に加速すると指摘している。　5．誤り。2022年の南極域上空のオゾンホールの最大面積は，南極大陸の約1.9倍となった。

37 2

解説 　1．1987年の労働基準法改正で導入されている。フレックスタイム制は，必ず就業しなければならないコアタイムを設定して，その前後に，いつ勤務してもいいフレキシブルタイムを設定するのが一般的である。　2．正しい。　3．リストラクチャリングは人員整理・解雇ではなく，「再構築」を意味する言葉である。解雇や合理化の意味で使用されるカタカナ語の「リストラ」は，本来の意味からはかけはなれたもの。　4．内閣府ではなく，総務省。また，完全失業者は，「調査期間中仕事をせず」，「仕事があればすぐ就くことができ」，「求職活動や事業を始める準備をしていた」，の3条件を満たす者をいう。　5．ワークシェアリングは，「仕事の分かち合い」の意味で，労働時間を短縮するなどで雇用を維持，創出することをねらいとしている。

38 2

解説 　1．世界初の社会保険が創設されたのがドイツというのは正しいが，ワイマール共和制の時期ではなく，それより前，19世紀末，ドイツ帝国宰相ビスマルクによって考案された。同時に社会主義運動を弾圧したため，その政策は「アメとムチ」といわれた。　2．正しい。　3．わが国において，最初の社会保険である健康保険法が施行されたのは，1926年である。また，1938年には国民健康保険法も制定されている。　4．生活保護ではなく，公的扶助。生活保護は公的扶助の中心となる制度で，生活保護法に規定されている。5．国民皆保険・皆年金が実現したのは，1961年である。1973年が福祉元年といわれたのは正しい。

39 1

解説 　1．正しい。高齢者雇用安定法についての記述である。なお，2021年4月施行の高齢者雇用安定法の改正により，70歳までの就業機会の確保が努力義務として設けられている。　2．誤り。多産多死型の社会では，人口ピラミッドが富士山型を描く点は正しいが，高齢化の原因となるのは，少産少死型の場合である。　3．誤り。介護保険は，要支援1〜2，要介護1〜5の計7段階の状況に応じ，自己負担1割でサービスの給付が受けられる。ただし，一定以上の所得がある場合，自己負担率は引き上げられる。　4．誤り。後期高齢者医療制度の対象となるのは75歳以上（一定の障害がある場合は65

歳以上）の高齢者である。　5．誤り。日本の年金制度は，賦課方式を加味した修正積立方式であり，年金の給付額は納付額と連動している。

40 5

解説 1．誤り。ラザースフェルドやマートンは，マス・メディアによる影響は，直接的なものではなく，オピニオン・リーダーを介した2段階の流れであることを指摘した。　2．誤り。新聞の宅配が発達した日本では，近年部数が減少しつつあるとはいえ，諸外国に比べると新聞の発行部数は多い。3．誤り。マス・コミュニケーションにおける情報の流れは，基本的に一方通行である。なお，受け手による情報提供や，意見を取り上げるなどの工夫もみられる。　4．誤り。マコームズとショーは，マス・メディアが人々の話題や争点に大きな影響を与えることを指摘し，それを議題設定機能と呼んだ。5．正しい。リップマンは，人々が「環境」そのものよりもメディアが形成した「疑似環境」の影響を強く受けることを指摘した。

41 1

解説 1．正しい。コントは，社会学の創始者としても知られている。
2．誤り。ジンメルは，社会学の対象を社会化の形式に絞るべきとする形式社会学を構想するとともに，総合社会学を批判した。　3．誤り。マードックによる拡大家族は，血縁関係を前提にいくつかの世代の核家族が結合した形態のことである。　4．誤り。パーソンズによる手段的役割と表出的役割という概念は，国家ではなく家族について用いられた。　5．誤り。スペンサーは，社会有機体説を主張した。社会有機体説とは，社会を一つの生物有機体になぞらえて考察し，説明する社会理論である。

42 5

解説 1．誤り。国民皆保険制度は，第二次世界大戦後の1958年に国民健康保険法が制定されたことにより，1961年にスタートした。　2．誤り。我が国の保険制度の財源は，被保険者と事業主が支払う保険料と，国や地方自治体からの公費によってまかなわれている。　3．誤り。75歳以上の後期高齢者の医療費の窓口負担割合は，現職並み所得者は3割，現職並み所得者以外で一定所得のある者は2割，それ以外の者は1割となっている。　4．誤り。

令和2年度に国民医療費の対国内総生産比率は8％を超えたが，10％を超えたことはない。　5.　正しい。2020年度の医科診療医療費を主傷病による傷病分類別にみると，「循環器系の疾患」が最も多く，次いで「新生物〈腫瘍〉」となる。

43 3

解説　1.　誤り。2016年から2019年までは，高等学校を卒業しても進学も就職もしていない者の割合は増加していたが，2019年から2021年にかけては減少している。　2.　誤り。飲酒・喫煙は，引き続き20歳まで禁じられている。　3.　正しい。2022年4月1日以降，男女ともに婚姻開始年齢が18歳となり，また，婚姻に当たって，これまで未成年者の婚姻において必要とされていた親権者の同意は不要となった。　4.　誤り。小学生・中学生の不登校児童生徒数は，2013年から2020年にかけて，8年続けて前年を上回っている。5.　誤り。2020年現在，15歳以上の若者の死因の約半数は，自殺である。

44 3

解説　1.　誤り。BRICSとは，ブラジル，ロシア，インド，中国，南アフリカの新興5か国を指し，その頭文字をとったものである。なお，2024年1月から新たにアルゼンチン，イラン，エジプト，エチオピア，サウジアラビア，アラブ首長国連邦の6か国がBRICSに加わる。　2.　誤り。モディ首相が率いる政党は，インド人民党（BJP）である。　3.　正しい。2000年の中国＝アフリカ協議フォーラム（後の中国アフリカ協力フォーラム（FOCAC））の開催以降，中国・アフリカ間の貿易は急激に増加し，2009年以降，中国はアフリカ最大の貿易相手国となっている。　4.　誤り。2023年5月現在，スウェーデンは，トルコなどの承認反対により，まだNATO加盟が認められていない。5.　誤り。栄養不足人口が最も多いのはアジア地域である。アフリカ地域は，栄養不足人口の割合が最も高い。

社会科学　　歴 史

日本史：日本史の対策としては以下の3点が挙げられる。

　　まず，高校時代に使用した日本史の教科書を何度も読み返すことが必要となってくる。その際，各時代の特色や歴史の流れを大まかにつかむようにする。その上で，枝葉にあたる部分へと学習を進めていってもらいたい。なぜなら，時代の特色や時代の流れを理解することで，それぞれの歴史事象における，重要性の軽重を判断できるようになるからである。闇雲に全てを暗記しようと思っても，なかなか思うようにはいかないのが実情であろう。

　　次に，テーマ別に整理し直すという学習をすすめる。高校時代の教科書はある時代について政治・社会・文化などを一通り記述した後に，次の時代に移るという構成になっている。そこで各時代のあるテーマだけを順にみてその流れを整理することで，分野別にみた歴史の変化をとらえやすくなる。そうすることで，分野別に焦点化した歴史理解が可能となろう。

　　最後に，出題形式からみて，空欄補充や記述問題にきちんと答えられるようになってもらいたい。空欄補充問題や記述問題に答えられるようになっていれば，選択問題に答えることが容易となる。難易度の高い問題形式に慣れていくためにも，まずは土台となる基礎用語の理解が不可欠となってくる。

世界史：世界の歴史の流れを理解し，歴史的な考え方を身につけることが「世界史」を学習する上で最も重要となってくる。しかし，広範囲にわたる個々ばらばらの細かい歴史的事項を学習するだけでは，「世界史」が理解できたとは言えない。それぞれの歴史的事項が，どのような背景や原因で起こり，どのような結果や影響を与え，また他地域との結びつきはどうだったのかなど，世界の歴史の大まかな流れと全体のメカニズムについて理解するよう努めたい。そうすることが，世界史の試験対策となる。

　　特に，日本と世界の結びつきについては，各々の時代背景を比較しながら理解することが必要である。また，近現代が重視されるのは，現代の社

会の形成に直接的に影響を与えているからである。その観点から考えると，近現代の出来事を理解するとともにその影響についても考察し，現在の社会といかなるかかわりを持つのか，把握することも必要となってこよう。

狙われやすい！ 重要事項

☑江戸時代の幕藩体制～現代までの日本の変遷
☑産業革命
☑市民革命
☑第一次世界大戦～現代までの世界の変遷
☑中国王朝の変遷

《 演 習 問 題 》

1 日中関係の歴史に関する記述として，正しいものはどれか。

1 古代社会における日本と中国の関係は対等なものではなく，朝貢関係がほとんどであった。その中でも，魏の卑弥呼は対等な外交を志向したことで知られる。

2 足利義満は，古代社会に一般的だった朝貢関係を屈辱的な外交と考えていた。そのため，日明貿易を開始した際にも対等な関係を強く主張した。

3 江戸幕府は鎖国政策を推進する中，イギリスやスペイン，ポルトガルの日本への来航を禁止させた。しかし清は例外的に出島での貿易を許可された。

4 明治政府は幕末に締結された欧米との不平等条約に苦しみ，岩倉使節団を派遣するなど，条約の改正を急いだ。一方，清とは早期に対等な日清修好条規を締結した。

5 太平洋戦争の後，日本と中国との外交関係は混乱した。当初は台湾との関係を重視したものの，1970年代に日中平和友好条約を結ぶことによって中華人民共和国との国交を結び，その後，条約を具体化するために日中共同声明を発表した。

[2] 摂関政治に関する記述として，妥当なものはどれか。

1　平安時代において，天皇の権威は度々形骸化した。特に，天皇の幼少時には関白が政治を代行し，成人になると摂政として実質的な権力を行使したのが摂関家であった。

2　摂関政治の始まりは，藤原氏が力を握ったことから始まる。具体的には，藤原冬嗣の子である良房が摂政に，良房の養子基経が関白になった例が，その原型となった。

3　宇多天皇は，藤原北家との血縁関係を用いて，その権威を強めようとした。その際に妨げとなると考えたのが菅原道真の存在であった。

4　藤原北家の権威が衰えた後，白河天皇は幼少であった堀河天皇に譲位した。これは，摂関政治を継続する意図によるものであった。

5　摂関政治が進められた背景には，藤原北家の経済力の欠如があった。藤原北家は，他の一族に比べると荘園の所有が小規模であったため，天皇の権威を自らの権力の後ろ盾とする必要があった。

[3] 弥生時代から奈良時代にかけての歴史に関する記述として，妥当なものはどれか。

1　壱与の後を継いで邪馬台国の女王となった卑弥呼は，魏に朝貢し，金印紫綬と銅鏡を授かった。

2　大和政権の首長を示す天皇の称号の起源は，大和政権の成立のころまで遡り，7世紀後半頃になると大王という称号と並行して用いられるようになった。

3　筑紫国造磐井は，新羅と結託して磐井の乱を起こしたが，朝廷によって大将軍に任命された物部麁鹿火によって鎮圧された。

4　7世紀に進められた大化改新と呼ばれる一連の改革に対して蘇我氏が激しく反発したため，乙巳の変により，中臣鎌足と中大兄皇子らは，蘇我蝦夷・入鹿親子を滅ぼした。

5　平城京に都が置かれるのに先立って，現在の京都に長岡京が置かれ，この下で天平文化や国風文化が栄えた。

4 鎌倉時代の政治に関する記述として，正しいものはどれか。

1　1185年，後白河法皇から守護，地頭の特命権を得た源頼朝は，鎌倉幕
　府成立後に起きた承久の乱を受け，守護が軍事権を掌握する支配機構を構
　築した。

2　北条泰時は，武家社会と公家に関する慣習や道徳に基づく権利や義務を
　定めた貞永式目を制定し，御家人，公家の統制を強化した。

3　地頭は，土地の支配権を拡大させようとする荘園領主の横暴な態度につ
　いて，統制の強化を幕府に訴えたものの，その問題を解決することはでき
　なかった。

4　1274年の文永の役を受け，鎌倉幕府の8代執権であった北条時宗らは，
　異国警固番役を整備し，非御家人についても要害警備のために動員した。

5　1297年，北条貞時は困窮していた御家人の救済を目的として徳政令を
　発令し，困窮の救済を成功させるとともに，将軍と御家人の間に御恩と奉
　公による強固な主従関係を確立させた。

5 日本の戦国時代に関する記述として，正しいものはどれか。

1　室町時代は，将軍家をはじめとして，各方面での後継者争いが激しかっ
　た時代である。その最大のものが管領家の後継争いに端を発した応仁の乱
　である。

2　応仁の乱以後，各地で戦国大名が割拠した。その中でも有力な例とし
　て，守護大名から成長した越後の武田氏や，守護代から成長した相模の北
　条氏が挙げられる。

3　戦国大名は自らの支配地における統治を強固なものとし，他勢力に勝利
　するために，富国強兵策を進めた。そうした中で，各大名は経済力を強め
　るために，こぞって楽市楽座と呼ばれる経済政策を進めた。

4　織田信長は，戦国の世の中を終らせるために，武力統一の姿勢を示す天
　下布武の印章を使い始めた。その熱意を背景に，中部地方のほぼ全域と近
　畿を手中に収めたが，本能寺の変にて自刃した。

5　豊臣秀吉は，織田信長の後を継いで天下統一を目指し，小田原の北条
　氏を屈服させたことにより，それは完成した。その過程で検地や刀狩など
　の政策を実行した。

6 幕末以降に日本が諸外国と結んだ条約に関する記述として，正しいものはどれか。

1 1871年の大久保利通・木戸孝允・伊藤博文らによる渡米は，日米修好通商条約改正の予備交渉を目的としたものの，充分な成果を上げることはできず，政治や産業についての視察などを行うにとどまった。

2 欧米との不平等条約に苦しんでいた日本は，日清修好条規を締結する際にも，領事裁判権を認められないまま合意するに至り，このことに対する国内での不満が条約締結から批准までの期間が長くなる要因となった。

3 日本は1875年に，ロシアとの間で樺太・千島交換条約を締結し，樺太を手に入れるために千島を放棄したものの，ポーツマス条約によって千島の南部を再び領土と定めた。

4 日本と清との間で懸案となっていた琉球帰属問題は，駐清公使のイギリス人のウェードの調停により解決に至ったものの，相互にくすぶっていた不満が日清戦争勃発の主要な要因となった。

5 1875年に起きた江華島事件を機に，釜山・仁川・元山の三港の開港を停止させるとともに，領事裁判権や関税免除を撤廃させた。

7 大正から昭和の情勢に関する記述として，妥当なものはどれか。

1 第一次世界大戦後，ヨーロッパが復興を遂げ，アジア市場に大きな影響を与えるようになった。日本の輸入が輸出を大きく上回るようになると，株式市場は高騰した。

2 震災手形の処理をめぐり，一部の銀行経営の問題点が表面化すると，中小銀行の破産や休業が相次ぎ，金恐慌に陥った。当時の内閣はそれを背景に総辞職に追い込まれた。

3 昭和恐慌の際，浜口内閣は金輸出を禁止した。これは正貨の海外流出を防ぐことを目的にした措置であった。

4 国際連盟は，第一次世界大戦後，紛争を解決し，新たな戦争を防ぐ機能を期待された機関であった。日本は，国際連盟規約を批准できず，加盟には至らなかった。

5 日本がポツダム宣言を受諾することにより，第二次世界大戦は終結した。この宣言において，日本は，国家体制の保護，占領軍による直接統治の回避などの条件を認められた。

8 現代の日本に関する記述として，正しいものはどれか。

1 日露戦争は，日本が満州や朝鮮の支配権を巡りロシア帝国と戦った戦争である。日本は苦戦したものの，日英同盟を結んでいる英国の斡旋により講和を結んだ。

2 第一次世界大戦は，日本から離れた欧州を主戦場とする世界戦争である。日本は各国の経済状況を検討しつつ，アメリカとの友好関係を根拠にして，積極的に参戦した。

3 太平洋戦争は，当初日本が優勢だった。しかし，ミッドウェイ海戦の敗北の後，日本は各地で敗北を重ねたことを受けて，米国などによるヤルタ協定を受け入れ，無条件降伏した。

4 サンフランシスコ平和条約により，全連合国との講和が実現した。この後，日本は西側諸国の一員として経済発展を第一に高度成長社会を実現していった。

5 1970年代から，日本は欧米に対して巨大な貿易黒字を抱え，貿易摩擦が問題となっていた。一方，1980年代半ばのプラザ合意後の為替レートの変動により，輸出産業は打撃を受けた。

9 古墳時代から律令制度の成立にかけての日本の歴史に関する記述として，妥当なものはどれか。

1 4世紀末ごろ，大王を首長とし，大和朝廷を政府とする大和政権が国土を統一し，氏姓制度と呼ばれる政治が運営された。

2 2世紀末につくられた最も古い古墳は前方後円墳であり，その後，その主流は円墳や方墳などに移行した。

3 日本に仏教が導入された契機は，6世紀半ばに中国大陸から仏像や経典がもたらされたことであった。

4 8世紀はじめに養老律令が成立し，続いて大宝律令が制定されたことを受け，日本において本格的な律令政治が始まった。

5 班田収授法により，6歳以上の男女には口分田を与え，一定の年齢になった時に国に返させた。

10 織豊政権と江戸幕府に関する記述として，妥当なものはどれか。

1 織田信長は，キリスト教を厳しく取り締まるとともに，楽市・楽座を取りやめ，経済の統制をはかることによって自らの支配体制を強固なものと

した。

2　全国統一を果たした豊臣秀吉は，太閤検地や刀狩によって支配の基礎を築くとともに，朝廷と激しく対立し，その権威を否定した。

3　江戸幕府において，一般の政務を担当する常設の最高職は大老であった。

4　江戸幕府の下で，農民を統制する慶安の御触書，主として朝廷を統制する禁中並公家諸法度が制定された。

5　参勤交代は，大名に対し妻子を自らの領地から出さないことを強制し，国元と江戸を1年交代で往復させることを柱としていた。

11　**第2次世界大戦に関する記述として，妥当なものはどれか。**

1　第2次世界大戦は，1939年，ドイツ軍のチェコスロバキア侵攻に対して，イギリス，フランスが宣戦布告したことにより開戦した。

2　第2次世界大戦開戦後，ポーランドはソ連とドイツにより分割された。

3　第2次世界大戦開戦後，日本は中国に侵攻し，また，ハワイの真珠湾を攻撃した。

4　第2次世界大戦では，戦車が初めて戦場で使用された。

5　第2次世界大戦は，1945年5月にドイツが連合国に対して無条件で降伏したことにより終結した。

12　**大航海時代に関する記述として，正しいものはどれか。**

1　スペイン王室の援助を受けたコロンブスによる新大陸の発見が，ポルトガルをはじめとした各国が海外に進出するきっかけとなった。

2　ポルトガル人のマゼラン（マガリャンイス）は，西回りの世界周航を目指し，その過程において，フィリピンを発見することなどを通じて地球の球体を証明した。

3　エリザベス1世の時代に東インド会社を国家の事業として設立したイギリスは，アジアに進出してインドや東南アジア全体を支配下に治めた。

4　フランスは，ルイ14世の時代から本格的に海外へと進出し始め，イギリスやスペインとの対立の中，南米のブラジルなどを植民地化した。

5　オランダは，スペインからの独立戦争の途中において世界への進出を本格化し，日本の江戸時代には西欧唯一の貿易相手国になった。

13 東西の冷戦体制とその終結までに関する記述として，正しいものはどれか。

1　1945年，アメリカの大統領に就任したアイゼンハウアーは，社会福祉の向上に加え，東側に対する反共政策を促進し，1947年3月にはギリシア，トルコへの共産主義の進出を阻止するため，ソ連に対する「封じ込め政策」を宣言した。

2　1949年，アメリカによるマーシャル＝プランに対抗して，コメコン（経済相互援助会議）が創設され，ソビエト連邦，ポーランド，チェコスロバキア，ハンガリー，ルーマニア，ブルガリアはこの会議を通じた結束を強めて，西側に対抗する体制を構築した。

3　東側によるワルシャワ条約機構の結成を受け，1949年に，西側の集団安全保障機構として，NATO（北大西洋条約機構）が成立した。

4　1977年，アメリカにおいて，民主党のカーターが大統領に就任すると，人権を侵害する国家に対して経済援助などの圧力をかける「人権外交」を進めたが，米中の国交については，対ソ戦略に関する利害関係の不一致により，正常化されない状況が続いた。

5　冷戦の終結に伴い，第二次世界大戦後に生まれた分裂国家の東西ドイツが統一を果たし，南北朝鮮が国連への加盟を実現した後，旧バルト3国が独立し，ソ連が解体されたことにより，民族紛争や宗教対立が急減した。

14 中世のローマ・カトリック教会に関する記述として，妥当なものはどれか。

1　フランスのクリュニー修道院は，聖職の売買の拠点となった。10世紀以降，この修道院の改革をきっかけに，教会改革運動が進められた。

2　教皇グレゴリウス7世は，聖職者に対して厳格な方針を示したことで知られる。その代表的なものは，聖職の売買禁止，聖職者の妻帯禁止などであった。

3　皇帝ハインリヒ4世は，聖職叙任権をめぐり，当時の教皇と激しく対立した。教皇側が皇帝に許しを請い，決定的な衝突は回避されたものの，後に大きなわだかまりを残した。

4　中世において，教皇から破門されることは，皇帝が支配の正統性を失うことを意味した。そのため，教皇と皇帝は，大規模な教会において共同で執務を行う慣例が成立した。

5 聖職叙任権をめぐる対立は，12世紀に入って収束した。教皇インノケンティウス3世と皇帝ハインリヒ5世の間で結ばれたヴォルムス協約によって，その件に関する妥協が成立した。

15 ヴェルサイユ体制とその前後の時代に関する記述として，正しいものはどれか。

1 オーストリアの皇太子がセルビアの青年に暗殺されたことにより第一次世界大戦が勃発し，オーストリアはフランス，ロシア，イギリスなどと同盟を結び，セルビアと戦った。

2 パリ講和会議において主導権を握ったのは，イギリスのロイド＝ジョージ首相やフランスのクレマンソー首相らであった。

3 第一次世界大戦中にアメリカのウィルソン大統領によって提唱された平和原則十四カ条は，秘密外交の推進と経済障壁の強化を柱とするものであった。

4 国際連盟の設立の際に自らの主張が取り入れられたアメリカは，上下両院における手続きを経て，設立と同時に同連盟に加盟した。

5 第一次世界大戦末期の1918年，オーストリアとハンガリーは共同で主導権を保持する思惑からオーストリア＝ハンガリー帝国を成立させた。

16 絶対王政に関する記述として，妥当なものはどれか。

1 絶対王政の歴史的な意義の一つに，近代的な国家の形成への影響が挙げられる。絶対王政の成立を契機に，ヨーロッパ各国は統一的で中央集権的な国家を形成した。

2 絶対王政を思想の面から支えたのは，王権神授説であった。その説によれば，統治権を含む国王の権力は，神から聖職者を経て，国王に授けられるものとされた。

3 絶対王政における主権について，ボーダンは立法権に焦点を当てて展開した。その説によれば，国王は神法，自然法に優越する立法権を持つ。

4 絶対王政の代表的な戦争として，レパントの海戦が挙げられる。スペインの無敵艦隊は，トルコ，イギリスを撃破し，スペインの覇権は決定的なものとなった。

5 絶対王政の下，17世紀には英蘭戦争が勃発した。この戦争を経て，オランダはヨーロッパの海域における覇権を握ることになった。

17 **中国の王朝の歴史に関する記述として，妥当なものはどれか。**
1　秦の始皇帝は，焚書などによって思想を統制するとともに，全国を郡と県に分けて役人を派遣する郡県制を廃止した。
2　魏晋南北朝によって混乱した中国を統一し，唐を建国した楊堅は，均田制，府兵制，科挙などを実施し，集権化をはかった。
3　宋を建国した趙匡胤は，軍との対立が絶えず，中央の軍を弱体化させる政策を進め，文官を節度使とする文治主義を進めた。
4　明の永楽帝は，建文帝から禅譲を受けた正統な後継者であったが，宦官を冷遇する一方，東林派という官僚集団を優遇したことが国の混乱を招いた。
5　中国最後の王朝である清は，女真族による王朝であったが，辮髪を強制する一方，重要な役職に漢人を登用するなどの配慮もみられた。

18 **イスラーム教とイスラーム世界に関する記述として，妥当なものはどれか。**
1　メディナで生まれたムハンマドがイスラーム教を創始すると，その地の有力者たちから激しく迫害され，そこから逃れるためにメッカに移住した。
2　誕生した当初のイスラーム教は，キリスト教徒やユダヤ教徒に対して極めて厳しい態度をとり，速やかな改宗を迫った。
3　ムハンマドの死後，彼の後継者はカリフと呼ばれたが，最初の4代は選挙によって決定された。
4　正統カリフ時代の最後のカリフであったアリーは，晩年にシリア総督のムアーウィヤを後継者として指名した。
5　11世紀にセルジューク朝がバグダードに入城すると，それに反発した当時のカリフにより，スルタンの称号を剥奪された。

19 **イギリスにおける産業革命に関する記述として，妥当なものはどれか。**
1　石炭や鉄などの資源が乏しかったため，原材料の大部分を輸入する必要があった。
2　労働力が不足していたものの，保有していた植民地から移民を促進することによって充足できた。
3　綿工業における技術革新は，速やかにインドにも波及し，インドは綿製品の輸出国となった。

4　大工場などの経営者の社会的地位や発言力が大きくなることにより，貿易の制限が撤廃され，彼らに有利な自由貿易の体制が確立した。

5　産業革命は，イギリスにおいて18世紀の後半から進んだのに対して，フランス，ドイツ，アメリカなどにおいては，20世紀に入ってから始まった。

20 中世ヨーロッパに関する記述として，妥当なものはどれか。

1　800年にカール大帝がローマ教皇からローマ帝国の帝冠を剥奪されたことを契機として，教皇を中心としたヨーロッパ世界の秩序の基礎がつくられた。

2　中世ヨーロッパ社会が成立する契機となったのは，この地域において荘園制度とそれに基づく主従関係が崩壊したことであった。

3　11世紀後半になると教皇と皇帝の間で叙任権闘争が展開され，皇帝が教皇を屈服させたことを契機として，絶対君主制が成立した。

4　中世になると，ヨーロッパの民衆が聖書に直接的に接するようになり，そうした中で培われた神と教会への忠誠心が封建社会を思想の面から支えた。

5　聖地エルサレムを奪回するため，11世紀末から7回にわたって派遣された遠征軍は，結果として失敗であったものの，王権の強大化や都市の発達を促進した。

21 市民革命に関する記述として，妥当なものはどれか。

1　17世紀のイギリスにおいて勃発した内乱において，クロムウェルは武力を用いずにピューリタン革命を成功させた。

2　クロムウェルの死後，オランダから招かれて即位した国王が専制政治をおこなったことに議会が反発したことが，名誉革命の発端となった。

3　18世紀のフランスで始まったフランス革命は，ルイ16世による国民議会の弾圧に反発した民衆がバスティーユ牢獄を襲撃したことによって始まった。

4　ホッブズは，国王の統治権は神から授かった神聖なものであることを強調し，市民革命に反対する説を展開した。

5　アメリカの植民地からイギリス本国に送られていた議員の人数が少な過ぎたことが反発を招き，その議員らの辞職，ボストン茶会事件などを契機としてアメリカ独立戦争が始まった。

《 解 答 ・ 解 説 》

1 4

解説 1．古代世界で対等な外交を目指したのは邪馬台国の卑弥呼ではなく，推古朝の聖徳太子である。卑弥呼は親魏倭王として，魏に朝貢しており対等な外交とは言えない。　2．足利義満は，貿易の利益に着目して朝貢貿易である勘合貿易を行った。この貿易を屈辱的と考えて中止させたのは，足利義持である。　3．江戸時代の鎖国政策はスペインやポルトガルの来航を禁止させた。しかし，イギリスはアンボイナ事件の後に自ら撤退したのであり，来航を禁止されたわけではない。また，清は貿易を行っていたが，その拠点となったのは，出島ではなく唐人屋敷である。　4．正しい。日米和親条約以来，日本は欧米諸国のほとんどの国と不平等条約を締結させられた。一方，アジア諸国とは不平等条約を強制されていない。清と結んだのは対等の条約であり，また，朝鮮に対してはむしろ不平等条約を締結させている。　5．日本は再独立の後，中華民国（台湾）との外交関係を結んだ。その後，米国の中国政策の変化とともに中華人民共和国との関係も変化していく。ただし，国交を結ぶ際に表明したのは日中共同声明であり，その後，日中平和友好条約を締結した。

2 2

解説 1．誤り。摂政と関白の記述が逆である。　2．正しい。これ以降，摂政，関白の役職は，藤原氏に独占される時期が続いた。　3．誤り。宇多天皇は，藤原北家との血縁が強くなかったため，学者出身の菅原道真を登用しようとした。　4．誤り。白河天皇が譲位したのは，院政を始めるためであった。　5．誤り。藤原家は，多くの荘園を実質的に支配下においていた。

3 3

解説 1．誤り。邪馬台国の初代女王が卑弥呼であり，2代目の女王が壱与である。他の記述については正しい。　2．誤り。大王という称号は5世紀頃，天皇という称号は7世紀後半頃と考えられており，選択肢の文章は2つの称号の新旧が誤っている。　3．正しい。磐井の乱は，527年に起こった。　4．誤り。大化の改新は，乙巳の変の後に実施された一連の改革であり，選択肢の

文章は時系列が逆になっている。　5．誤り。長岡京は，平城京と平安京の間
に都が置かれた。また，天平文化は奈良時代に，国風文化は平安時代に栄え
た文化である。

4　4

解説　1．鎌倉幕府の支配機構が設けられたのは，1221 年の承久の乱より
も前のことである。承久の乱は，源氏の正統が途絶えると，これを契機とし
た後鳥羽上皇が北条義時追討の院宣を発し，討幕を図った兵乱のことである。
2．貞永式目は，武士（御家人）にのみ適用されたものであって，公家法や本
所法などは朝廷の支配下にあった。　3．荘園領主と地頭を逆にすると，正し
い選択肢になる。　4．正しい。異国警固番役では，九州定住の御家人や本
所一円地の非御家人も，筑前，肥前などの要害警備にあたらせた。　5．売
却地返還の際に，御家人と非御家人，凡下で対応に差などがあったこと，ま
た，借上が所領買収を拒んだことなどから，御家人の困窮と経済の混乱が起
こった。

5　4

解説　1．応仁の乱が室町時代最大の後継者争いだったという点は正しい。
しかし，この戦は足利義政の後継者争いがきっかけであり，管領家が発端だっ
たとはいえない。　2．戦国大名をすべて場所とともに覚えることは困難であ
り，しかも必要ではない。しかし，この時代の下剋上を代表する大名が相模
の北条氏であること，守護大名から成長したのが甲斐の武田氏という点は覚
えておくべきである。　3．戦国大名が富国強兵政策をとったという点は正し
い。しかし，楽市楽座を本格化させたのは織田信長であり，戦国大名がこ
ぞって楽市楽座を行ったという点は誤り。　4．正しい。天下布武という武力
統一の方針を実際に表明した大名が織田信長であった。楽市楽座やキリスト
教の保護など，特徴的な政策も少なくない。　5．豊臣秀吉が小田原の北条
氏を屈服させたこと，太閤検地や刀狩を行ったことは正しい。しかし，検地
は統一の過程であるが，刀狩は統一後のことである。

6 1

解説　1. 正しい。日米間の不平等条約改正への取り組みは難航した。
2. 日清修好条規は相互に領事裁判権を認める内容を含んでいた。　3. 千島
と樺太についての記述が逆である。　4. 日清の琉球帰属問題について調停に
入ったのは米前大統領のグラントであり，日清戦争終了後までは解決しなかっ
た。　5. 正確には，1875年の江華島事件を機に，釜山・仁川・元山の三港
が開かれた。また，この時の条約は，日本に領事裁判権や関税免除を認めさ
せるなどの不平等条約であった。

7 2

解説　1. 誤り。日本が輸入超過に転ずると，株式が大暴落し，戦後恐慌
が生じた。　2. 正しい。金融恐慌の際，総辞職したのは若槻礼次郎内閣で
あった。　3. 誤り。浜口内閣は，金輸出を解禁し，正貨の海外流出を招い
た。　4. 誤り。国際連盟には，日本は理事国として加盟したが1933年に脱
退した。　5. 誤り。ポツダム宣言は，日本に無条件降伏を求める内容であっ
た。

8 5

解説　1. 日露戦争の講和条約はポーツマス条約である。この時，日本は
すでに日英同盟を結んでいたが，条約締結に力を貸したのは同盟国のイギリ
スではなく，友好関係にあったアメリカのセオドア＝ローズベルトであった。
2. 第一次世界大戦は欧州での戦争であり，日本は直接的な利害関係は薄かっ
たものの，日英同盟を口実に参戦した。なお，日本が宣戦した相手国はドイ
ツである。　3. 太平洋戦争は序盤，日本が優勢な状態で推移したが，ミッ
ドウェイ海戦を転機として戦況が悪化したという点は正しい。しかし，敗戦
につながる無条件降伏は，ヤルタ協定ではなくポツダム宣言によるものであ
る。　4. サンフランシスコ平和条約は，西側資本主義諸国との講和であり，
社会主義諸国や中国とはその当時には講和に至っていない。ソビエト連邦と
は日ソ共同宣言により，中華人民共和国とは日中共同声明により国交が回復
し，戦争状態が終結した。　5. 正しい。1970年代以降，日本の貿易黒字は
巨大化し，それが欧米諸国との貿易摩擦を生んだ。プラザ合意は，ドル高を
是正することを柱としており，その後，急激に円高ドル安が進んだ。それに

より輸出産業は打撃を受け，円高不況がもたらされた。

9 1

解説 1．正しい。4世紀末頃に国土を統一したのが大和政権であった。
2．誤り。前方後円墳は3世紀中頃〜後期に出現した。なお，古墳は弥生時代
後期に墳丘墓がすでに出現していた。古墳時代後期になると，横穴式石室が
一般化した。　3．誤り。6世紀半ば，中国からではなく百済から仏教が伝
わった。　4．誤り。養老律令と大宝律令の順番が逆になっている。なお，
これらは唐の律令の影響を受けていた。　5．誤り。班田収授法によれば，口
分田を返すのは一定の年齢になった時ではなく死んだ時であった。

10 4

解説 1．誤り。織田信長はキリスト教を保護し，市場の税を免除すると
ともに座の特権を廃止する「楽市・楽座」を実施した。　2．誤り。豊臣秀吉
は，朝廷の権威を自らの支配に利用しており，「激しく対立」「権威を否定」
という記述は誤りである。　3．誤り。一般の政務を担当する常設の最高職は
老中であり，大老は非常時に置かれる役職であった。　4．正しい。大名統制
のために武家諸法度が制定された。　5．誤り。大名の妻子は江戸に住むこと
を強制された。

11 2

解説 1．誤り。1939年，ドイツ軍はポーランドに侵攻し，イギリスとフ
ランスがドイツに対して宣戦布告した。チェコスロバキアは，ドイツのポー
ランド侵攻前に，ドイツ軍に占領され，チェコとスロバキアに解体された。
2．正しい。ソ連は1939年にドイツと独ソ不可侵条約を締結し，ポーランド
の分割を密約していた。ドイツ軍がポーランドに侵攻すると，続いてソ連軍
もポーランドに侵攻し，分割した。　3．誤り。1937年に盧溝橋事件・北支
事変が勃発し，日本と中国は第2次世界大戦開戦以前に戦闘状態にあった。
4．誤り。戦車が初めて戦場で使用されたのは，第1次世界大戦である。
5．誤り。1945年5月のドイツの無条件降伏後も日本は戦争を続け，同年8月
の原子爆弾投下後の8月15日にポツダム宣言を受諾して，第2次世界大戦は
終結した。

12 5

解説 1．アジアへの道・インド航路は，ポルトガルのバーソロミュー＝ディアス，ヴァスコ＝ダ＝ガマ，スペイン王室に支援されたコロンブスの3名によって開拓された。ただし，時間的な順番は，ディアス，コロンブス，ガマの順になる。ポルトガルから始まる，というのが正しい内容となる。　2．マゼランが西回り航路の世界周航を目指したという点は正しいが，彼は寄港地のフィリピンでの戦闘により命を落としている。彼自身が球体を証明したのではなく，彼の部下が球体を証明したというのが正しい。　3．エリザベス1世の時代に，イギリスが世界最初の東インド会社を設立し，アジアに進出したという点は正しい。しかし，アンボイナ事件にみられるように，東南アジアではオランダとの競争に敗れて撤退している。よって，東南アジア全体を支配したという点が誤り。　4．フランスもイギリスやオランダと同じく東インド会社を設立し，世界各地へと進出していった点は正しい。しかし，進出先は，新大陸ではカナダ，アジアではインドシナなどであり，ブラジルを植民地化したという事実はない。なお，ブラジルはポルトガルの進出先である。　5．正しい。オランダは鎖国時代における西欧唯一の貿易相手国であり，長崎の出島で貿易を行っていた。ただし，貿易は行っていたが包括的な外交関係はなかった。

13 2

解説 1．選択肢はアイゼンハウアーではなく，トルーマンに関する記述である。トルーマンは，1947年3月に「封じ込め政策（トルーマン＝ドクトリン）」を宣言した後，同年6月にはヨーロッパ経済復興援助計画（マーシャル＝プラン）を発表するなど，対外的には西側の代表として強固な反共政策を推進した。　2．正しい。具体的には，ソ連が原油を輸出し，東欧諸国が工業製品などの対価を輸出するなどの仕組みが構築された。1962年以降，モンゴル，キューバ，ベトナムなどもこれに参加したが，冷戦の終結後である1991年の6月に解体された。　3．ワルシャワ条約機構は，西ドイツがNATO（北大西洋条約機構）に加盟したことに対抗し，1955年に構築された体制である。　4．1979年，対ソ戦略で利害関係が一致したため米中国交正常化が果たされることとなった。　5．旧バルト3国が独立し，ソ連が解体した後，民族紛争や宗教対立が激化し内戦が増加することとなった。

14 2

解説 1. 誤り。クリュニー修道院は，教会改革運動の中心的な役割を果たした。 2. 正しい。グレゴリウス7世は，聖職叙任について，世俗権力によるものを禁じた。 3. 誤り。破門された皇帝ハインリヒ4世がイタリアのカノッサにおいて教皇グレゴリウス7世に謝罪した事件が，カノッサの屈辱である。 4. 誤り。第1文は正しいが，共同で執務を行う慣例は成立していない。 5. 誤り。ヴォルムス協約の教皇側の当事者は，カリクストゥス2世である。

15 2

解説 1. 第一次世界大戦において，ドイツ・オーストリアの同盟国は，フランス・ロシア・イギリスなどの連合国と戦った。 2. 正しい。パリ講和会議において主導権を握ったのは，アメリカのウィルソン大統領，イギリスのロイド＝ジョージ首相やフランスのクレイマンソー首相であった。 3. 第一次世界大戦中にウィルソン大統領は十四カ条の平和原則を示した。その内容は，秘密外交の禁止，経済障壁の撤去，民族自決権の一部承認などを柱としていた。 4. 国際連盟の設立の際，提唱国であったアメリカは上院の反対により加盟することができなかった。 5. 1918年，オーストリア＝ハンガリー帝国は連合国との休戦協定に署名した。その際，当時の皇帝が国事への関与やハンガリーの統治権を放棄し，同帝国は解体された。

16 1

解説 1. 正しい。中世は，諸侯や聖職者が一定の権力を握っていたが，絶対王政の成立は統一的な国家の形成に貢献した。 2. 誤り。王権神授説は，国王の統治権が神から直接国王に与えられているとする説である。 3. 誤り。ボーダンは，国王の主権や立法権を認めながらも，国王も神法や王位継承に関する王国基本法には従うべきとした。 4. 誤り。スペインの無敵艦隊は，トルコに勝利したものの，アルマダの海戦でイギリスに敗れた。 5. 誤り。英蘭戦争は，イギリスが制定した航海法をめぐる戦争であり，戦後，イギリスが海上覇権を握ることになった。

17 5

解説 1．誤り。秦の始皇帝は，郡県制を導入し，この制度はそれ以降の王朝にも引き継がれた。　2．誤り。唐を隋とすると正しい記述となる。　3．誤り。趙匡胤が文官を節度使としたことは正しいが，禁軍という中央の軍は強化したので，誤りである。　4．誤り。永楽帝は，明の2代皇帝の建文帝を倒して即位し，宦官を重んじた。　5．正しい。清の王朝は，漢人にも配慮したものの，批判的な者については厳しい弾圧の対象となった。

18 3

解説 1．誤り。メディナとメッカの記述が逆になっている。なお，この移住は，ヒジュラ（聖遷）と呼ばれる。　2．誤り。キリスト教徒やユダヤ教徒については，「啓典の民」であるとして，寛容な姿勢であった。　3．正しい。ウマイヤ朝以降，カリフは世襲によって決定された。　4．誤り。アリーの暗殺後，シリア総督のムアーウィヤがカリフとなったが，それを認めない一派がシーア派となった。　5．誤り。セルジューク朝が1055年にバグダードに入城すると，カリフからスルタンの称号を授かった。なお，スルタンとは，イスラーム世界における世俗君主を意味する称号である。

19 4

解説 1．誤り。イギリスで起こった「産業革命」は，18世紀後半から生産活動の中心が「農業」から「工業」へ移行したことによる経済や社会の大きな変化を意味する。その当時のイギリスは，石炭や鉄などの資源が豊富であった。産業革命当時のイギリスは，石炭や鉄などの資源に恵まれていた。　2．誤り。産業革命が始まった頃のイギリスでは，第2次囲い込み（エンクロージャー）によって職や土地を追われた農民がたくさんいたため，労働力が豊富にあったといえる。なお，「囲い込み（エンクロージャー）」は中世末期のヨーロッパ，特にイギリスにおいて，領主や地主が牧羊業や集約農業を行うために起こした動きであり，共同利用が認められていた。耕作地や開墾地などを柵や生垣などで囲み，排他的な私有地であることを示す行為である。これにより，土地を追われた多くの農民が工場労働者となった。　3．誤り。産業革命の前に，イギリスはインドから綿製品を多く輸入していた。産業革命が進むと，イギリスはインドに綿製品を輸出したため，インドにおける伝統的な綿工業は大きな打撃

を受けた。　4．正しい。産業革命前の貿易は，様々な規制の下にあったが，この規制は，原材料の輸入や製品の輸出の妨げとなっていた。産業革命の進行によって大工場経営者などの産業資本家らの政治的な発言力が大きくなり，彼らに有利な自由貿易の体制が実現した。　5．誤り。イギリスにおける産業革命は18世紀の後半から進んだのに対して，フランス，ドイツ，アメリカなどにおいては，19世紀中頃に入ってから始まった。

20 5

解説 1．誤り。カール大帝は，800年にローマ皇帝から帝冠を受けた。2．誤り。中世ヨーロッパにおける封建社会は，荘園制度とそれに基づく主従関係によって成り立っていた。　3．誤り。11世紀後半の叙任権闘争では，教皇が皇帝を屈服させたカノッサの屈辱により，教皇の力は絶頂を迎えた。4．誤り。民衆が聖書に接するようになったのは，宗教改革以降のことである。　5．正しい。十字軍は，全体として，教皇権の弱体化，王権の強大化，関連した都市の発達などをもたらした。

21 3

解説 1．誤り。クロムウェルは鉄騎軍を率いて国王軍を破り，1649年に国王を処刑し共和政を実現した。　2．誤り。クロムウェルの死後に復活した王政の下で行われた専制政治に議会が反発し，議会側がオランダから国王を迎えたという一連の流れが名誉革命である。無血で実現したため，この名前がついた。　3．正しい。フランス革命は1789年に勃発した。　4．誤り。ホッブズは，一人ひとりが持っている自己保存の権利としての自然権を，人々が国王に譲渡する社会契約を結んでいるとし，自説を展開した。よって，「統治権は神から授かった」とする記述は誤りである。また，彼の説は結果的に絶対君主制を擁護する一面があった。　5．誤り。植民地はイギリス本国に議員を送っていなかった。

社会科学　　地理

地図と地形図：地理において地図と地形図は，頻出事項の分野である。まず地図の図法は，用途と特徴を確実に把握し，地形図は，土地利用や距離などを読み取ることができるようになる必要がある。

世界の地形：地形に関する問題は，かなり多く取り上げられる。地形の特色・土地利用・その代表例は押さえておきたい。また，大地形・沈水海岸・海岸地形なども，よく理解しておくこと。試験対策としては，地形図と関連させながら，農業・工業とのかかわりを整理しておくとよい。

世界の気候：気候に関しては，ケッペンの気候区分が最頻出問題となる。次いで農業とのかかわりで，土壌や植生の問題も出題される。気候区の特徴とその位置は明確に把握しておこう。気候区とあわせて土壌・植生なども確認しておくことも大切である。

世界の地域：アメリカ合衆国は，最大の工業国・農業国であり，南米やカナダとのかかわりを問う問題も多い。また東南アジア，特にASEAN諸国での工業・鉱物資源などは広範に出題される。EU主要国に関しては，できるだけ広く深く学習しておく必要がある。資源・農業・工業・交通・貿易など総合的に見ておこう。

日本の自然：地形・気候を中心とした自然環境は頻出である。地形や山地・平野などの特徴は理解しておきたい。

日本の現状：農業・工業などに関する問題は，今日本が抱えている問題を中心に整理するとよい。農産物の自由化が進み，労働生産性の低い日本の農業は，苦しい状況に追い込まれている。工業においては，競争力を維持していく手段を選んでいかざるを得ない状況に陥っている。環境問題も大きな課題である。このような時事的な繋がりのある問題を取り上げた出題にも対処する必要がある。

狙われやすい！重要事項

☑地図・地形
☑土壌・環境・気候
☑人種・民族
☑人口・交通
☑アジア・オセアニア
☑ヨーロッパ
☑南北アメリカ
☑アフリカ

《 演 習 問 題 》

1 各国の政策や社会状況に関する記述として，正しいものはどれか。

1 ベトナムは，日本などをモデルとする「ルックイースト」政策を採用し，急激な発展を遂げた。

2 アルゼンチンにとって，農業の発展は重要な課題とされていたため，同国では，穀物の増産を目指す「緑の革命」が進められた。

3 先進国内においても地域ごとの格差の存在はみられ，イタリア国内では，南部と北部の間で大きな経済的な格差が存在する。

4 パキスタンでは，国内における紛争が度々みられ，特にクルド人の独立問題は，国内の火種となっている。

5 カナダのケベック州では，イギリス系住民が独立を目指す運動が度々先鋭化し，衝突を生んだ。

2 世界の宗教とその分布に関する記述として，妥当なものはどれか。

1 民族宗教は，世界宗教と対比して用いられることばであり，特定の民族において信仰される宗教である。民族宗教の特徴として，複数の神々を同時に崇拝する多神教であることが挙げられる。

2 国教は，国家から特権や特別な地位を与えられた宗教である。国際連合憲章ではこれを定めることを禁止しているため，国連加盟国では国教制度を定めている国はなく，歴史の中で一時的に存在した制度である。

135

3　カトリックは，ローマ教皇が最高権力者となり，宗教的秩序を形成しているキリスト教である。ヨーロッパ以外では，ラテンアメリカに信者が多い。

4　イスラーム教は，いくつかの派に分かれているが，スンナ派とシーア派は二大宗派を形成している。特にシーア派の信者数が最も多い。

5　仏教の中で，戒律を重んじつつ，厳しい修行により自己の悟りをめざすのが北伝仏教である。この影響を大きく受けた地域として，日本，中国，朝鮮，スリランカ，ミャンマー，タイなどが挙げられる。

3　世界の地形に関する記述として，妥当なものはどれか。

1　地中海・ヒマラヤ造山帯は，4000メートルを超すチベット高原の南のヒマラヤ山脈が最高地点である。西側には，パミール高原，ヒンズークシ山脈，カフカス山脈，アルプス・ピレネーが連なる。

2　環太平洋造山帯は，日本列島を除く環太平洋地域に連なる造山帯である。ロッキー，シェラネバダなど，北アメリカのコルジェラ山系はこの造山帯に含まれる。

3　山地は農業に適した地域が多いため，古くから人口が密集してきた。また，傾斜を利用した陸運の要所として，鉄道や高速道路が発達している。

4　浸食をうけた古い褶曲山地や造陸運動で隆起した土地は，高原や台地となる。これらの土地は，多くの水分を含む土壌が集積しやすく，北アメリカのコロラドやコロンビアは，その代表的な例である。

5　山地には，その所々に広範に窪んだ地域が含まれる。U字谷に比べ，V字谷がある地域は，牧畜などに利用されてきた。

4　ヨーロッパの農業に関する記述として，妥当なものはどれか。

1　イギリスでは，18世紀になると企業的大規模農牧業が営まれた。これは，大地主が共有地や中小の地主の土地を併合し，資本家がそれを借用することによって営まれた。

2　冷夏暖冬の西岸海洋性気候は，農業生産にも大きく影響を与えた。この地域は，牧草の成育や酪農には適さないものの，耕作には適していたため，多様な作物が栽培された。

3　旧西ドイツは，歴史的に小作農が多かった。また，自給用の穀物の生産も困難だったため，古くから穀物を輸入し，畜産物を出荷する外国依存

型の経営が一般的であった。

4 地中海性の気候は，夏の乾燥，冬の湿潤によって特徴づけられ，農業生産にも大きな影響を与えてきた。ブドウやオリーブの生産には適さないものの，灌漑技術の導入により，柑橘類の栽培が広がった。

5 ヨーロッパでは，各地で地域の特性に合わせた農業が発達した。ヨーロッパの北西部では，作物の栽培と家畜の飼育を分離し，それぞれの地域に特化しながら効率化を進めた。

5 **世界の鉱工業に関する記述として，正しいものはどれか。**

1 オーストラリアは，国内で石炭も鉄鉱石も大量に産出することができる。それゆえ，両者を必要とする鉄鋼業が他国に比べて大規模に発展している。

2 中国は，資源も豊富であるが，最大の強みはその人口の多さにあるともいえ，豊富で安価な労働力を利用して各種の輸出指向工業が発展している。

3 アメリカ合衆国は，各種資源を自給できる最大級の工業国である。それゆえ，鉄鋼業や造船業，各種繊維産業などで世界の生産をリードしている。

4 ノルウェーは，降水量に非常に恵まれ電力が極めて安価に供給できる。それゆえ，豊富な国内産のボーキサイトを利用したアルミニウム精錬が発展している。

5 ナイジェリアは，アフリカ最大の産油国である。それゆえ，そのオイルマネーを利用して各種の産業を発展させ，国内の治安は極めて安定している。

6 **アジアとオセアニアの気候に関する記述として，妥当なものはどれか。**

1 東アジアは，ユーラシア大陸の東部を占める地域であり，貿易風の影響を大きく受ける。また，夏は高温多雨で冬は乾燥する地域が多く，気温の年較差が大きいのが特徴である。

2 東南アジアは，インドシナ半島，マレー半島，インドネシア，フィリピンの島々などで構成される地域であり，大部分が熱帯で夏に大量の雨が降ることから，米作などが発達した。

3 南アジアは，インド半島とその周辺の地域であり，そのほとんどが熱帯に属することから，インドでは，米，小麦，綿花，茶，ジュートが多く生産されている。

4　西アジアは，気候のほとんどが乾燥帯であり，ステップと砂漠が広がる地域である。おもな産業は，石油およびそれに関連する産業であるが，古くは，その過酷な気候から他の地域との交流が乏しく，独自の文化を生んだ。

5　オセアニアは，太平洋のミクロネシア，メラネシア，ポリネシア，オーストラリア，ニュージーランドなどで構成される地域であり，熱帯や温帯の地域を含む一方，火山は比較的少ない。

7　世界の土壌に関する記述として，妥当なものはどれか。

1　沖積平野においてみられる沖積土は，粘土，砂，礫などからなる土壌であり，河川による運搬や堆積の作用によって生成される。

2　栗色土は，ステップにおいて生成される土壌であり，地表に炭酸塩が集積するため，農産物の生産力は極めて低い。

3　ツンドラ地帯に分布するツンドラ土は，腐植層が未発達であることを特徴とする土壌であり，間帯土壌に分類される。

4　テラローシャは，ブラジルのサンパウロ州などに分布する成帯土壌であり，肥沃さを利用して，コーヒー豆の栽培などに利用される。

5　レグールは，玄武岩が風化することなどによって生成される土壌であり，肥沃な性質を持つが，アジアの農地ではほとんどみられない。

8　地図の図法に関する記述として，正しいものはどれか。

1　メルカトル図法は，等角コースが直線で示されており，距離が正しいため航海図として利用される。

2　心射図法は，地図上の2点間を結ぶ直線が正しい方位を示すので，航海図として利用される。

3　グード図法は，2つの図法（サンソン図法とモルワイデ図法）を結合した地図で，海洋部分が断裂しているので航海図としては適さない。

4　正距方位図法は，任意の2点間の距離と方位が正しく示されるので，航空図として利用される。

5　モルワイデ図法は，面積が正しく表記されている図であるが，高緯度のゆがみが大きいため世界地図としては用いられない。

9 北アメリカに関する記述として，妥当なものはどれか。

1 北アメリカ域内における貿易の拡大に大きく貢献してきたのは，NAFTA（北米自由貿易協定）である。この協定に基づき，アメリカ合衆国，カナダ，メキシコ，ニカラグアでは，入国手続の原則的な廃止を含む広範な経済交流が進められている。

2 カナダは，アメリカ合衆国と同様に，共和制に分類される国家である。また，カナダには，サンベルトと呼ばれ，独自の産業を発展させている地域を含む。

3 カナダの一部の地域では，民族問題を抱えている。特にフランス系の住民が多いケベック州においては，独立や自治の拡大についての見解の相違から，度々対立が深まった。

4 五大湖沿岸工業地域において有名なのは，航空機，IC産業などである。代表的な都市として，ヒューストン，バーミンガム，アトランタなどが挙げられる。

5 南部工業地域は，自動車産業，鉄鋼業，機械工業などで知られる。メサビ鉱山や水運などを背景に，大工業地帯として発展を遂げてきた。

10 日本の貿易に関する記述として，正しいものはどれか。

1 日本の主要貿易港である神戸港からは，自動車・自動車部品が最も多く輸出されている。

2 日本の主要輸入品のうち，アメリカからの輸入が占める割合が1番多い品目は，とうもろこし，大豆，木材である。

3 日本の輸出品目は，1990年頃には知識集約型の半導体など電子部品の伸びが大きかったが，経済グローバル化が進み，新興国に取って代わられた。

4 近年日本の貿易形態は，原料を輸入し，製品を輸出する水平貿易から，工業製品を相互に輸出入する垂直貿易に移ってきている。

5 日本の主要輸出品のうち，機械類・自動車・衣類が約半分を占めている。

11 下の図は，各都市における各月の降水量および気温の平均を示したものである。各都市名の組み合わせとして，妥当なものはどれか。

A

年平均気温：27℃
年降水量：127.3mm
緯度：24.42　経度：46.44

B

年平均気温：15.3℃
年降水量：422.8mm
緯度：40.24　経度：3.4

C

年平均気温：17.1℃
年降水量：1211.9mm
緯度：31.25　経度：121.27

（『地理データファイル2022年度版』帝国書院のデータより作成）

1　A　シャンハイ　　　B　リヤド　　　　　C　マドリード
2　A　シャンハイ　　　B　マドリード　　　C　リヤド
3　A　マドリード　　　B　リヤド　　　　　C　シャンハイ
4　A　リヤド　　　　　B　シャンハイ　　　C　マドリード
5　A　リヤド　　　　　B　マドリード　　　C　シャンハイ

12 中国に関する記述として，妥当なものはどれか。

1　中国の面積は約960万m²で，ロシアに次いで2番目に広い国土を有している。

2　中国の民族構成は，約70％の漢民族と，55の少数民族から成っている。

3　中国の主要産業は，「世界の工場」としての第二次産業である。

4　北京の気候は，夏は高温多湿で冬は寒冷乾燥しており，春と秋は短い。

5　中国は「北京時間」を基準とし，グリニッジ標準時との時差は＋10時間である。

1 3

解説 1. 日本をモデルとしたルックイースト政策をとったのはベトナムではなくマレーシアである。ベトナムがとっているのは，社会主義型の市場経済を目指すとするドイモイである。 2. 緑の革命は人口が急増し，食糧の増産が急務とされていたアジアなどの国々で，化学肥料の使用などにより実現した。アルゼンチンは昔から農業大国であり，緑の革命などは必要とされていない。 3. 正しい。イタリアは北部が工業化の進展した経済先進地域，南部は大土地所有制度が残存する経済発展が遅れた地域であり，両地域間の経済対立が顕著である。それゆえ，南部のナポリなどでは北部のミラノなどへの反感が極めて強いといわれている。 4. クルド人は国家を持たない民族として，世界で最も人口が多い。彼らは，イラクやトルコ，イランにまたがるクルディスタンという地に居住しており，パキスタンにおいては独立問題になっていない。なお，パキスタンにおいて深刻な国内問題は，カシミール問題である。 5. カナダは大航海時代からフランスが進出した地域であり，その代表的な土地がケベックである。カナダのほとんどの地域はイギリス系・英語圏であるので，独立を目指しているのはイギリス系住民ではなくフランス系住民である。

2 3

解説 1. 誤り。民族宗教であるユダヤ教は一神教であり，民族宗教が多神教であるとは限らない。 2. 誤り。国際連合憲章において国教を定めることを禁止した条文はなく，イギリス，アイスランド，サウジアラビア，タイなどの国々は，国教制度を採用している。 3. 正しい。カトリックは，ローマを中心として世界に広がったが，南ヨーロッパや東ヨーロッパの一部の国々，ラテンアメリカの一部において信者が多い。 4. 誤り。イスラーム教の中で最も多数なのはスンナ派である。 5. 誤り。日本，中国，朝鮮に伝わる北伝仏教は大乗仏教とも呼ばれ，自己の完成とともに，一切衆生の救済を重視する菩薩道が説かれている。一方，戒律を重んじつつ，厳しい修行により自己の悟りをめざすのが南伝仏教（上座部仏教）であり，スリランカ，ミャンマー，タイなどに伝わった。

3 1

解説　1.　正しい。世界の主な山地は，中生代の終わりから新生代第三紀にかけての造山運動によって形成された。地中海・ヒマラヤ造山帯と環太平洋造山帯は，ともにその時代につくられた。　2.　誤り。環太平洋造山帯には，日本列島が含まれる。　3.　誤り。山地は平地に比べて，人口は希薄であり，道路や鉄道網も少ない。　4.　誤り。コロンビアやコロラドの高原は，極端な乾燥地である。　5.　誤り。U字谷とV字谷についての記述が逆になっている。

4 1

解説　1.　正しい。イギリスにおいて資本主義が発達することにより，農業のあり方も大きく変貌を遂げた。　2.　誤り。西岸海洋性気候は，耕作には適さないものの，牧草の成育や酪農に適している。　3.　誤り。旧西ドイツでは，歴史的に自作農が多く，穀物も自給していたため，自己完結型の経営が広く行われていた。　4.　誤り。ブドウやオリーブは，地中海式農業における主要な産物である。他の記述については正しい。　5.　誤り。ヨーロッパ北西部では，作物栽培と家畜飼育を結びつけた農業が発達した。

5 2

解説　1.　オーストラリアは石炭，鉄鉱石ともに大産出国であるが，労働力や資本の不足などから鉄鋼業が大規模に発展しているとは言えない。むしろ，鉱産資源を輸出して利益を上げている国家である。　2.　正しい。輸出指向工業は豊富な低賃金労働者を利用して行う工業である。中国は人口の多さはもちろんだが，資源も豊富であり，現在では『世界の工場』といわれることもある。労働力を大量に利用する，繊維工業などでは圧倒的な競争力を持っている。しかし，今後はより人件費の安い東南アジアや南アジアへの産業の移転も考えられ，一部ではその動きもみられる。　3.　アメリカは鉱産資源も多く技術も高いことから，工業が高度に発達している。このことは相対的に人件費の上昇や資源の枯渇を招き，繊維産業などの労働力を大量に必要とする工業や，多くの資源を必要とする鉄鋼業は国際競争力を失っている。　4.　ノルウェーは降水が極めて多く水力発電が盛んなため，電力は極めて安価という点は正しい。また，その安価な電力を利用してアルミニウム工業が発展しているという点も

正しい。しかしボーキサイトは熱帯近辺で産出することが多く，ノルウェーにおいてボーキサイトが豊富に産出されているとは言えない。　5. ナイジェリアがアフリカ最大の産油国で，その多くを輸出して貿易が黒字となりオイルマネーが豊富という点は正しい。しかしその経済力は一部の特権階級に集中し，国内で平等に分配されているとは言えない。実際に，過去においては石油を原因とした内乱が発生し，現在でも国内対立は激しいものがある。

6 2

解説　1. 誤り。東アジアの気候に大きな影響を与えているのは，貿易風ではなく季節風（モンスーン）である。貿易風とは，亜熱帯高圧帯から赤道低圧帯へ恒常的に吹く東寄りの風であり，季節風（モンスーン）は，季節によって方向を吹き分ける風である。季節風は，東アジア，東南アジア，インドで最もよく発達する。　2. 正しい。東南アジアでは，夏の南西モンスーンによって大量の雨がもたらされ，その気候が米作に利用されてきた。　3. 誤り。南アジアの気候は，熱帯，温帯，乾燥帯，高山気候など，比較的変化に富んでおり，「ほとんどが熱帯に属する」との記述は誤りである。また，インドにおける生産の主な品目は正しいが，これらの品目が生産できるのは，変化に富んだ気候を利用しているからである。　4. 誤り。西アジアの気候と産業についての記述は正しいが，この地域では古くから東西の文化や政治の交流の拠点とされてきたので，他の地域との交流が乏しいという記述は誤りである。5. 誤り。オセアニアを構成する国々や気候についての説明は正しいが，この地域の多くは太平洋造山帯に属し，火山島が多い。

7 1

解説　1. 正しい。沖積土は，運積土の一種である。　2. 誤り。栗色土において炭酸塩が集積するのは下層部である。栗色土の生産力は高く，灌漑により営農も可能である。　3. 誤り。間帯土壌は，地形やもとになる岩の影響を受け特定の地域において生成される土壌であり，ツンドラ土は，成帯土壌である。成帯土壌は，植生や気候の影響により生成され，帯状に分布する土壌である。　4. 誤り。テラローシャは間帯土壌である。他の説明については正しい。　5. 誤り。レグールは間帯土壌である。黒色綿花土とも呼ばれ，インドのデカン高原に分布する。

8　3

解説　地図には，角度が正しい（正角図法），面積が正しい（正積図法），距離が正しい（正距図法），方位が正しい（方位図法）の4条件があり，これによって用途が異なる。　1.　メルカトル図法は正角図法である。距離は正しく示されないが，等角航路が直線で示され，航海図として利用される。　2.　心射図法は方位図法で2点間の最短経路が直線で表され，方位も正しいので航空図に利用される。　3.　正しい。正積図法である。　4.　正距方位図法は正距図法で図の中心から他の任意の点へ引いた直線の方位と距離が正しく表され，航空図として利用される。　5.　モルワイデ図法は正積図法で面積が正しく表現され，高緯度のゆがみが比較的少ないため世界地図として用いられる。

9　3

解説　1.　誤り。NAFTA（北米自由貿易協定）にニカラグアは含まれていない。また，入国手続が廃止されているという事実もない。　2.　誤り。カナダは立憲君主制の国家である。また，サンベルトは，アメリカ合衆国の北緯37度以南の地域である。　3.　正しい。ケベック州における選挙では，度々，独立問題などが争点とされた。　4.　誤り。選択肢の内容は，南部工業地域についての記述である。　5.　誤り。選択肢の内容は，五大湖沿岸工業地域についての記述である。

10　3

解説　1.　神戸港からの輸出品は，産業機械，染料・塗料・化学工業品などで，自動車・自動車部品は名古屋港，横浜港が多い（2020年）。　2.　日本への主要輸入品目でアメリカからの占める割合が1番多いのはとうもろこし（69.3%），大豆（70.6%），小麦（45.9%）などがある（2019年）。木材は1番がカナダ（24.0%），次いでアメリカ（17.5%）である（2019年）。　3.　正しい。ちなみに1970年頃は多額の設備費などを必要とする資本集約型工業（鉄鋼業，石油化学工業など）製品が主であった。　4.　原料を輸入し，加工した製品を輸出する貿易を垂直貿易といい，国家間で同じような工業製品を相互に輸出入することを水平貿易という。　5.　日本の主要輸出品に衣類は当てはまらない。衣類は中国からの輸入が多く輸入衣類の約56%を占める（2019年）。

11 5

解説 Aはサウジアラビアのリヤド，Bはスペインのマドリード，Cは中国のシャンハイ（上海）である。Aは，年中降水量が少なく乾燥していることから，ケッペンによる気候区分における砂漠気候（BW）に該当するリヤドであることがわかる。これは，樹木や草本類がほとんど生育しない気候である。Bは，降水が冬に多く夏に少ないことから，ケッペンによる気候区分における地中海性気候（Cs）に該当するマドリードであることがわかる。ここでは，オリーブ，イチジク，オレンジなどの柑橘類，ブドウなどの果樹，小麦，大麦などを組み合わせ地中海式農業が行われてきた。また，夏季に雨が少ないことにより，古くから灌漑施設がつくられてきた。Cは気温の差が比較的大きいうえに夏は多雨で冬は乾燥することから，ケッペンによる気候区分における温暖湿潤気候（Cfa）に該当するシャンハイ（上海）であることがわかる。ここでは，米や小麦等の多様な農作物が収穫される。
以上より，正解は5。

12 4

解説 1．誤り。中国の面積は約960万 m^2 で，ロシア，カナダ，アメリカに次いで4番目に広い国土を有している。　2．誤り。漢民族の占める割合は，総人口の約92％である。　3．誤り。2012年に，金融・流通・マスコミ・通信といった第三次産業が第二次産業を上回り，2015年には名目GDPの50％を超えている。　4．正しい。北京の気候は，夏は高温多湿で冬は寒冷乾燥し，春と秋は短い典型的な暖温帯半湿潤大陸性季節風気候である。　5．誤り。中国は「北京時間」を基準とし，グリニッジ標準時との時差は＋8時間である。

第3部

教養試験
自然科学

- 数　学
- 物　理
- 化　学
- 生　物
- 地　学

自然科学　数 学

■■■■■■■■■■■■■■■■■■■■■ **POINT** ■■■■■■■■■■■■■■■■■■■■■

　数学の分野では，高校までの学習内容が出題される。教科書に出てくる公式を覚えるだけではなく，応用問題への対応が必要となる。以下に示す単元ごとの最重要事項を確実に押さえ，本書でその利用法を習得しよう。

　「数と式」の内容では，一見何をしたらよいか分かりづらい問題が出てくるが，「因数分解」，「因数定理」，「剰余の定理」，「相加平均・相乗平均の関係」などを用いることが多い。その他にも，「分母の有理化」や根号，絶対値の扱い方などをしっかり確認しておこう。

　「方程式と不等式」の内容では，特に二次方程式や二次不等式を扱う問題が頻出である。「二次方程式の解と係数の関係」，「解の公式」，「判別式」を用いた実数解や虚数解の数を求める問題は確実にできるようにしたい。また，「二次不等式の解」，「連立不等式の解の範囲」については，不等号の向きを間違えないように注意しよう。余裕があれば，「三次方程式の解と係数の関係」や「円の方程式」なども知っておきたい。

　「関数」の内容でも，中心となるのは二次関数である。「二次関数のグラフの頂点」，「最大値と最小値」，「x軸との共有点」は確実に求められるようにしよう。また，グラフを「対称移動」や「平行移動」させたときの式の変形もできるようにしたい。その他にも，「点と直線の距離」，「三角関数」の基本的な公式なども知っておきたい。

　「数の性質」の内容では，「倍数と約数」，「剰余系」，「n進法」などの問題が出題される。これらについては，とにかく多くの問題を解いてパターンを覚えることが重要である。

　「微分・積分」の内容では，グラフのある点における「接線の方程式」，グラフに囲まれた「面積」が求められるようになっておきたい。

　「場合の数と確率」の内容では，まずは順列・組合せと確率計算が正しくできなければならない。その際，場合の数が多かったり抽象的であったりして考えにくいようであれば，樹形図の活用や問題の具体的な内容を書き出すことで，一般的な規則性が見つかり解法が分かることがある。余事象を利用す

ることで，容易に解ける問題もある。「同じものを含む順列」，「円順列」などもできるようにしたい。

「数列」の内容では，等差数列，等比数列，階差数列の一般項や和の公式を覚えよう。余裕があれば，群数列にも慣れておこう。

「図形」の内容では，三角形の合同条件・相似条件，平行線と角に関する性質，三角形・四角形・円などの基本的性質や，面積の計算方法などは必ずと言ってよいほど必要となるので，しっかりと整理しておくこと。

数学の知識は「判断推理」や「数的推理」の問題を解く際にも必要となるため，これらと並行して取り組むようにしたい。

☞ **狙われやすい! 重要事項** ....

☑ 二次方程式・不等式
☑ 二次関数の最大値・最小値
☑ 平面図形の面積

《 演 習 問 題 》

$\boxed{1}$ 次の不等式の解として，正しいものはどれか。

$$\begin{cases} 9x - 1 \geqq x + 15 \\ x + 9 < 4x - 3 \end{cases}$$

1　$x \geqq -4$　　2　$x > -4$　　3　$x < 4$　　4　$x \geqq 4$　　5　$x > 4$

$\boxed{2}$ 次の図に示された2次関数のグラフをx軸方向に-1，y軸方向に1移動した後，さらにy軸に対して対称な位置に移動させたグラフの式として，正しいものはどれか。

1　$y = x^2 - 8x + 14$
2　$y = -2x^2 + 16x - 28$
3　$y = -x^2 + 8x + 18$
4　$y = -x^2 + 8x - 14$
5　$y = 2x^2 - 16x + 28$

3 次の図の△ABCにおいて，3つの角の比を∠A：∠B：∠C＝3：4：5とし，その外接円の半径を2とする。外接円の中心Oを頂点とし，AB，BC，CAを底辺とする3つの三角形に分けたとき，この3つの三角形の面積の合計として正しいものはどれか。

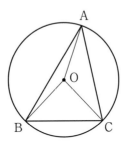

1 $3+\sqrt{3}$　　2 $3+\sqrt{5}$　　3 $\dfrac{5\sqrt{2}}{2}$　　4 $4\sqrt{3}$　　5 $4\sqrt{5}$

4 $x+y-2z+1=0$，$x-y-3=0$であるとき，2次関数$w=x^2-3y-z-3$の最小値として正しいものはどれか。

1 -2　　　2 -1　　　3 1　　　4 2　　　5 3

5 1，2，3，4，5の数字が1つずつ書かれたカードをよくきって左から3枚並べたとき，真ん中の数字が1番大きくなるような並べ方は全部で何通りあるか。

1 15通り　　2 20通り　　3 25通り　　4 30通り　　5 35通り

6 x^3-x^2+x+aが$x+2$で割り切れるとき，aの値として妥当なものはどれか。

1 6　　　2 -6　　　3 -10　　　4 14　　　5 -14

7 $2\leqq x\leqq3$，$3\leqq y\leqq4$のとき，$xy+x-y-1$の最小値と最大値の差として正しいものは次のうちどれか。

1 4　　　2 5　　　3 6　　　4 7　　　5 8

8 2つの2次関数，$y=-x^2$，$y=8(x-a)(x-b)$ のグラフが，ただ一つの共有点をもつとき，$\dfrac{b}{a}$ の値として正しいものはどれか。ただし，$ab \neq 0$ とする。

 1 3と$\dfrac{1}{2}$ 2 2と3   3 2   4 2と$\dfrac{1}{2}$ 5 1と$\dfrac{1}{2}$

9 x軸およびy軸に接し，点$(2, 1)$を通る円は2つあるが，そのうち面積が大きい方の円の方程式として正しいものはどれか。
 1 $(x+5)^2+(y+5)^2=25$
 2 $(x-5)^2+(y-5)^2=25$
 3 $(x+4)^2+(y+4)^2=16$
 4 $(x-4)^2+(y-4)^2=16$
 5 $(x-1)^2+(y-1)^2=1$

10 次の図を利用して$\tan 15°$の値を求めよ。

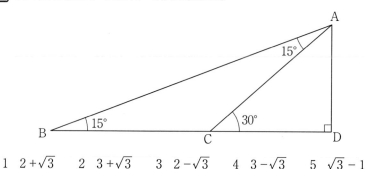

 1 $2+\sqrt{3}$ 2 $3+\sqrt{3}$ 3 $2-\sqrt{3}$ 4 $3-\sqrt{3}$ 5 $\sqrt{3}-1$

11 辺ABの長さが6cm，辺ADの長さが10cm，$\angle B=60°$の平行四辺形ABCDの対角線ACの長さとして，正しいものはどれか。
 1 $2\sqrt{3}$ cm   2 $3\sqrt{5}$ cm   3 $2\sqrt{17}$ cm   4 $2\sqrt{19}$ cm
 5 $3\sqrt{22}$ cm

12 円に内接する四角形ABCDがある。AB＝3，BC＝5，CD＝2，DA＝2の内接四角形ABCDの面積として正しいものはどれか。
 1 $4\sqrt{3}$ 2 $6\sqrt{3}$ 3 $8\sqrt{3}$ 4 $60\sqrt{3}$ 5 $19\sqrt{3}$

解 答・解 説

1 　5

解説 \\ $9x - 1 \geqq x + 15$

移項して整理すると，$8x \geqq 16$　　∴　$x \geqq 2$　…①

同様に，$x + 9 < 4x - 3$ より，$-3x < -12$　　∴　$x > 4$　…②

①，②の共通部分を求めると　$x > 4$

以上より，正解は5。

2 　4

解説 \\ 一般に，二次関数は $y = a(x + p)^2 + q$ と表せる。設問の図に示されているグラフの頂点の座標は $(-3, 1)$ なので，

$y = a(x + 3)^2 + 1$

このグラフは $(-1, -3)$ を通るので，

$-3 = a(-1 + 3)^2 + 1$

$a = -1$

よって，この二次関数は $y = -(x + 3)^2 + 1$

このグラフの頂点を「x 軸方向に -1，y 軸方向に1移動させる」と，頂点の座標は，

$(-3 - 1, 1 + 1)$　→　$(-4, 2)$

さらに，頂点を「y 軸に対して対称な位置に移動させる」と，頂点の座標は，

$(-4, 2)$　→　$(4, 2)$

よって，この2次関数は，

$y = -(x - 4)^2 + 2$

$= -x^2 + 8x - 14$

以上より，正解は4。

3 　1

解説 \\ ∠A：∠B：∠C $= 3 : 4 : 5$，∠A $+$ ∠B $+$ ∠C $= 18$ より，

$\angle A = \dfrac{3}{3 + 4 + 5} \times 180° = \dfrac{3}{12} \times 180° = 45°$

$\angle B = \dfrac{4}{3 + 4 + 5} \times 180° = \dfrac{4}{12} \times 180° = 60°$

$$\angle C = \frac{5}{3+4+5} \times 180° = \frac{5}{12} \times 180° = 75°$$

共通の弧に対する中心角の大きさは，円周角の大きさの2倍なので，

$$\angle BOC = \angle A \times 2 = 90°$$

$$\angle COA = \angle B \times 2 = 120°$$

$$\angle AOB = \angle C \times 2 = 150°$$

ここで，

$$\triangle OBC = \frac{1}{2} \times 2 \times 2 \times \sin 90° = 2$$

$$\triangle OCA = \frac{1}{2} \times 2 \times 2 \times \sin 120° = \sqrt{3}$$

$$\triangle OBC = \frac{1}{2} \times 2 \times 2 \times \sin 150° = 1$$

よって，

$$\triangle ABC = \triangle OBC + \triangle OCA + \triangle OAB = 2 + \sqrt{3} + 1 = 3 + \sqrt{3}$$

以上より，正解は1。

4 5

解説

$$x + y - 2z + 1 = 0 \qquad \cdots ①$$

$$x - y - 3 = 0 \qquad\qquad \cdots ②$$

②から $y = x - 3$ $\qquad \cdots ③$

③を①に代入すると，$x + (x - 3) - 2z + 1 = 0$

∴ $z = x - 1$ $\qquad\qquad \cdots ④$

③，④を $w = x^2 - 3y - z - 3$ に代入して

$$w = x^2 - 3(x - 3) - (x - 1) - 3$$

$$= x^2 - 4x + 7$$

$$= (x - 2)^2 + 3$$

$x = 2$ のとき，$y = -1$，$z = 1$

よって，w は $x = 2$，$y = -1$，$z = 1$ のとき最小値3となる。

以上より，正解は5。

5　2

解説　5枚のカードから3枚取り出す組み合わせは,

$$_5C_3 = \frac{5 \times 4 \times 3}{3 \times 2 \times 1} = 10 \text{〔通り〕}$$

また, 取り出した3枚のカードの数字が (1, 2, 3) のとき, 真ん中が1番大きくなる並べ方は,

(1, 3, 2) または (2, 3, 1) の2通り

このようなカードの組合せが10通りあるので, 求める並べ方は全部で

$2 \times 10 = 20$ 〔通り〕

以上より, 正解は2。

6　4

解説　因数定理より, $P(k) = 0$ ならば, $P(x)$ は $x - k$ で割り切れる。

ここで, $P(x) = x^3 - x^2 + x + a$ とおくと, これが $x + 2$ で割り切れるから,

$P(-2) = 0$

よって, $f(-2) = (-2)^3 - (-2)^2 + (-2) + a = -8 - 4 - 2 + a = 0$

$\therefore \quad a = 14$

以上より, 正解は4。

7　3

解説　$xy + x - y - 1 = x(y + 1) - (y + 1)$
$= (x - 1)(y + 1)$

$2 \leq x \leq 3$ より $1 \leq x - 1 \leq 2$

$3 \leq y \leq 4$ より $4 \leq y + 1 \leq 5$ だから

最小値は $x - 1 = 1$, $y + 1 = 4$ のとき $1 \times 4 = 4$

最大値は $x - 1 = 2$, $y + 1 = 5$ のとき $2 \times 5 = 10$

よって, 最大値と最小値の差は $10 - 4 = 6$

以上より, 正解は3。

8 4

解説 $y = -x^2$ と $y = 8(x-a)(x-b)$ が共有点をもつので,
$$-x^2 = 8(x-a)(x-b)$$
$$9x^2 - 8(a+b)x + 8ab = 0$$
共有点が1つより,上式が重解をもつので,判別式をDとすると,
$$\frac{D}{4} = 16(a+b)^2 - 9 \times 8ab = 0$$
$$2(a+b)^2 - 9ab = 0$$
$$2a^2 - 5ab + 2b^2 = 0$$
$$(2a-b)(a-2b) = 0$$
よって,$a = \dfrac{b}{2}$, $2b$ となるので,$\dfrac{b}{a} = 2$, $\dfrac{1}{2}$

以上より,正解は4。

9 2

解説 一般に,中心 (a, b),半径rの円の方程式は,
$$(x-a)^2 + (y-b)^2 = r^2$$
ただし,x軸およびy軸と接しており,かつ,x, yともに正の座標の点を通るので$a = b = r$が成り立つ。
さらに,点 $(2, 1)$ を通るので,$(2-r)^2 + (1-r)^2 = r^2$
∴ $r = 1$, 5
条件より,面積が大きい円に対応するのは$r = 5$
よって,求める円の方程式は,
$$(x-5)^2 + (y-5)^2 = 25$$
以上より,正解は2。

10 3

解説 ADの長さを1とすると，△ACDはAD：AC：CD ＝
1：2：3の直角三角形なので，

　AC ＝ 2，CD ＝ 3

また，∠BAC ＝∠ABC ＝ 15°より，
△CABは二等辺三角形な
ので，

　BC ＝ AC ＝ 2

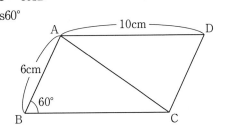

よって，$\tan15° = \dfrac{AD}{BD} = \dfrac{AD}{BC + CD} = \dfrac{1}{2 + \sqrt{3}}$

これを有理化すると，

$$\tan15° = \dfrac{1}{2 + \sqrt{3}} \times \dfrac{2 - \sqrt{3}}{2 - \sqrt{3}} = \dfrac{2 - \sqrt{3}}{4 - 3} = 2 - \sqrt{3}$$

以上より，正解は3。

11 4

解説 平行四辺形の対辺は等しいので，AD ＝ BC ＝ 10〔cm〕
△ABCにおいて，余弦定理より，

$AC^2 = AB^2 + BC^2 - 2 \times AB \times BC \times \cos B$

$\qquad = 6^2 + 10^2 - 2 \times 6 \times 10 \times \cos60°$

$\qquad = 36 + 100 - 120 \times \dfrac{1}{2}$

$\qquad = 76$

AC＞0より，

　$AC = \sqrt{76} = 2\sqrt{19}$〔cm〕

以上より，正解は4。

12 1

解説 四角形ABCDの対角線ACを引き，△ABCと△ACDに分けて考える。
△ABCにおいて，余弦定理より，

$AC^2 = AB^2 + BC^2 - 2 \times AB \times BC \times \cos\angle B$

$\qquad = 3^2 + 5^2 - 2 \times 3 \times 5 \times \cos\angle B$

$\qquad = 34 - 30 \times \cos\angle B \cdots ①$

同様に，△ACDにおいて，

$\quad AC^2 = AD^2 + CD^2 - 2 \times AD \times CD \times \cos \angle D$

$\qquad = 2^2 + 2^2 - 2 \times 2 \times 2 \times \cos \angle D$

$\qquad = 8 - 8 \times \cos \angle D$

ここで，四角形ABCDは円に内接するので，∠D = 180° − ∠Bより，

$\quad \cos \angle D = \cos(180° - \angle B) = - \cos \angle B$

よって，

$\quad AC^2 = 8 + 8 \times \cos \angle B \cdots ②$

①②より，

$\quad 34 - 30 \times \cos \angle B = 8 + 8 \times \cos \angle B$

$\qquad 38 \times \cos \angle B = 26$

$$\cos \angle B = \frac{13}{19}$$

よって，$\sin \angle B = \sqrt{1 - \left(\dfrac{13}{19}\right)^2} = \dfrac{\sqrt{19^2 - 13^2}}{19} = \dfrac{\sqrt{361 - 169}}{19} = \dfrac{\sqrt{192}}{19} = \dfrac{8\sqrt{3}}{19}$

$\quad \triangle ABC = \dfrac{1}{2} \times AB \times BC \times \sin \angle B$

$\qquad = \dfrac{1}{2} \times 3 \times 5 \times \dfrac{8\sqrt{3}}{19}$

$\qquad = \dfrac{60\sqrt{3}}{19}$

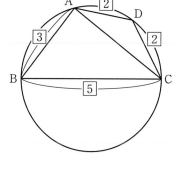

$\quad \triangle ACD = \dfrac{1}{2} AD \times CD \times \sin \angle D$

$\qquad = \dfrac{1}{2} \times 2 \times 2 \times \sin(180° - \angle B)$

$\qquad = 2 \times \sin \angle B$

$\qquad = \dfrac{16\sqrt{3}}{19}$

したがって，四角形ABCDの面積は，

$\quad \triangle ABC + \triangle ACD = \dfrac{60\sqrt{3}}{19} + \dfrac{16\sqrt{3}}{19} = \dfrac{76\sqrt{3}}{19} = 4\sqrt{3}$

以上より，正解は1。

自然科学　　　　物　理

############################ P O I N T ############################

　物理の分野では，ほとんどが高校物理の内容を中心とした問題で，下記のいずれの単元からも出題される可能性がある。しかし，出題パターンは限られており，優先的に取り組むべきなのは「力学」で，「電磁気」，「波動」がこれに続く。ほとんどが計算問題であるが，正誤問題や穴埋め問題が出る場合もある。

　「力学」では，「等速直線運動」や「等加速度直線運動」が基本となり，「落体の運動」，「斜面をすべる物体の運動」などはこれらの知識を用いて解いていくことになる。また，覚えた公式をどの問題で，どういう形で利用するのか，自身で判断できるようにならなければいけない。例えば，「落体の運動」では自由落下，鉛直投げ下ろし，鉛直投げ上げ，水平投射，斜方投射といった様々な運動形態が出てくる。その他にも，「糸の張力」，「ばねの弾性力」，「浮力」といった力の種類や，「仕事とエネルギー」，「運動量」などを題材にした問題も多い。

　「熱と気体」では，「熱量の保存」に関する計算問題や，「物質の三態と状態変化」に関する正誤問題または穴埋め問題が頻出である。覚えることが少ない単元なので，しっかりと練習しておけば得点源になりやすい。

　「波動」では，まず波の基本公式を覚え，波長，振動数，速さ，周期といった物理量を用いて，式変形ができるようになっておくべきである。そして，最も重要なのが「ドップラー効果」を題材にした計算問題であり，基本公式は確実に覚えておかなければならない。そのうえで，音源と観測者が静止している場合，近づく場合，遠ざかる場合によって，基本公式の速度の符号が変わることに気を付けてほしい。実際の試験問題では，問題文からいずれの場合であるか読み取り，自身の判断で公式を立てられるようにならなければいけない。なお，この単元では波の性質（反射，屈折，回折，干渉など）やその具体例，温度と音速の関係など，基本的性質を問う正誤問題が出題されることが多いので注意しよう。

　「電磁気」では，コンデンサーや電気抵抗のある電気回路を題材にした計算問題が非常に多い。公式としては，「オームの法則」，「合成抵抗」，「合成容量」，「抵抗率」に関するものは確実に使えるようになっておきたい。余力が

あれば，「キルヒホッフの法則」も覚えておこう。計算パターンは限られているが，コンデンサーや抵抗の数，および接続方法を変えた多様な問題が出題されるので注意が必要である。接続方法には「直列接続」と「並列接続」があり，実際の試験問題では，与えられた電気回路のどこが直列（または並列）接続なのか自身で判断できなければならない。

「原子」では，まずはα線，β線，γ線の基本的な性質や違いを理解しよう。そのうえで，「核分裂」や「核融合」の反応式が作れること，「放射性原子核の半減期」に関する計算問題ができるようになっておこう。この単元も，是非とも得点源にしたい。

学習方法としては，本書の例題に限らずできるだけ多くの問題を解くことである。公式を丸暗記するより，具体的な問題を解きながら考える力を養っていこう。難問が出題されることはほとんどないので，教科書の練習問題や章末問題レベルに集中して取り組むようにしたい。

👉 狙われやすい! 重要事項 ‥‥‥‥‥‥‥‥‥‥‥‥‥‥‥‥

☑ **力のつりあい**
☑ **等加速度運動**
☑ **音波の性質**
☑ **電気回路**

《 演 習 問 題 》

1 重さが5kgの物体を，下図のように垂直な壁面から張り出したうで木AB，BCの先端Bにつり下げるとする。重力加速度を$10\,\mathrm{m/s^2}$とすると，AB，BCそれぞれにかかる力の大きさの組み合わせはどれか。ただし，うで木の重量は無視でき，$\sqrt{3} = 1.73$とする。

	AB	BC
1	25.0 N	25.0 N
2	43.3 N	50.0 N
3	50.0 N	43.3 N
4	86.6 N	100.0 N
5	100.0 N	86.6 N

[2] 振動数が440Hzの音が，温度が20℃の部屋から，5℃の屋外へもれているとする。このときの音の振動数と波長の関係について正しいのはどれか。

1　振動数，波長ともに減少する。

2　振動数は変化しないが，波長は長くなる。

3　振動数は変化しないが，波長は短くなる。

4　振動数は減少するが，波長は変化しない。

5　振動数，波長ともに変化しない。

[3] 起電力が3Vで内部抵抗が0.4Ωの電池Eが2個と，0.3Ωの抵抗Rがある。これらを図のようにつないだら，Rを流れる電流はいくらになるか。

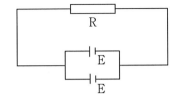

1　6A　　　2　5A　　　3　4A　　　4　3A　　　5　2A

[4] 右図のような単振り子に関する記述のうち，正しいのはどれか。

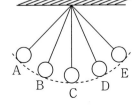

1　速度が最大になるのはB点とD点である。

2　おもりの加速度が最小であるのはA点とE点である。

3　D点での加速度の向きは，いつも等しい。

4　運動エネルギーが最小であるのはC点である。

5　位置エネルギーが最大なのはB点とD点である。

[5] なめらかな水平面上に質量5.0kgの物体が静止している。その物体を一定の力Fで引いたところ5.0秒後に4m/sになった。物体を引いている力Fはいくらか。

1　1.0N　　　2　2.0N　　　3　3.0N　　　4　4.0N　　　5　5.0N

6　長さ15cmのつる巻ばねに50gのおもりをつるすとその長さは17cm になった。これとは異なるおもりをつるすとその長さは21cmになった。 このおもりの質量はいくらになるか。

　1　120g　　2　150g　　3　180g　　4　210g　　5　240g

7　次の図において，抵抗R_2に4Aの電流が流れたとき，この回路の電源 電圧Eは何Vであるか。ただし，電池の内部抵抗は考えないものとする。

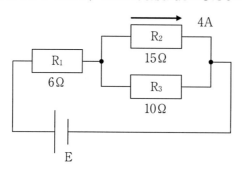

　1　90V　　2　100V　　3　110V　　4　120V　　5　130V

8　図のように，3Ωの抵抗を並列に4つつなぎ，さらに10Vの電源と電 流計を接続したとき，この回路全体の消費電力は何Wか。ただし，電源 と電流計の抵抗を0とし，消費電力は小数第2位を四捨五入して求めるも のとする。

　1　97.3W　　2　103.7W　　3　133.3W　　4　151.9W　　5　167.7W

解　答・解　説

1 4

解説　次の図のように，補助線B′Cを引き，それぞれにかかる力をベクトルで表すと，AB にかかる力は $\overrightarrow{AB}$，BCにかかる力は $\overrightarrow{BC}$ となる。物体にかかる重力の大きさは $\overrightarrow{BB'}$ で表せ，(力) = (質量) × (重力加速度) より，

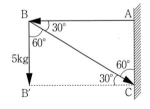

$$\overrightarrow{BC} = \frac{\overrightarrow{BB'}}{\cos 60°} = \frac{5 \times 10}{\frac{1}{2}} = 100 \text{ (N)}$$

$$\overrightarrow{AB} = \overrightarrow{BC} \cos 30° = 100 \times \frac{\sqrt{3}}{2} = 50\sqrt{3} ≒ 86.5 \text{ (N)}$$

以上より，正解は4。

2 3

解説　音波の速さ V 〔m/s〕は，乾燥した空気中では振動数によらず温度 t 〔℃〕に依存し，$V = 331.5 + 0.6t$ の関係がある。よって，温度が下がると音速は減少する。

また，音波の振動数を f 〔Hz〕，波長を λ 〔m〕とすると，$V = f\lambda$ の関係が成り立つ。ここで，振動数は媒質が変わっても変化しないので，音速が減少すると波長が短くなることがわかる。

以上より，正解は3。

3 1

解説　各部を流れる電流の強さを i_1 〔A〕，i_2 〔A〕，i_3 〔A〕とすると，つながれている電池2個は同じものなので，

$$i_2 = i_3 = \frac{1}{2}i_1$$

また，閉回路A→B→C→D→Aにこの向きを正の向きとして，キルヒホッフの法則を用いると，$3 = 0.3i_1 + 0.4i_3 = 0.3i_1 + 0.4 \times \dfrac{i_1}{2}$ より

$$i_1 = 6 \text{ (A)}$$

以上より，正解は1。

[4] 3

解説 図のように振り子が振れているとき，おもりにはたらく力は張力と重力だけである。また，どの位置であっても，おもりの運動方向はおもりが描く円弧の接線方向，つまり張力の垂直方向なので，張力はおもりに対して仕事をしない。よって，力学的エネルギー保存の法則が成り立ち，運動エネルギーと位置エネルギーの和は一定となる。

1．誤り。運動エネルギーが最大となるのは，位置エネルギーが最小となるC点である。　2．誤り。加速度が最小になるのはC点である。　3．正しい。D点での加速度の向きは，図のように張力の垂直方向となる。　4．誤り。運動エネルギーが最小になるのは，位置エネルギーが最大となるA，E点である。　5．誤り。位置エネルギーが最大になるのは，高さが最大になるA，E点である。

[5] 4

解説 物体には一定の力が加わっているので，この物体は等加速度直線運動をしている。物体の初速度をv_0〔m/s〕，速度をv〔m/s〕，加速度をa〔m/s²〕，時刻をt〔s〕とすると，

$v = v_0 + at$

$$a = \frac{v - v_0}{t} = \frac{4 - 0}{5.0} = 0.8 \ \text{〔m/s}^2\text{〕}$$

したがって，物体を引く力Fは，運動方程式より，

$F = 5.0 \times 0.8 = 4.0$〔N〕

以上より，正解は4。

[6] 2

解説 フックの法則より，ばねの自然長からの伸びx〔m〕は，加えた力f〔N〕に比例する。ばね定数をk〔N/m〕とすると，$f = kx$と表せる。

　50gのおもりをつるしたとき，ばねの自然長からの伸びは17 − 15 = 2〔cm〕

　異なるおもりをつるしたとき，ばねの自然長からの伸びは21 − 15 = 6〔cm〕

となったので，50gのおもりをつるしたときより3倍の大きさの力が加わった

ことになる。

ここで，（力）＝（質量）×（重力加速度）であり，重力加速度は一定なので，異なるおもりの質量は$50 \times 3 = 150$〔g〕

以上より，正解は2。

[7] 4

解説　まず，R_2に流れる電流と抵抗値からR_2にかかる電圧を求めると，オームの法則より，（電圧）＝（電流）×（抵抗値）となるので，

$4 \times 15 = 60$〔V〕

また，R_2と並列に接続されているR_3にかかる電圧も60Vとなるので，R_3に流れる電流は

$\dfrac{60}{10} = 6$〔A〕

さらに，R_1に流れる電流はR_2に流れる電流とR_3に流れる電流の和なので，

$4 + 6 = 10$〔A〕

すると，R_1にかかる電圧は，

$10 \times 6 = 60$〔V〕

ここで，電源電圧Eは，R_1とR_2（またはR_3）にかかる電圧の和なので，

$60 + 60 = 120$〔V〕

以上より，正解は4。

[8] 3

解説　まず，回路全体の合成抵抗を求める。並列回路の合成抵抗の逆数は，それぞれの抵抗の逆数の和に等しいから，

$\dfrac{1}{合成抵抗} = \dfrac{1}{3} + \dfrac{1}{3} + \dfrac{1}{3} + \dfrac{1}{3} = \dfrac{4}{3}$　　　∴　合成抵抗 $= \dfrac{3}{4} = 0.75$〔Ω〕

ここで，（電力）＝（電流）×（電圧）$= \dfrac{(電圧)^2}{抵抗} = \dfrac{10^2}{0.75} \fallingdotseq 133.3$〔W〕

以上より，正解は3。

化 学

自然科学

　化学の分野では，ほとんどが高校化学の内容から出題される。「理論化学」，「無機化学」，「有機化学」に大別されるが，主に「理論化学」からの出題が多い。また，「無機化学」や「有機化学」の内容は，「理論化学」の内容が分かれば理解・暗記がしやすいので，まずは「理論化学」に優先的に取り組むとよい。

　「理論化学」では，計算問題とそれ以外の問題が同じぐらいの割合で出題される。計算問題としては，化学反応式をもとにした物質の質量，体積，物質量などの計算や，与えられた原子量から化合物の式量や分子量を求めることが必須である。そのうえで，気体の状態方程式（圧力，体積，絶対温度など），混合気体の分圧や全圧，溶解度を用いた物質の析出量，熱化学方程式を用いた反応熱，中和滴定に必要な酸や塩基の体積や濃度，酸や塩基のpH，電気分解で析出する物質の質量などが求められるようになっておきたい。その他には，化学理論（分圧の法則など），物質の分離法，化学結合，物質の状態変化，化学平衡，コロイド溶液，化学電池などについてしっかり整理しておこう。

　「無機化学」では，計算問題はほとんど出題されず，大部分が物質の性質を問う正誤問題である。まずは，元素周期表の特徴をしっかりと理解し，性質の似た物質のグループがあることを把握すること。また，イオン化エネルギーや電気陰性度など，周期表と大きく関わる用語を覚えよう。無機物質は金属と非金属に大別される。金属では，1族の金属，2族の金属の他に，鉄，銅，銀，アルミニウム，チタンなどの代表的な金属の性質，化学反応，製法を覚えておくこと。非金属では，ハロゲン，希ガス，炭素やケイ素の性質，化学反応を覚えておくこと。そのうえで，代表的な気体（酸素，窒素，二酸化炭素，アンモニアなど），溶液（塩酸，硫酸，硝酸など）などについて，教科書レベルの知識を身に付けておきたい。

　「有機化学」では，計算問題としては有機化合物の元素分析の結果から分子量が求められるようになろう。その他には，教科書レベルの代表的な有機化

合物の性質や反応性を覚えること，高分子化合物については，樹脂，繊維，ゴムなどに利用される物質について整理しておこう。

　本書に限らず，できるだけ多くの公務員試験の問題に触れ，解いた問題を中心に知識を増やしていこう。出題傾向がつかめたら，大学入試センター試験や大学入学共通テストから類題を探すのもよい。

狙われやすい! 重要事項

☑ **基礎的な化学理論**
☑ **物質の状態変化**
☑ **酸と塩基**
☑ **化学平衡**
☑ **無機物質の性質**

《 演 習 問 題 》

[1]　トルエンを触媒を用いて酸化すると固体物質が得られる。この物質は次のどれに属するか。

　　1　アミノ酸　　　　　　2　脂肪酸　　　3　芳香族カルボン酸
　　4　カルボン酸エステル　　5　炭水化物

[2]　次の文は，鍾乳洞がどうしてできるかについて述べたものである。文章全体から判断すると，ア〜エの中で適切でないものがある。適切でないものすべてをあげているのはどれか。

　石灰岩地帯にCO_2を含んだ$_\text{ア}$弱酸性の水が浸透すると，石灰岩中のCaが$_\text{イ}CaCO_3$として水に溶けてしまう。この溶液が空洞に出ると，$_\text{ウ}$圧力の減少，水分の蒸発などによって$_\text{エ}Ca(HCO_3)_2$の沈殿が生じて，これが鍾乳石となる。

　　1　エ
　　2　イ・エ
　　3　ウ・エ
　　4　ア・イ・ウ
　　5　イ・ウ・エ

3 金属のイオン化傾向が「大きい」ということを，間違って表している
のはどれか。
1 電子を放出しやすい。
2 化学的に活性で，化合しやすい。
3 酸化作用が大きい。
4 還元力が強い。
5 陽イオンになりやすく酸化数が増加しやすい。

4 金属に関する記述として，最も妥当なものはどれか。
1 銅は金属の中で最もよく電気や熱を導く。また，この金属の化合物は感
光性があるので，写真のフィルムに用いられる。
2 アルミニウムは酸化物を融解塩電解をすることで得られる金属である。
この元素の単体は軽くてやわらかい金属である。空気中では表面が酸化さ
れて，ち密な被膜を生じている。
3 水銀の単体は常温で固体である。他の金属と合金をつくりやすく，これ
をアマルガムという。
4 鉄は酸化物をコークスから生じる一酸化炭素で還元して得られる。この
金属にクロムやニッケルを混ぜてつくった合金はジュラルミンといわれ，
錆びにくいという特徴をもつ。
5 カルシウムは常温で水と激しく反応し，水素を発生させる。炎色反応で呈
する色は黄色である。炭酸塩と塩酸を反応させると二酸化炭素が発生する。

5 結晶に関する記述として，最も妥当なものはどれか。
1 共有結合は結合力が強いといわれるので，氷やドライアイスなどの分子
結晶は，硬度がきわめて大きい。
2 塩化ナトリウムや水晶のようなイオン結晶は，溶融した場合，電気伝導
性がある。
3 ナフタレンや水素が昇華しやすいのは，分子間力が弱く，分子の熱運動
により容易に分子間の結合が切れるためである。
4 氷は水よりも密度が小さい。これは，水の結晶では，分子が比較的大き
なすき間をつくって配列しているからである。
5 ダイヤモンドは互いに電子を出し合って，その自由電子によって結合し
ているので，融点，沸点は高い。

6 次の現象のうち，化学変化とよばれるものはどれか。
1　水が沸騰して水蒸気になる
2　砂糖が水に溶ける
3　紙が燃えて灰になる
4　鉄を高温に熱すると溶ける
5　酸素の気体に圧力を加えると体積が小さくなる

7 5.0×10^5〔Pa〕，27℃，10Lの気体を，温度を変えずに25Lになるまで膨脹させると，圧力はいくらになるか。
1　1.0×10^5〔Pa〕　　2　1.5×10^5〔Pa〕　　3　2.0×10^5〔Pa〕
4　5.0×10^5〔Pa〕　　5　12.5×10^5〔Pa〕

8 ある物質25gを100gの水に溶かした。この水溶液の質量パーセント濃度はいくらになるか。
1　20%　　2　25%　　3　30%　　4　50%　　5　125%

9 化学変化に関する記述として，妥当なものはどれか。
1　気体が関係する化学反応において，同温かつ同圧の下で，反応する気体の体積間には簡単な整数比が成り立つ。
2　化学反応において，正触媒を加えると，活性化エネルギーが増大することを通じて反応速度が大きくなる。
3　可逆反応において，実際に反応が停止した状態を化学平衡といい，この状態に達した後に，濃度や圧力などの条件を変えても，新たな化学変化は起こらず，不変の状態が続く。
4　中和反応とは，酸の水素イオンと塩基の水酸化物イオンが反応して，水が生成することによってそれぞれのイオンの性質が打ち消される反応であり，物質によって，吸熱反応と発熱反応のいずれかを示す。
5　ケン化と呼ばれる反応を利用して作られるのがセッケンであり，具体的には，油脂に酸を加えることによって製造される。

解 答 ・ 解 説

<u>1</u> 3

解説 トルエン$C_6H_5CH_3$は二酸化マンガンを触媒として酸化すると，安息香酸C_6H_5COOHが生成する。

アミノ酸・・・・・・・・・・・・・・・・酸性のカルボキシ基—COOHと塩基性のアミノ基—NH_2を含んでいる化合物。

脂肪酸・・・・・・・・・・・・・・・・・・R—COOHという一般式で表される化合物。脂肪族カルボン酸ともいう。

芳香族カルボン酸・・・・・・・・芳香族炭化水素（ベンゼン環を含む炭化水素）の水素原子1個またはそれ以上を，カルボキシ基—COOHで置換した化合物。

ヒドロキノン酸・・・・・・・・・・・芳香族炭化水素の水素原子2個が，アルコール基—OHで置換されたもの。

カルボン酸エステル・・・・・カルボン酸とアルコールが反応して生成する化合物。

炭水化物・・・・・・・・・・・・・・・・・炭素の水和物として示される化合物。

<u>2</u> 2

解説 ア．正しい。二酸化炭素が溶けた水のpHは約5.6であり，弱酸性である。　イ．誤り。石灰岩は炭酸カルシウム$CaCO_3$が堆積したものであり，これが水に溶けると，$CaCO_3 + H_2O + CO_2 \rightarrow Ca(HCO_3)_2$という化学反応が起こり，炭酸水素カルシウム$Ca(HCO_3)_2$が生じる。　ウ．正しい。水に溶け出した$Ca(HCO_3)_2$は，水分の蒸発や圧力の減少などで，$Ca(HCO_3)_2 \rightarrow CaCO_3 + H_2O + CO_2$という反応が起こり，再び$CaCO_3$が析出する。　エ．誤り。ウの反応式で析出した$CaCO_3$が沈殿することで，鍾乳洞ができる。

したがって，イの「$CaCO_3$」とエの「$Ca(HCO_3)_2$」を入れ替えると，正しい文章となる。

以上より，正解は2。

3 **3**

解説 金属元素の原子は，一般に，その最外殻電子の1個ないし数個を他に与えて，陽イオンになることがある。この性質が強いことを，イオン化傾向が大きいという。電子を放出しやすいことから次々と発展して，「電子を放出しやすい→陽イオンになりやすい→酸化数が増す→酸化されやすい→還元剤となる→化合しやすい」となる。

4 **2**

解説 1. 誤り。銀に関する記述である。　2. 正しい。　3. 誤り。水銀の単体は常温で液体である。　4. 誤り。ジュラルミンはアルミニウムと銅を主成分とする合金である。　5. 誤り。カルシウムが炎色反応で呈する色は橙赤色である。

5 **3**

解説 1. 誤り。分子結晶は，分子内の原子の結合は共有結合であるが，分子間力による結合力が弱いため，もろくてこわれやすい。　2. 誤り。水晶はイオン結晶ではなく，共有結合性結晶である。　3. 正しい。　4. 誤り。水ではなく氷の分子が，大きなすき間をつくって配列している。　5. 誤り。ダイヤモンドではなく鉄などの金属結晶の記述である。

6 **3**

解説 物質そのものが新しいもの (別の化学式で表すもの) に変化することを化学変化という。1, 2, 4, 5は物質そのものは変化していない。

7 **3**

解説 膨張後の気体の圧力を P 〔Pa〕とすると，ボイルの法則より，

$$(5.0 \times 10^5) \times 10 = P \times 25$$

$$P = \frac{(5.0 \times 10^5) \times 10}{25} = 2.0 \times 10^5 \ 〔\text{Pa}〕$$

以上より，正解は3。

8 1

解説 溶質の質量が25g，溶媒の質量が100gより，溶液の質量は
25 + 100 = 125〔g〕となる。

よって，この水溶液の質量パーセント濃度は，$\frac{25}{125} \times 100 = 20$〔%〕
以上より，正解は1。

9 1

解説 1. 正しい。気体反応の法則についての記述である。 2. 誤り。正触媒を加えた場合，活性化エネルギーが減少することを通じて反応速度が大きくなる。 3. 誤り。化学平衡の状態では，反応は止まっているように見えるものの，実際に止まっているわけではなく，右向きの反応と左向きの反応の速度が等しくなっている。また，化学平衡に達した後も，濃度，圧力，温度の影響により反応が進み，新たな平衡状態に達する。 4. 誤り。中和反応は発熱反応であり，そこで生じる熱を中和熱という。 5. 誤り。セッケンは，油脂に塩基である水酸化ナトリウムを加えて加熱することによって作られる。

自然科学　　生物

||||||||||||||||||||||||||| **POINT** |||||||||||||||||||||||||||

　生物の分野では，高校までの内容が出題される。出題形式としては，ほとんどの問題が基本的な知識を問う正誤問題や穴埋め問題で，計算問題はごく一部である。また，教科書と同じような図表が与えられる問題が多いので，図表から必要な情報を的確に読み取れるように，教科書などをしっかり読み込んでおこう。暗記事項が多いものの，中学生物の知識だけで解ける問題もあるため，効果的な学習ができれば十分得点源となる。以下に，それぞれの単元で最重要事項をまとめるので，優先的に取り組んでほしい。

　「細胞」に関する内容として，まずは「細胞小器官」の構造やはたらきを覚え，「動物細胞と植物細胞の違い」を整理しよう。次に，「細胞分裂」について「体細胞分裂の一連の流れ」を覚え，その後「減数分裂」との違いを整理しよう。さらに，「動物細胞と植物細胞の分裂の仕組みの違い」についても理解しよう。図が与えられた問題の対策としては，「どの細胞のどの分裂のどの時期か」が判断できるようになっておきたい。なお，細胞周期や分裂細胞数の計算方法にも慣れておこう。

　「遺伝子」に関する問題として，まずは「DNAとRNA」の構造やはたらきを覚え，これらの違いを整理しよう。次に，「遺伝現象」について，「メンデルの法則に従う遺伝現象」の一連の流れや3つの法則，生まれてくる子の遺伝子型や表現型の分離比の計算方法を完璧に押さえること。その上で，「メンデルの法則に従わない遺伝現象」について，具体例とともに覚えよう。特に，「ABO式血液型」で生まれてくる子の血液型のパターンを問う問題は頻出である。余裕があれば，伴性遺伝の仕組みや組み換え価の計算などに挑戦しよう。

　「代謝」に関する問題としては，まずは「酵素」について基本的な性質を覚え，「消化酵素のはたらきと分泌腺」の組合せを覚えよう。次に，「呼吸」については3つの過程を覚え，それぞれの反応に関与する物質や生成するATPの数を覚えよう。また，「光合成」からは様々な論点や図表からの出題実績があるので，一連の流れを覚えるだけでなく，できるだけ多くの問題に触れること。

　「体内環境と恒常性」に関する内容としては，「免疫反応」の体液性免疫と細胞性免疫の流れと違い，「血液凝固」の仕組み，「ホルモン」のはたらきと分泌腺，「交感神経と副交感神経」のはたらきの違い，「腎臓と肝臓」のはたらき，「ヒトの脳」の部位とはたらきの違いなどがよく出題される。ほとんどがヒトに関わる内容なので取り組みやすいが，「ホルモン」については植物ホルモンから出題される場合も多い。

　「生態系」に関する問題としては，「食物連鎖」や「物質循環」がよく出題されるので，全体の流れをしっかりと把握し，図の読み取りや穴埋め形式の問題への対応をしよう。

　本書に限らず，できるだけ多くの公務員試験の問題に触れ，解いた問題を中心に知識を増やしていこう。出題傾向がつかめたら，大学入試センター試験や大学入学共通テストから類題を探すのもよい。

🤚 狙われやすい！ **重要事項** ‥‥‥‥‥‥‥‥‥‥‥‥‥‥‥‥‥‥‥‥‥

☑ **細胞**
☑ **代謝**
☑ **体内環境と恒常性**
☑ **生態系**

《 演 習 問 題 》

1 遺伝の種類とその具体的な例として，正しい組み合わせはどれか。

1　複対立遺伝子 ―― ヒトのABO式血液型
2　致死遺伝子 ―― スイートピーの紫と白の花色
3　伴性遺伝 ―― マルバアサガオやオシロイバナの花色
4　不完全優性 ―― ヒトの赤緑色覚異常
5　補足遺伝子 ―― キイロハツカネズミの毛色

2 植物の細胞，組織について，正しく記述されているのはどれか。

A　葉の基本組織は，さく状組織にある柔細胞の集団よりなっている。細胞の形が不規則なためすき間が多く，葉緑体をもっている。

B　気孔は葉の表面にあり，水，水蒸気，二酸化炭素の通路となるのは，1対の孔辺細胞にはさまれたすき間である。孔辺細胞は葉緑体を含み，膨圧の変化で気孔を開閉している。

C　茎の形成層は分裂組織に属し，この細胞は原形質に富み，細胞壁は薄い。これは茎や根の肥大成長に直接関係している。

D　木部の道管は維管束に属し，原形質はもたない。上下の細胞壁が消失して1本の長い管になっており，管壁の細胞壁は木化し，部分的には肥厚しているところもあり，いろいろな模様をつくっている。

　　1　AとC　　2　AとD　　3　BとC　　4　BとD　　5　CとD

3 植物の開花について，正しく記述されているのはどれか。

1　トマト，エンドウ，トウモロコシなどは，明期が長くなり，暗期が10時間以下にならないと花芽が形成されず，開花できない。

2　冬になってから温室で発芽させた秋まきコムギは，暖かい環境下の栽培により成長が促進され，初夏には出穂し，開花してしまう。

3　わが国の植物園などで温室栽培されている熱帯植物の多くは，明期が長くなる春から初夏にかけて，開花する。

4　暗期が一定時間以上になると開花する植物アサガオは，暗期の途中で，数分間程度だけなら光を当てても，花芽の形成に影響せず，開花する。

5　秋咲き植物であるキクは，葉の上半部をすべて除去しても，下半部を短日処理すれば，茎の上部成長点に花芽が形成され，開花する。

4 人間の輸血について，正しく記述されているのはどれか。

1　A型の人からB型の人への輸血は可能である。

2　A型の人からO型の人への輸血は可能である。

3　A型の人からAB型の人への輸血は可能である。

4　B型の人からO型の人への輸血は可能である。

5　AB型の人からB型の人への輸血は可能である。

5 ヒトの色覚異常は劣性の遺伝病で，伴性遺伝をする。次のうち，ヒトの色覚異常の遺伝について，正しく記述されているのはどれか。

1　父，母とも色覚異常でなくても，色覚異常の息子が産まれることがある。

2　父，母とも色覚異常であっても，その娘が色覚異常であるとはかぎらない。

3　母が色覚異常だったら，その子供はすべて色覚異常である。

4　健康な父と，色覚異常の母では，その息子は健康で，娘は潜在色覚異常になる。

5　色覚異常の父と，健康な母では，その息子は色覚異常で，娘は潜在色覚異常になる。

6 大脳のはたらきについて，正しく記述されているのはどれか。

1　からだの平衡を正しく保つ中枢がある。

2　感覚・感情・記憶・推理・判断の中枢がある。

3　内臓のはたらきを調節する中枢がある。

4　呼吸・心臓のはく動・かむ・飲みこむなどの中枢がある。

5　眼球運動，こう彩の中枢がある。

7 ヒトの体内における恒常性の維持などに関与する血液について，正しく記述されているのはどれか。

1　ヒトの血液が赤いのは，血液全体の約55％を占める血漿が全体として赤味を帯びているからである。

2　白血球の1種であるマクロファージは，アメーバ状の形状をなしており，血管内外の異物を捕食する作用を持つ。

3　血液凝固に関与する血小板は，骨髄細胞の一部がちぎれて血液中に流出することによって形成され，中央部がくぼんだ円盤状の形状をしている。

4　空気中の酸素分圧は，ヘモグロビンと酸素の結合と深く関連しており，酸素分圧が低いほど両者はよく結合する。

5　血液中の糖分が低い状態になると，インスリンのはたらきによって血糖値を増加させる作用が活発になる。

⑧　種子の発芽に必要な条件として，正しい組み合わせはどれか。

1　水　　　温度　　　空気
2　水　　　温度　　　土
3　土　　　温度　　　肥料
4　光　　　土　　　　温度
5　水　　　光　　　　温度

⑨　遺伝子に関する記述として，誤っているものはどれか。

1　遺伝子はたんぱく質を生産するもとになる。
2　種を構成するのに必要な最小の遺伝子群のことをゲノムと呼ぶ。
3　遺伝子治療は遺伝性疾患やがんなどの患者に遺伝子を導入して行う治療のことである。
4　ヒトの遺伝子の本体はRNAである。
5　遺伝子は4種の遺伝暗号（塩基）が連なってできている。

⑩　生態系について，正しく記述されているものはどれか。

1　自浄できる分量を大幅に超えた汚水が海などに流入すると，ほとんどのプランクトンが瞬時に死滅する。その結果，多くの魚類が捕食する対象を失うため，死滅に至る。
2　アンモニアは，窒素の循環において重要な役割を果たす。アンモニアは，植物の根によって吸収され，アミノ酸やタンパク質などに変えられる。
3　生態系ピラミッドは，生産者，第一次消費者，第二次消費者などによって構成される。いわゆる高次の消費者は，低次の者に比べると，個体数，エネルギー量において大規模になる。
4　無機物から有機物を生み出す働きを持つのが生産者である。プランクトンや細菌はこれに含まれず，緑色植物が主な例として挙げられる。
5　湖沼における生態系に大きな脅威を与えているのは硫黄酸化物や窒素酸化物である。被害の最大の原因は，雨が少ない地域の湖沼において，自然界に古くから存在する化合物の濃度が上昇したことにある。

11 **動物の生態や行動に関する各文の空欄A〜Cに入る用語の組み合わせとして，正しいものはどれか。**

・ミツバチは，「8の字ダンス」により，仲間に対して餌場までの距離や方向を伝えるが，これは，□A□と呼ばれる。これと同様の例として，容器内の水に一定方向の水流を生じさせると，その流れに向かって泳ぐメダカの動きが挙げられる。

・アオガエルが，捕食しようとした虫から舌に刺激を与えられると，やがてその虫を食べなくなる。これを□B□という。

・類似した生活様式を持つ複数の種類の生物が同じ地域に生息する際，過度な競争を避けるために場所を違えて生息することを□C□という。

	A	B	C
1	生得的行動	条件反射	植生
2	刷り込み	試行錯誤学習	棲み分け
3	生得的行動	試行錯誤学習	棲み分け
4	刷り込み	条件反射	植生
5	生得的行動	条件反射	棲み分け

12 **肝臓と腎臓に関する次の記述中の（　　　）に適する語句の組み合わせとして，最も妥当なものはどれか。**

肝臓では小腸で吸収されたグルコースが，一部（　A　）につくりかえられ貯蔵される。これは必要な時にグルコースに分解され，血糖濃度の維持などに用いられる。また，体内の各組織で生じたアンモニアは肝臓で毒性の低い（　B　）に変えられ，その後，尿として排出される。腎臓は尿を生成し，老廃物を体外に排出する。

（　C　）と細尿管からなる多数のネフロン（腎単位）の働きによって尿がつくられる。

	A	B	C
1	デンプン	アルブミン	ボーマンのう
2	デンプン	オルニチン	ランゲルハンス島
3	グリコーゲン	尿素	マルピーギ小体
4	グリコーゲン	オルニチン	糸球体
5	セルロース	尿素	腎う

《 解 答 ・ 解 説 》

1 1

解説 1.　正しい。複対立遺伝子は3つ以上の対立遺伝子による遺伝現象で，ヒトのABO式血液型などに見られる。　2.　誤り。致死遺伝子はキイロハッカネズミの毛色の決定などに関わっている。　3.　誤り。伴性遺伝は性染色体上に存在する遺伝子による遺伝現象で，ヒトの赤緑色覚異常などで見られる。　4.　誤り。不完全優性はマルバアサガオやオシロイバナの花色などで見られる。　5.　誤り。補足遺伝子はスイートピーの花の色の決定などに関わっている。

2 5

解説 A.　誤り。葉の葉肉は，さく状組織と海綿状組織からなり，記述されているのは海綿状組織についてである。さく状組織は，葉緑体は多くもっているが，すき間が少ない。　B.　誤り。気孔は葉の裏側に多く分布している。　C.　正しい。形成層では，細胞分裂が活発に行われている。　D.　正しい。道管は，死んだ細胞によってつくられる。
よって，正しいのはCとDである。以上より，正解は5。

3 5

解説 1.　誤り。トマト，エンドウ，トウモロコシなどは，明暗の長さに関係なく花芽が形成される中性植物である。　2.　誤り。秋まきコムギは，一定期間低温条件におかれてから開花結実する。このように，低温条件で花芽の形成を促すことを春化処理という。　3.　誤り。多くの熱帯植物は短日植物であり，開花時期は秋～冬である。　4.　誤り。暗期がある一定の長さ以上になると花芽を形成する短日植物に対して，暗期の途中に光を当てると花芽が形成されなくなる。これを光中断という。　5.　正しい。日長刺激を受容するのは葉であり，葉でつくられたフロリゲンという花芽形成促進物質が芽に移動することで，花芽が形成される。一部の葉が日長を受容すれば，その刺激は植物全体に伝わっていく。

$\boxed{4}$ 3

解説 実際の輸血の場合は，同じ血液型同士で行うが，理論上は次のようになる。

各型の血液にはそれぞれ赤血球の中に凝集原（A，B）と，血しょうの中に凝集素（α，β）がある。そして輸血の際に，Aとα，Bとβが出会うと，抗原抗体反応が起こり，輸血は不可能となる。各型の凝集原，凝集素を表すと，

A型……A，β	B型……B，α
AB型……AとB，凝集素はナシ	O型……凝集原はナシ，αとβ

となる。つまり，輸血をして供血者と受血者のAとα，Bとβが共存しなければ輸血可能となる。

$\boxed{5}$ 1

解説 ヒトの色覚異常に関する遺伝子は，X染色体上に存在する。健康な男性の性染色体をXY，健康な女性の性染色体をXXとし，色覚異常をもたらすX染色体をX′と表すと，色覚異常の男性はX′Y，色覚異常の女性はX′X′である。また症状は出ていないものの，X′染色体を1つもつ女性X′Xを潜在色覚異常とする。以上を組み合わせて産まれる可能性のある子どもは次の表のようになる。

	両 親		子 供	
	父	母	息 子	娘
ア	X Y	X X	X Y	X X
イ	X Y	X′X	X Y，X′Y	X X，X′X
ウ	X Y	X′X′	X′Y	X′X
エ	X′Y	X X	X Y	X′X
オ	X′Y	X′X	X Y，X′Y	X′X′，X′X
カ	X′Y	X′X′	X′Y	X′X′

1. 正しい。イより，健康な父XYと潜在色覚異常の母X′Xの間には，色覚異常の息子X′Yが産まれる可能性がある。　2. 誤り。カより，色覚異常の父X′Yと母X′X′の間には，色覚異常の娘X′X′が産まれる可能性がある。
3. 誤り。ウより，色覚異常の母X′X′と健康な父XYの間には，潜在色覚異

常の娘X′Xが産まれる可能性がある。　4. 誤り。ウより，健康な父XYと
色覚異常の母X′X′との間には，色覚異常の息子X′Yが産まれる。　5. 誤
り。エより，色覚異常の父X′Yと，健康な母XXの間には，健康な息子XY
が産まれる。

---

6 2

解説　1. 誤り。これは小脳のはたらきに関する記述である。　2. 正しい。
3. 誤り。これは間脳に関する記述である。　4. 誤り。これは延髄に関する
記述である。　5. 誤り。これは中脳に関する記述である。

---

7 2

解説　1. 誤り。ヒトの血液が赤いのは，赤血球が赤色の呼吸色素である
ヘモグロビンを含んでいるからである。血液全体の約55％を占める血漿(しょう)は，
やや黄味を帯びている。　2. 正しい。マクロファージは，白血球の一種であ
り，血管内外の異物を捕食し，免疫に関与する。　3. 誤り。血小板が血液
凝固に関与している点，骨髄細胞の一部がちぎれて血液中に流出することに
よって形成されるという点は正しいが，その形状は不定形である。中央部が
くぼんだ円盤状の形状は赤血球の特徴である。　4. 誤り。酸素分圧が高いほ
どヘモグロビンと酸素はよく結合する。　5. 誤り。血液中の糖分が低い状態
において血糖値を増加させるはたらきをするのは，インスリンではなくアドレ
ナリンなどである。インスリンは，高血糖の状態の際に血糖値を減少させる。

---

8 1

解説　一般に，種子の発芽に必要な条件は温度，水，空気であり，光，土，
養分（肥料）は当てはまらない。

---

9 4

解説　1. 正しい。DNAの塩基配列がRNAに写し取られ，これをもとに
アミノ酸配列がつくられ，たんぱく質が合成される。遺伝子とは，DNAの塩
基配列のうちたんぱく質合成に関与する部分である。　2. 正しい。ゲノムと
はすべての遺伝情報のことである。ヒトの場合，ゲノムは約20,500個の遺伝
子からなる。　3. 正しい。遺伝子治療とは，患者に遺伝子を導入することで

遺伝子を組み換え，病気を治療する方法である。　4．誤り。ヒトの遺伝子の本体はDNAである。　5．正しい。DNAを構成する塩基配列には4種類の塩基があり，その組み合わせが遺伝暗号となり，合成するアミノ酸配列を指定する。

10　2

解説　1．誤り。汚水の流入は，特定のプランクトンの異常な発生や増加をもたらす。その結果，酸素が不足することにより，魚類などの大量死に至る。　2．正しい。植物の根から吸収されたアンモニアは，その植物の中で，アミノ酸，タンパク質などの有機窒素化合物の合成に利用される。　3．誤り。低次の消費者は，高次の者に比べると，個体数，エネルギー量，生体量のいずれも大きくなる。　4．誤り。植物プランクトンや光合成細菌は，生産者に含まれる。　5．誤り。酸性雨と富栄養化の説明が混同されている。酸性雨が湖沼にもたらす影響は，硫黄酸化物や窒素酸化物が溶け込んだ雨により湖沼が酸性化し，魚などが減少することである。一方，富栄養化が湖沼にもたらす影響は，生活排水が大量に流入することで，湖沼に元から存在する栄養塩類の濃度が増加し，プランクトンなどが異常発生することである。

11　3

解説　Aには，「生得的行動」が入る。これは，学習などによらず，生物が生まれつき行う定型的行動である。一方，「刷り込み」とは，アヒルなどが孵化後に最初に接したものの後を追うように，特定の行動を引き起こす対象が記憶されることを意味する。　Bには，「試行錯誤学習」が入る。これは，行動への報酬や罰により，その行動を繰り返したり，行わなくなったりすることを意味する。一方，「条件反射」とは，生得的行動と，それとは無関係の刺激を結びつけ，刺激のみで反応を起こすことである。「古典的条件付け」ともいう。　Cには，「棲み分け」が入る。これは，生活様式が類似する異種の生物群が，生活空間や生活時間・時期などを分け，競争を回避しながら共存する現象である。一方，「植生」とは，ある場所に生育している植物の集団を意味する。以上より，正解は3。

12 3

解説 小腸で吸収されたグルコースは，門脈を通って肝臓に運ばれグリコーゲンの形で貯蔵される。グリコーゲンは必要に応じてグルコースに分解され，血糖濃度の調節などに用いられる。代謝の過程で生じる有害なアンモニアは，肝臓のオルニチン回路で毒性の低い尿素に変えられる。さらに肝臓ではアルブミンや血液凝固に関係するタンパク質の合成や，不要となったタンパク質の分解も行われる。加えて，アルコールなどの有害物質の分解や，脂肪の消化・吸収を促進する胆汁を生成する働きもある。腎臓は皮質と髄質，腎うからなっており，皮質にあるマルピーギ小体（腎小体）と，細尿管からなる多数のネフロン（腎単位）の働きで尿がつくられる。腎小体は糸球体とボーマンのうから成る。ネフロン（腎単位）は1つの腎臓中に約100万個ある。以上より，正解は3。

自然科学　　　　　地 学

地 学

||||||||||||||||||||||||||||| **P O I N T** |||||||||||||||||||||||||||||

　地学の分野では，高校までの内容が出題される。出題形式としては，ほとんどの問題が基本的な知識を問う正誤問題や穴埋め問題で，計算問題はごく一部である。中学の学習内容が最も役に立つ分野といえるので，高校地学の勉強が困難な場合は，中学地学から取り組むのもよい。以下に，それぞれの単元の最重要事項をまとめるので，優先的に取り組んでほしい。

　「地球の外観と活動」に関する内容として，まずは地殻や境界面の種類や特徴をしっかり覚えること。そのうえで，プレートやマントルなど，「地震」や「火山活動」につながる仕組みについて理解しよう。その他にも，ジオイドや重力の定義の理解，扁平率の計算などが出題されやすい。「地震」では，P波とS波の違いや震度とマグニチュードの違いについて理解するとともに，地震波の速度・震源からの距離・地震発生時刻の計算ができるようにしたい。「火山活動」を理解するためには，まずは「火成岩の分類」を完璧に覚える必要がある。鉱物組成の違いがマグマの粘度の差となって現れ，火山の形や活動様式の違いにつながっていく。

　「地球の歴史」に関する問題としては，地質年代を代表する生物の名称，大量絶滅などの出来事について，時系列で整理しておこう。また，示相化石や示準化石についても狙われやすい。

　「大気と海洋」については，「大気」に関する内容に優先的に取り組もう。日本の季節，前線の種類と特徴，台風の定義などは頻出である。また，フェーン現象を題材とした乾燥断熱減率・湿潤断熱減率を使った温度計算や，相対湿度の計算をできるようにしよう。その他にも，風の種類や大気圏の層構造について問われることがある。「海洋」については，エルニーニョ現象が起こる仕組みが頻出である。

　「宇宙」に関する問題としては，まずは地球から見て恒星・惑星・月・星座などがどのように見えるかを完璧に覚えよう。また，南中高度の計算もできるようにしておくこと。次に，「太陽や太陽系の惑星」について，それぞれの特徴を押さえよう。特に，地球型惑星と木星型惑星の違い，金星の見え方な

どが頻出である。会合周期の計算もできるようにしておきたい。さらに，「太陽系外の宇宙の構造」として，HR図を使った恒星の性質の理解，恒星までの距離と明るさの関係などを知っておこう。

　本書に限らず，できるだけ多くの公務員試験の問題に触れ，解いた問題を中心に知識を増やしていこう。出題傾向がつかめたら，大学入試センター試験や大学入学共通テストから類題を探すのもよい。

🖙 狙われやすい！ 重要事項 ……………………

☑ **太陽系**
☑ **地球の運動**
☑ **大気と海洋**
☑ **地球の内部構造**
☑ **地震**

《　演 習 問 題　》

1　岩石に関する記述として，誤っているものはどれか。

　1　大地を形成する岩石は，火成岩，堆積岩，変成岩に大別される。このうち，火成岩はその生成過程により，火山岩，深成岩に分類される。

　2　火成岩のうち，マグマが地殻の深部でゆっくり冷えて固まってできた岩石を深成岩とよび，カコウ岩やセンリョク岩などがある。

　3　火山岩と深成岩の組織を比べると，火山岩が等粒状であるのに対し，深成岩は斑状になっている。

　4　岩石を化学組成により分類した場合，それぞれのSiO_2を含む割合によって，その多い順に酸性岩，中性岩，塩基性岩などに分類することができる。

　5　酸性岩は白っぽく見えるが，塩基性岩は黒っぽい。

2　太陽系における地球型惑星（地球，水星，金星，火星）と木星型惑星（木星，土星，天王星，海王星）を比べたとき，正しいものはどれか。

　1　各々の半径および質量は，木星型惑星より地球型惑星のほうが小さいが，平均密度は地球型惑星のほうが大きい。

2　各々の質量は，地球型惑星では太陽に近いものほど，木星型惑星では太陽から遠いものほど小さくなる。

3　各々の自転周期は，木星型惑星より地球型惑星のほうが短い。

4　各々の軌道平均速度は，地球型惑星では太陽に近いものほど，木星型惑星では太陽から遠いものほど小さくなる。

5　各々の扁平率 |(赤道半径－極半径)÷赤道半径| は，木星型惑星より地球型惑星のほうが大きい。

3　**地震に関する以下の文章で，正しいものの組み合わせを選べ。**

A　震度は各地での地震の揺れの大きさを表すが，震度は0から7までの10段階に分かれている。

B　地殻とマントルでは，地震波の進む速度はマントルの方が速い。

C　地震波にはP波，S波，表面波があるが，P波が最も速く，S波が最も遅い。

D　地震のエネルギーを表すマグニチュードは1大きくなると約32倍のエネルギーとなり，2大きくなると約64倍のエネルギーとなる。

　　1　A・B　　2　A・C　　3　A・D　　4　B・C　　5　B・D

4　**地球の自転と公転に関する記述として，誤っているものはどれか。**

1　フーコーの振り子は，地球が自転しているために北半球では振動面が上から見て時計回り（右回り）に回転する。

2　台風の風が等圧線に垂直に吹かないのは，地球の自転により転向力が働くためである。転向力はコリオリの力と呼ばれる。

3　近くの恒星は地球の公転により，遠くの恒星に対して動くように見える。この相対的なずれを年周視差といい，地球の公転の証拠の一つとなる。

4　恒星からやってくる光は，地球が公転しているので実際の方向よりも斜め前方から来るように見える。この角度を年周光行差といい，地球が公転していることの証拠となる。

5　天体が約1日周期で東から西へ移動することを日周運動という。天体の日周運動は地球の自転の証拠となる。

5 太陽に関して，最も妥当なものはどれか。

1　太陽をおおう大気の最外層を彩層とよび，弱い光を発して，黒点の多い時期にはほぼ円形になり，少ない時期には楕円形になっている。

2　太陽面上の暗い斑点状の点を黒点とよび，温度は，その周辺に比べると低く，平均して約11年を周期として増減している。

3　太陽のまわりでは，絶えず赤い炎が高く吹き上げられたり下降したりしている。この部分をプロミネンス（紅炎）とよび，組成成分は水素，ヘリウム，カルシウムなどの軽い元素のみである。

4　太陽の大気の最下層部分をコロナとよび，太陽表面から非常に速く飛び出す赤く輝くガスの集合である。

5　太陽をおおっている大気を含めた全体を光球とよび，中心部が暗く，周辺部は明るい。

6 大気圏に関する記述として，最も妥当なものはどれか。

1　大気圏は地表から1000km以上の高空まで広がっており，下から順に，対流圏，電離圏，中間層，成層圏に分けられる。

2　対流圏では，雲，雨，台風，前線活動，雷などの天気現象が見られる。しかしながら，これは対流圏特有の現象ではない。

3　約10kmから約50kmの成層圏には，太陽からの紫外線を吸収するオゾン（O_3）を多く含むオゾン層がある。

4　中間圏の気温は，上層になるに従って上がり高度90kmでは摂氏約80度になる。

5　熱圏には，電子密度が極小となるいくつかの電離層が存在する。

7 気団が移動した場合，大気中に含まれる水蒸気が凝結して起こる現象で積乱雲をつくるのは，次のうちどれか。

1　冷たい陸から暖かい海へ移動した場合

2　暖かい海から冷たい海へ移動した場合

3　冷たい海から暖かい陸へ移動した場合

4　暖かい陸から冷たい海へ移動した場合

5　冷たい陸から冷たい海へ移動した場合

⑧ 火山活動について，最も妥当なものはどれか。

1　火山は，全て地下の粘性の小さいマグマが地表に噴出したものである。
2　火山噴火によって，火山地域には必ず陥没地形（カルデラ）が生ずる。
3　火山の噴火は，大陸地域には起こらない。
4　盾状火山をつくるマグマは，玄武岩質である。
5　火砕流は，流紋岩質マグマより玄武岩質マグマの活動に多い。

⑨ 月はいつも同じ面を地球に向けている。このことを説明する事象として，正しいものはどれか。

1　月の公転周期が地球の自転周期に一致する
2　月は自転も公転もしていない
3　月の自転周期と月の公転周期が一致する
4　月の自転周期が地球の自転周期に一致する
5　月の公転周期が地球の公転周期に一致する

《 解 答・解 説 》

①　3

解説　3.は「火山岩」と「深成岩」の説明が逆である。火山岩は斑状組織，深成岩は等粒状組織をもっている。

②　1

解説　1．正しい。木星型惑星は主に気体でできているが，地球型惑星の表面は固体である。この違いが，大きさや密度の違いに関わっている。　2．誤り。惑星を太陽から近い順に並べると，水星，金星，地球，火星，木星，土星，天王星，海王星となるが，最も大きいのは木星であり，土星，天王星，海王星，地球，金星，火星，水星と続く。よって，地球型惑星については，太陽からの距離と大きさの間に規則性はない。　3．誤り。自転周期は，木星型惑星のほうが短い。　4．誤り。いずれの型の惑星でも，軌道平均速度は太陽からの距離が遠いほど小さい。　5．誤り。扁平率は，地球型惑星より木星型惑星のほうが大きい。

3 1

解説 A. 正しい。震度5と6には強と弱があり計10段階である。　B. 正しい。マントルは圧力などの要因により地殻に比べて岩石どうしが密着しており，弾性定数が大きく硬いので，地震波が伝わりやすく速度が速くなる。C. 誤り。P波が最も速く，次いでS波，表面波は最も遅い。　D. 誤り。マグニチュードが1大きくなると約32倍になることは正しいが，2大きくなると $32 \times 32 \fallingdotseq 1000$ 〔倍〕になる。

4 5

解説 1. 正しい。振り子の振動面は回転しないが，地球が回転しているため観察者には振動面が回転して見える。北半球では振動面は上から見て時計回り（右回り）に回転する。これは地球が上から見て反時計回りに自転しているためである。　2. 正しい。台風に向かって上から見て反時計回りで強い風が吹き込むのも，地球の自転による転向力が働くからである。　3. 正しい。近くの恒星は地球が公転していると，遠くの恒星に対して動くように見える。地球の公転軌道の両端と恒星を結んでできる二等辺三角形の頂角の半分の大きさが年周視差になる。これは地球の公転の証拠となる。　4. 正しい。恒星からの光も地球の公転も速度があるので，恒星からの光は実際の位置から来る光の方向（地球が止まっていたとしたときの方向）より斜め前方から来るように見える。これを年周光行差という。これは地球の公転の証拠となる。5. 誤り。日周運動だけでは，地球が静止していて恒星が動いているのか，恒星が静止していて地球が自転しているのかを判断できない。

5 2

解説 1. 誤り。彩層の外側にはコロナという真珠色の層がある。　2. 正しい。太陽の表面温度は約6000Kであるが，黒点では1500〜2000Kほど低温である。　3. 誤り。プロミネンスとは，太陽表面から飛び出す赤いガスであり，カルシウムは含んでいない。　4. 誤り。コロナより彩層の方が下層である。　5. 誤り。太陽は中心部が最も明るく，周辺部ほど暗い。また，光球とは光を出している厚さ約500kmの層のことである。

6 3

解説 1. 誤り。大気圏は下から，対流圏，成層圏，中間圏，熱圏の順である。 2. 誤り。天気の変化は，対流圏で起きる現象である。 3. 正しい。オゾン層が太陽からの紫外線を吸収することにより，成層圏は高度が高くなるほど気温が上昇する。 4. 誤り。中間圏の気温は，高度が高くなるほど下降する。 5. 誤り。熱圏にある電離層は，電子密度が高い層である。

7 3

解説 積乱雲ができるのは，上空に冷たい空気が入り，地上にある暖かい空気が上昇し，対流が起こることで大気が不安定になった場合である。特に，海からくる気団には水蒸気が含まれているため，大気はより不安定となる。なお，暖かい地面であれば，上昇気流が発生しやすい。

8 4

解説 1. 誤り。粘性の大きなマグマが地表に噴出してできた火山もある。2. 誤り。カルデラが生ずるのは，粘性の大きなマグマが噴出する火山地域である。 3. 誤り。火山の噴火は，大陸でも海底でも起こっている。 4. 正しい。玄武岩質マグマは粘性が小さく，盾状火山をつくる。 5. 誤り。火砕流は，粘性が非常に大きな流紋岩質マグマの活動により多く発生する。

9 3

解説 月は地球の周りを1回公転するごとに1回自転しており，月の公転周期と月の自転周期が一致している。その自転周期は27.3日で，地球より長い。

第4部

文章理解

- 現代文
- 英　文

文章理解　現代文

　長文・短文にかかわらず大意や要旨を問う問題は，公務員試験においても毎年出題される。短い時間のなかで正解を得るためには，次のような点に注意するのがコツである。

①　全文を，引用などに惑わされず，まず構成を考えながら通読してみること。

②　何が文章の中心テーマになっているかを確実に把握すること。

③　引続き選択肢も通読してしまうこと。

④　選択肢には，正解と似通った紛らわしいものが混ざっているので，注意すること。

⑤　一般に本文中にも，選択肢と対応した紛らわしい要素が混ざっているので，これを消去すること。

　こうすると，5肢選択といっても，実際には二者択一程度になるので，後は慌てさえしなければ，それほど難しいものではない。

《　演 習 問 題　》

1　次のA～Fを意味の通るように並べ替えるとき，正しいものはどれか。

A　食生活でも，知的活動でも，必ずしも自らの好みと合わないものとあえて触れ，摂取することが不可欠である。

B　特定のもののみを摂取することの有害性は，知的活動についても共通する部分がある。

C　食生活において避けるべきことは，本来幅広く摂取すべきである栄養素について，特定のもののみを摂取し続ける「偏食」である。

D　このような場合，仮に少なからぬ時間を費やしたとしても，見識を広げることにはつながらない。

E　むしろ，偏狭な独断のみが醸成されることになりかねない。

F　例えば，自らの意見を形成するために，情報や他者の意見に触れる際，

自らと正反対の立場のものに触れることなく，自分と近いものだけに触れるような場合である。

1　C−A−B−E−F−D
2　C−B−F−D−E−A
3　C−E−A−B−F−D
4　E−A−B−F−C−D
5　E−B−F−D−C−A

2　次の文章の内容と一致するものとして，最も適当なものはどれか。

　身体の問題というと，人はまず自分の身体を眺める。手を見，腕を見，さらには我が身を鏡に映しだしてみる。つまり，身体というと，人はまず個人の身体を思い浮かべるのだ。そしてたいていは，どこかしら恥ずかしくなって，肩をすくめる。身体は個人に属すのであって，集団に属すわけではないというわけだ。だが，ほんとうはそうではない。仕草や表情にしてもそうだが，共同体の基盤は身体にあると言っていいほどなのである。

　日常生活の随所にその証拠がころがっている。たとえば，人はなぜスポーツを観戦するのか。勝敗の行方を見極めたいと思うからか。そうではない。人の身体の動きに同調してみたいのである。相撲で，ひとりの力士が土俵を割りそうになりながら残すとき，見るものも同じように反り身になって相手の回しを握り締めているのである。だからこそ，手に汗握るのだ。つまり，スポーツを見るものは，そのスポーツを一緒に戦っているのである。野球にしてもそうだ。投球が決まった一瞬，まるで指揮者に操られたように，会場の全体がどよめく。投手や打者の呼吸に，全観衆の呼吸が同調しているからである。それが人間の身体なのだ。

1　身体問題についての一般的な理解と本質的な理解は一致している。
2　人が自分の身体を眺める理由は，共同体の基盤としての本質を確認するためである。
3　仕草や表情と身体問題は，厳密に区別すべきである。
4　共同体の基盤が身体にある証拠として，スポーツ観戦が挙げられる。
5　スポーツ観戦の途中にどよめきが起きるのは，指揮者としての役割を担うものがいるからである。

3 次の文章の要旨として，最も適当なものはどれか。

　小学校でも中学校でも，教わることはたくさんある。その上で，どれが基本的な考え方でどれが末節な知識なのかという，ウェイト付けのような高度な知的作業は，自分が小中学生だった時のことを思い出せば無理な事がわかる。しかし，我々は，なにも小学校や中学校で完成というわけではない，僕の事務所の人間のように，円周率の本当の意味を取り戻すチャンスは必ずやってくるのだ（その時のために円周率は約3ではなく，3.14と教えるべきである）。このように「基本的なことが何故基本的なのか」が自らわかるのは，一度いろんなことがわかった上での事である。

　「基本が大事」なのは勿論である，しかし同時に，基本を学ぶことは難しい。だとしたら，僕はいつか，基本の大切さや意味を取り戻すための義務教育のアフターサービスのような新しい教育を，TVやインターネットなどのメディアでやってみたいと思っている。

　1　義務教育において学ぶことはその多くが無意味なことであり，それに魂を吹き込むためには，教育を受けて時間が経った後のアフターサービスが不可欠である。

　2　基本を学ぶことは，大切ではあるが難しいことであり，ある事柄がなぜ基本であるかを明らかにできるのは，様々なことがわかった後のことである。

　3　教育において最初に着手すべきことは，基本的な考え方と末節の知識の見分け方を身につけさせることである。

　4　円周率のような複雑な知識は，なるべく簡略化させて教えるべきであり，教育のハードルを全体的に下げることこそが求められる。

　5　高度な知的作業を避けてきたことが現在の小中学校の教育水準の低下を招いた主要な原因である。

4 次の文章の内容と一致するものとして，最も適当なものはどれか。

　都会の通りで，ふたりの人がすれ違おうとしている。少し離れたところで，ふたりは，互いに相手を一瞥し，素早く相手の顔や服装に視線を走らす。ふたりは，接近してすれ違う際に，互いに相手の視線を避け，目をそらす。そのようなことは，毎日，世界中の街や都会で無数に繰り返されている。

　通りすがりの人が互いに相手を素早く一瞥し，接近すれば目をそらしていく際に，多くの状況でわれわれが互いに相手に要求する，アーヴィン・ゴッ

フマンのいう儀礼的無関心を，通りすがりの人たちは実際におこなっている。儀礼的無関心は，たんに相手を無視することでは決してない。人はそれぞれ，相手の存在を認めていることをそれとなく相手に知らせるが，出しゃばりすぎととられかねない素振りは少しでも避ける。儀礼的無関心は，いわばわれわれが多少とも無意識におこなっていることがらであるが，日常生活において根本的に重要である。

1 儀礼的無関心は無意識に行われる一方，日常生活において大切な意義を持つ。

2 儀礼的無関心が無関心である所以は，相手が無視することに本質があるからである。

3 人がすれ違う光景は，都会であるかそれ以外の地域であるかによって大きく異なる。

4 儀礼的無関心が成立するためには，相手の存在を認めていることに気付かれてはならない。

5 相手の存在を認めていることを大袈裟に示すことが，効果的な対人関係の出発点になる。

5 次の文中の空欄に共通して入る言葉として，最も適当なものはどれか。

　今日の社会は，不快の源そのものを追放しようとする結果，不快のない状態としての「□□□」すなわちどこまでも括弧つきの唯々一面的な「□□□」を優先的価値として追求することとなった。それは，不快の対極として生体内で不快と共存している快楽や安らぎとは全く異なった不快の欠如態なのである。そして，人生の中にある色々な価値が，そういう欠如態としての「□□□」に対してどれだけ貢献できるものであるかということだけで取捨選択されることになった。「□□□」が第一義的な追求目標となったということはそういうことであり，「□□□への隷属状態」が現れて来たというのも又そのことを指している。休息すなわち一時の解放と結びつくのであって，楽しみや安らぎなら隷属状態とは結びつかない。

1 苦痛　　2 優先　　3 安らぎ　　4 悲しみ　　5 安楽

6 次の文章の内容と一致するものとして，最も適当なものはどれか。

　哲学の以前，我々は常識において，また科学において，現実を知っている。しかしながら，哲学は常識の単なる延長でもなければ，科学の単なる拡張でもない。哲学的探求は知っていると共に知っていないところから始まるということは，もと単に，知ってい知っていないのは事物の部分であって，まだ知っていない部分について知り，その知識をすでに知っている部分の知識に附け加えることで問題がなくなるというような関係にあるのでなく，持っている知識が矛盾に陥ることによって否定され，全く知っていないといわれるような関係にあるのである。現実の中で，常識が常識としては行詰り，科学も科学としては行詰るところから哲学は始まる。哲学は常識とも科学とも立場を異にし，それらが一旦否定に会うのでなければ哲学は出てこない。ソクラテスの活動が模範的に示している如く，そこには知の無知への転換がなければならぬ。無知と知との中間といわれる哲学の道は直線的でなくて否定の断絶に媒介されたものであり，知の無知への転換を経た知への道である。それ故に哲学は懐疑から発足するのがつねである。しかしながら哲学は常識や科学を否定するに止まるのではない，それらとただ単に対立する限り哲学は抽象的である。それが常識や科学を否定することは却ってそれらに媒介されることであり，それらを新たに自己のうちに生かすことによって，哲学は真に現実的になり得るのである。

1 哲学の道は，知から無知に転換した後，また知に向かう特徴がある。

2 哲学は，常識や科学を否定することなく，それらを深めることによって成立する。

3 哲学は，日常と科学を単純に延長したり拡張したりすることによって成り立つ。

4 哲学は，常識と科学と一致するものではないものの，立場については共通する部分が多い。

5 哲学の道は，ソクラテスの思想からプラトンの世界観への発展というプロセスをたどった。

7 次の文中の空欄（　　　　）に当てはまるものとして，最も適当な内容はどれか。

　匿名の言論の欠点として，責任の所在のあいまいさが挙げられる。当の本人が応じるかどうかは別として，もし，実名を出した上で発言されていれば，事実と異なり，曲解されていた場合，抗議したり，訂正を求めたりすること

は容易にできる。一方で、匿名であったり、発信元が不明であったりすれば、それは極めて困難である。しかも、その内容が大きな影響を与えることも否定できない。

　ただし、匿名の言論が必ずしも無意味であったり、有害であったりするわけではない。例えば、公益につながるような内部告発であれば、社会をよりよい方向に進歩させる力にもなり得るのである。また、言論が弾圧されるような状況があれば、体制に批判的な活動を続けることは、匿名でなければ事実上不可能である。

　匿名の情報と、発信元がはっきりしている情報とが交錯する空間に生きる私達にとって大切なのは、（　　　　　）ことである。固定化された先入観にとらわれることなく、また、受け身的な姿勢に終始することなく、積極的に関与することこそが求められるのである。

1　匿名の無責任な情報を拒否する
2　情報の発信者を明らかにすることを求める
3　情報をうのみにせず、主体的な思考や判断を加えながら読み解く
4　体制に対する批判的な姿勢を持ち続ける
5　言論空間を提供する側の欺瞞性を暴露する

8　次の文章の内容と一致するものとして、最も適当なものはどれか。

　あるワンコインショップの本社では、定期的に、あらゆる部署の人々が集まり、普段は専門スタッフのみで行われる搬入作業をみんなでやる日が設けられている。これは、社内において「デバン」と呼ばれ、「こういった作業一つの仕事については、皆でよってたかってやれ」という社長の指示に基づくものである。

　ところで、単純作業は、外部に任せた方がよいといった風潮が強まっているそうだ。確かに、外部への委託によって効率化を実現した事例も多く報告されている。なお、搬入作業は、流通や販売を担う企業にとって主要な業務の一つであり、在庫品の管理や配列の大切さを考えれば、一概に単純作業とはいえない業務である。

　分業化が進んだ組織では、業務の内容が共有されていないことがよくある。分業化は、効率化のために不可欠なことではあるが、不要な壁を作り、他の人や別の部署において何をしているかわからないような状況を作ってしまうという弊害もある。とはいっても、一定以上の規模を持つ組織であれば、他の部署とのつながりが希薄となる「縦割り」や、既定の仕事に固執する「セクショナリ

ズム（部門割拠主義）」がある程度みられるのは，やむを得ないだろう。このような下で，前述の社長がいうように，一つの仕事を「よってたかって」進めることは，組織の風通しをよくし，望ましいつながりを構築する端緒になるはずだ。

1　単純作業の外部委託は高コストであるとの認識が広まり，見直す風潮が強くなっている。

2　部門をまたがって作業することは，組織を好ましい方向に導くきっかけになり得るものである。

3　どの組織にもあてはまるモデルやあり方についての探求が不足すると，組織が硬直化する。

4　搬入，在庫品の管理，配列などは，典型的な単純作業であるという前提の下，仕事を割り振る必要がある。

5　「デバン」と呼ばれる方法を取り入れている企業では，社長による指示が影響力を失いつつあることが問題視されている。

9　**次の文章の内容と一致するものとして，最も適当なものはどれか。**

　古代メソポタミア文明において，ビールには賃金の役割もあった。人々は穀物や家畜，布地の余剰分を税として納め，神官は建設土木などの労働対価としてパンとビールを配給したという。

　そのビール自体が課税対象となったのは，随分と後のことだ。日本では明治34年（1901年）だった。すでに課税されていた清酒との不公平感の解消が理由とされる。北清事変の後，膨張する戦費の調達をまかなった。

　酒税法改正による税率の変更が2020年10月に始まった。麦芽比率などで異なるビール，発泡酒，第三のビールの税額が，3段階を経て2026年10月に統一される。

　ビールが減税されるのは歓迎だが，増税となる発泡酒や第三のビールの愛飲家には悩ましいところ。増税前に駆け込みで買いだめしたという方も多いのではないだろうか。

　複雑な税率を一本化するという触れ込みだが，背景には，酒税収入の落ち込みもあるようだ。課税額は1994年度の2兆1200億円をピークに減少。2018年度は1兆2700億円だった。人口の減少や若者のアルコール離れも要因とみられる。

　メソポタミアの絵文字には，2人の人物が大きなかめからストローでビールを飲む姿が描かれている。いにしえの時より分け合って飲むものだったのだろ

う。コロナ禍で何かと飲食の機会も限られる中，「乾杯」の発声が一層恋しく感じられる秋冷の10月である。

1　日本の酒税の収入は，ピークから24年間で1兆円を超える減収となった。
2　戦前においては戦費の調達，戦後においては社会保障費の財源とすることが増税の主たる理由とされた。
3　日本においてビールが課税対象となったのはその発売当初に遡り，清酒に比べるとその歴史は古い。
4　古代におけるビールの飲み方は，現代とは異なり，各人による孤独な楽しみであった。
5　古代メソポタミア文明において，神官は，提供された労働に対して，貨幣以外の対価を支払った。

10　次の文章の内容と一致するものとして，最も適当なものはどれか。

民主主義・平民主義・民衆主義の語ではなく，民本主義の語を用いたことについて吉野は，憲政の根底をなすのは，君主制と共和制とを問わず，貴賤上下の別なく，「民衆を重んずる」ところにあるからだ，と説明していた。

教育において民衆を重んずるという原則が尊重されるとき，その民衆一人一人の子どもの個性・能力を育てようとの主張が生まれる。大正デモクラシーの風潮のなかで，この主張をかかげた新教育運動が起こされた。そこには20世紀初頭以来の国際的な新教育運動と通じあうものがあり，またかつて岩手の村で石川啄木が一人で実践していた創造的な教育が運動として展開されるようになったといえる。運動は，この主張をかかげた新しい学校の創設や，授業方法の改革，さらにはさまざまな子ども文化の活動として展開されていった。

1　吉野によれば，民衆を重んずる思想は，共和制に固有のものであり，君主制にはなじまないものである。
2　教育の場で民衆を重視すべきであるという考え方は，個々の子どもの個性や能力を育てるべきであるとする思想につながる。
3　民主主義ということばは，当時は危険思想と考えられていたため，吉野は，民本主義という語を用いることを余儀なくされた。
4　石川啄木によって実践されていた創造的な教育は，当初より多くの仲間の協力によって支えられていた。
5　当時提唱された新しい教育は，時代的な制約によって，授業の進め方に影響を及ぼすことはなかった。

11　次の文章の内容と一致するものとして，最も適当なものはどれか。

　文明人は時計によって時間を測る。それによって，一日二十四時間に正確に区切られ，共通の時間が設定される。これは多くの人間が社会をつくっていくためには，非常に大切なことである。これによって，われわれは友人と待ち合わせもできるし，学校も会社も，同一時刻に一斉に始めることもできる。時計の発明によって，人間はどれほど時間が節約できるようになったかわからない，本当に便利なことだ。

　ところで幼児達は，大人のもつ時計によって区切られた時間とは異なる時間を生きているようだ。「きのう」とか「あした」とかの意味も，はっきりとしていない子もある。「また，あしたにしようね」などと言っている子も，それは厳密にあしたということをさすのではなく，「近い将来」を意味していることも多い。

1　幼児達による時間のとらえ方は，大人が考える時間の感覚とは必ずしも一致しない。

2　子どもへの教育にあたり，大人の尺度を押し付けるようなことがあってはならない。

3　時計を与えたり，時計を気にしながら生活する習慣をつけさせたりすることは，子どもの発達段階に応じて進めるべきである。

4　時計の発明によって，時間が節約できるようになったことは事実であるが，時間に拘束されることによって人間らしさが失われるべきではない。

5　時間を表すことばの意味の範囲については，大人があいまいにとらえるのに対して，子ども達の方が厳密にとらえている。

12　次の文章の内容と一致するものとして，最も適当なものはどれか。

　テレビや雑誌では，新興ベンチャー企業の経営者が時代のヒーローのように持ち上げられる。IT革命や介護福祉を担うのは，ベンチャーの旗手の方々なのだそうだ。そこで取り上げられる若き経営者はいずれも雄弁で，自信に満ちている。しかし，そのような人々は，日本の多くの若者の実態と大きくかけ離れている。

　若者が開業を希望しないのは，きびしい経済情勢のなか，会社を経営することが以前にもまして困難となっているからだ。そのことを多くの人たちが自覚し，慎重になっている。若者がリスクに対し挑戦する意欲が低下しているのだ。

　そんなチャレンジ精神低下の一つの兆候は，1980年代以降，30代や40代の自営業が大きく減少しているという事実に，あらわれている。

1　経済情勢が厳しさを増す中で，若者を含む多くの者が自覚し，結果として，最近の若者はリスクを引き受けようとしない傾向がある。

2　新興ベンチャー企業の経営者の間にも，時代の状況からみて，前途が必ずしも明るくないという認識が広がりつつある。

3　現代の若者の象徴として，メディアが若手の経営者を取り上げることは，理にかなったことである。

4　リスクを避ける傾向が顕著になる兆候は，21世紀に入ってからの調査の結果に現れている。

5　IT産業や介護福祉の分野こそが，日本や世界の経済をリードするものとなる。

解答・解説

1　2

解説　選択肢より，CとEのいずれかが冒頭に位置することになるが，この場合，「むしろ」ということばを含むEは適さず，「偏食」というテーマを提示しているCが適している。次に，食生活についての話題を知的活動についての論究に広げているBが続く。さらに，Bの事例がFに示され，それを「このような」という指示語で受けるDが続く。その次には，見識を広げず，偏狭な独断のみが醸成されるという展開から，Eの内容が続き，さらに，全体のまとめがAに示されている。以上より，正解は2である。

2　4

解説　三浦雅士『考える身体』より。1．一般的に身体は個人に属すると考えられていることを示した後に，「そうではない」と共同体の基盤としての身体について論じられている。　2．人が自分の身体を眺めるのは，「身体は個人に属する」と考えることによると述べている。　3．むしろ，第1段落の最後において両者が関連付けられている。　4．正しい。第1段落の最後から第2段落の冒頭にかけての内容と一致する。　5．「指揮者に操られたように」との表現はあるが，その役割を果たす者の存在については触れられていない。

3 2

解説 佐藤雅彦『基本は大人になってから』より。1. 義務教育が無意味で
あるとは述べられていない。　2. 正しい。文章全体で強調されている「基本
を学ぶことの大切さと難しさ」「どれが基本かを見分けられるのはいろいろな
ことがわかった上でのことであること」といった内容と一致している。　3. 第
1段落の2文目において，どれが基本でどれが末節かを見分けることの困難さ
について述べている。　4. 円周率は約3ではなく3.14と教えるべきであると
いう内容と一致していない。　5. 高度な知的作業は小中学生の時には無理で
あると述べられている。

4 1

解説 ギデンズ，松尾精文他訳『社会学』より。1. 正しい。最後の一文で，
儀礼的無関心が無意識に行われること，根本的に重要であることについて述
べられている。　2. 第2段落で「たんに相手を無視することでは決してない」
と述べられている。　3. 本文からは読み取れない。　4. 相手の存在を認め
ていることについてそれとなく相手に知らせるといった内容が書かれている。
5. 本文に触れられておらず，むしろ，儀礼的無関心においては，「出しゃば
りすぎととられかねない素振りは少しでも避ける」と述べられている。

5 5

解説 藤田省三『全体主義の時代経験』より。1.「苦痛」は，「不快のない
状態」とは一致しない。　2. 2つめの空欄が「『優先』を優先的価値として…」
となってしまうことから，不適切であることがわかる。　3.「安らぎとは全
く異なった」という内容からみて，不適切である。　4. 1と同様に，「不快の
ない状態」とは一致しない。　5. 正しい。それぞれの空欄の前後の内容と，
空欄に補充しても文脈が不適切にならない点から判断できる。

6 1

解説 三木清『哲学入門』岩波新書より。1. 正しい。文章の後半に「知の
無知への転換を経た知への道」とあり，この部分と選択肢の内容が一致して
いる。　2. 後半に常識や科学を否定することに止まらない働きについて述べ
られている。　3. 2文目に「哲学は常識の単なる延長でもなければ，科学の

単なる拡張でもない。」と述べられている。　4．常識や科学と立場を異にすることが述べられている。　5．本文中に触れられていない。

7　3

解説　1．誤り。「拒否する」という姿勢は，第2段落の内容と一致しない。2．誤り。情報の発信者を明らかにすることを求める内容についての記述はなく，ふさわしくない。　3．正しい。文章全体の内容，そして，結論部分の内容と一致している。　4．誤り。体制に批判的な姿勢については，推奨しているわけではなく，匿名性が不可欠な場合の例として挙げられている。　5．誤り。言論空間を提供する側の問題点には触れられておらず，ふさわしくない。

8　2

解説　1．誤り。第2段落において，単純作業を外部に任せた方がよいとの風潮が強まっていることが述べられている一方，「高コスト」「見直す風潮」については触れられていない。　2．正しい。文章の最後の文と一致する。3．誤り。「どの組織にもあてはまるモデルやあり方についての探求」について触れられた箇所はない。　4．誤り。第2段落において，搬入，在庫品の管理，配列は一概に単純作業とはいえないと述べられている。　5．誤り。「デバン」は社長の指示に基づいて実施されており，社長の影響力が低下しているとはいえない。

9　5

解説　北海道新聞『卓上四季』2020年10月1日より。1．誤り。本文によれば，「1994年度の2兆1200億円をピークに減少」「2018年度は1兆2700億円」であるから，その減少額は1兆円には満たない。　2．誤り。「社会保障費の財源」についての言及はない。　3．誤り。第2段落によれば，ビールの課税より前に，清酒は課税の対象になっていた。　4．誤り。最後の段落において，「いにしえの時より分け合って飲むものだったのだろう」との記述がある。　5．正しい。第1段落において，労働の対価としてパンとビールが配給された旨が述べられている。

10 2

解説 山住正己『日本教育小史』より。1．誤り。第1段落において，民衆を重んずることについて，「君主制と共和制とを問わず」と述べている。2．正しい。第2段落1文目の内容と一致する。　3．誤り。本文中に民主主義が危険思想と考えられていたという記述はない。　4．誤り。「石川啄木が一人で実践していた創造的な教育」という内容と一致しない。　5．誤り。最後の文章に，授業方法の改革につながった旨が述べられている。

11 1

解説 河合隼雄『子どもの「時間」体験』より。1．正しい。第2段落で述べられている内容と一致する。　2．誤り。子どもへの教育の在り方について触れた部分はない。　3．誤り。「子どもの発達段階に応じて進める」ことについては，述べられていない。　4．誤り。「人間らしさ」について述べた箇所はない。　5．誤り。本文の最後の方に，幼児による「あした」の用い方が厳密でないことが示されている。

12 1

解説 玄田有史『仕事のなかの曖昧な不安』より。1．正しい。第2段落と第3段落の内容と一致している。　2．若き経営者が雄弁で，自信に満ちているという内容と一致しない。　3．「日本の多くの若者の実態と大きくかけ離れている」という記述と一致しない。　4．兆候は，1980年代以降において30代や40代の自営業が大きく減少している事実にあらわれているとしている。つまり，21世紀に入ってからとは述べられていない。　5．日本や世界の経済をリードする例としてITや介護福祉が挙げられているわけではない。

英 文

　英文解釈は，公務員試験における英語の中心となるものである。書かれてある英文の内容を正しく理解するためには，主語，述語，目的語，補語という英文の要素をしっかりおさえるとよい。

　「主語＋述語動詞」に注目しよう。どれほど修飾語句で飾られた文でも，またどれほど難語，難句でかためられた文でも，裸にすれば，主語と述語動詞の2つが残る。だから英文を読む時には，まずその主語をつきとめ，次にその主語に対する述語動詞をさがし出すことである。そして自分の持つ関連知識と常識力を総動員して全体を理解するよう努めることである。つねに「主語＋述語動詞」を考えながら読もう。

演 習 問 題

1 次の英文の内容として，正しいものはどれか。

　So, a few years ago I heard an interesting rumor. Apparently, the head of a large pet food company would go into the annual shareholder's meeting with can of dog food. And he would eat the can of dog food. And this was his way of convincing them that if it was good enough for him, it was good enough for their pets. This strategy is now known as "dogfooding," and it's a common strategy in the business world. It doesn't mean everyone goes in and eats dog food, but businesspeople will use their own products to demonstrate that they feel – that they're confident in them. Now, this is a widespread practice, but I think what's really interesting is when you find exceptions to this rule, when you find cases of businesses or people in businesses who don't use their own products. Turns out there's one industry where this happens in a common way, in a pretty regular way, and that is the screen - based tech industry.

　So, in 2010, Steve Jobs, when he was releasing the iPad, described the iPad as a device that was "extraordinary." "The best browsing experience you've ever had ; way better than a laptop, way better than a smartphone. It's an incredible experience." A couple of months later, he was approached by a journalist from the New York Times, and they had a long phone call. At the end of the call, the journalist threw in a question that seemed like a sort of softball. He said to him, "Your kids must love the iPad." There's an obvious answer to this, but what Jobs said really staggered the journalist. He was very surprised, because he said, "They haven't used it. We limit how much technology our kids use at home."

This is a very common thing in the tech world. In fact, there's a school quite near Silicon Valley called the Waldorf School of the Peninsula, and they don't introduce screens until the eighth grade. What's really interesting about the school is that 75 percent of the kids who go there have parents who are high - level Silicon Valley tech execs. So when I heard about this, I thought it was interesting and surprising, and it pushed me to consider what screens were doing to me and to my family and the people I loved, and to people at large.

1 数年前までは，株主総会においてドッグフーディングをすることが流行していた。

2 テクノロジー業界では，自社の商品を使ってみせて，商品に自信があることを身をもって示すことが当たり前になっている。

3 スティーブ・ジョブズの子どもはiPadを気に入り，webブラウジングをする際には必ずiPadを利用していた。

4 シリコン・バレーの近くにある学校では，子どもたちが中学2年生になるまで，コンピューターを使った授業を行わないようにしている。

5 電子機器の画面は，私や家族，愛する人たち，ひいては世の人々に悪影響を与え始めている。

2 次の英文の内容として，正しいものはどれか。

Since I wrote recently about a girl who uses a wheelchair not being taken on a school trip, I have received many letters from readers. One reader, a schoolteacher, wrote to the effect that the hardships teachers experience from taking such a student along should be appreciated by the public.

At the school where that reader works, a disabled student who needed assistance participated in a school tour. "I was able to take the students there and back without incident," the reader said. "After sending them home, I took a train to return home myself. That was when tears welled up in my eyes," he went on. "Three days of being watchful had worn me out. It was also the sense of relief I had from turning over the disabled student to his parents in our return." The teacher later had all the participants write compositions about the tour. "The student who helped me with the disabled classmate," the reader reported, "said in his composition, 'I am glad he was delighted. But I wish I could have whooped it up like all the others, without worrying about him.'"

1　筆者は，車いすの生徒を修学旅行に参加させる際の教師の苦労に注目した。

2　筆者が教師を務める学校では，介護の必要な生徒を修学旅行に参加させた。

3　修学旅行で介護に協力した生徒は，他の生徒と比較すると，十分にはしゃぎきれなかった。

4　教師は修学旅行の失敗を思い出し，帰宅途中の電車で思わず涙した。

5　筆者は記事の中で，全員参加でかつ皆が楽しめるような修学旅行のプランについて考察している。

3　次の英文中に示された日本人が描く地図に関する記述として，正しいものはどれか。

In this column on Nov. 11, I wrote about an experiment in which people from various countries were asked to draw a world map without a model to refer to. Everyone placed his or her own country in the center of the world. They drew countries they knew very well large than life. They erased from Earth those countries they did not know much about.

The same test was given to 30 Japanese men and women. The features of the maps they drew were: (1) New York was moved to the west. Many moved New York from the East Coast to near Los Angeles on the West Coast. The West Coast is probably much more familiar to Japanese. (2) Italy was drawn relatively accurately. The position was questionable, but the shape was so-so. This is doubtless because they had been taught that Italy is shaped like a boot.

(3) The Philippines and Britain were turned into parts of continents. The two countries are both island countries, but they were stuck to the Asian and European continents. (4) Southeast Asia was erased. Generally, India was placed next to Hong Kong. Vietnam and Thailand did not exist. (5) There was confusion concerning the Middle East. It was so mixed up that it was impossible to tell which country was where.

1　フィリピンとイギリスに関しては，位置はあいまいなものの，その形はまずまずの状態で描かれていた。

2　アメリカを描いた地図の特徴として，ニューヨークとロサンゼルスの位置が逆に描かれることが挙げられている。

3　日本人に手本なしで世界地図を書かせた場合，個々人がそれぞれ全く違う特徴の地図を描く傾向がみられた。

4　イタリアに関しては，国境線が長靴のような特徴的な形であると例えられることから，その形と位置がほぼ正確に描かれていることが多い。

5　中近東各国の位置や形などの知識は混沌としており，どこがどの国か分からない状態である。

4　次の英文の内容として，正しいものはどれか。

Paying close attention to something : Not that easy, is it? It's because our attention is pulled in so many different directions at a time, and it's in fact pretty impressive if you can stay focused.

Many people think that attention is all about what we are focusing on, but it's also about what information our brain is trying to filter out.

There are two ways you direct your attention. First, there's overt attention. In overt attention, you move your eyes towards something in order to pay attention to it. Then there's covert attention. In covert attention, you pay attention to something, but without moving your eyes. Think of driving for a second. Your overt attention, your direction of the eyes, are in front, but that's your covert attention which is constantly scanning the surrounding area, where you don't actually look at them.

I'm a computational neuroscientist, and I work on cognitive brain -

machine interfaces, or bringing together the brain and the computer. I love brain patterns. Brain patterns are important for us because based on them we can build models for the computers, and based on these models computers can recognize how well our brain functions. And if it doesn't function well, then these computers themselves can be used as assistive devices for therapies. But that also means something, because choosing the wrong patterns will give us the wrong models and therefore the wrong therapies. Right? In case of attention, the fact that we can shift our attention not only by our eyes but also by thinking – that makes covert attention an interesting model for computers.

1 潜在的注意は，何かに注意を払うときに，視線もその対象に向けること を意味する。

2 何かに注意を向ける際に，視線は動かさず，周りの空間を把握すること は，顕在的注意を払っているときによくみられる事象である。

3 顕在的注意は，コンピューター用のモデルを構築する際に興味深い題材 を提供する。

4 何かに注意を向けることは，一方で，脳がどの情報を遮断するかという ことと深く関連する。

5 何かに細心の注意を払うということは，何かにずっと集中していること よりも難しい。

5 次の英文の内容として，正しいものはどれか。

Some scientists thought that the animals died out because they ate the flowers of new plants which had a deadly poison. Other scientists said that dinosaurs died out because of small mammals and insects. The mammals ate their eggs, and the insects destroyed the green leaves which were the food for many dinosaurs.

The most surprising theory started with some clay from Italy. A scientist who was studying dinosaurs found a layer of clay which fell and piled up on the earth at the time of the dinosaurs' death. This clay contained a lot of minerals that are usually found only in meteors. The scientists said that a very large meteor hit the earth 65 million years ago. The dust from that explosion blocked the sun's light for two or three years. Many green plants died, and the animals which lived on them died, too. But a scientist studying ancient plants said many green plants did not die when the dinosaurs did. If he is right, the meteor theory is not true.

1 隕石説が恐竜の絶滅についての説で最も有力である。

2 恐竜の脳が他の動物と比べて著しく小さいとの説が恐竜絶滅の原因となった。

3 古代植物学者は致死的な毒を有する植物を食べたため恐竜が死滅したと考えている。

4 隕石が地球に衝突し粉塵で太陽光が遮られたのが恐竜絶滅の直接の原因である。

5 古代植物学者の説は隕石説の反証になっている。

6 次の英文の内容として，正しいものはどれか。

With the coronavirus pandemic closing cinemas, restaurants, theatres and live sports and music venues this summer, Canadians have had nowhere to go and nothing to do on their summer vacations. As a result, we have embraced the "do it yourself" spirit this year like never before. Stuck at home, so many are tackling home improvement projects that it has led to a minor lumber shortage in parts of the country.

My son and I started out by building a very simple wooden bench for the back garden. Then we decided it would be useful to have something on the back deck next to the barbecue to hold plates of food and a drink for the cook. Men are easily seduced by the combination of power tools, the scent of fresh-cut lumber and the taste of an ice-cold beer after working on a hot, sunny afternoon. One project led to another and now my back deck has been transformed into a very small pub, complete with a table, two benches and a small bar, just big enough to hold a cooler and provide drinkers with something solid to lean on. The table and benches, shaded by a large umbrella, are the perfect spot to enjoy morning coffee and sunset cocktails.

More importantly, the wide benches provide a place to sit and play guitar and ukulele outdoors without constantly banging one's elbows on the armrests of a folding lawn chair. I commissioned my teen daughter to paint the benches and one is now decorated with blue - green bubbles while the other is covered in bright yellow sunflowers.

1　木材の供給不足が起きた原因は，需要の増加と自然環境の激変による森林の減少などであった。

2　女性達は，木材を使った工作の際に広がる木の優しい香りに魅了されるようになった。

3　筆者がベンチの色塗りを10代の娘に任せた結果，青緑色の水玉と明るい黄色のひまわりが描かれた。

4　筆者と彼の息子が協力しながら最初に作ったのは，食べ物を盛るための大きな木製の皿であった。

5　新型コロナウイルスのパンデミックによる影響は，各国に多大な影響を及ぼしたが，カナダの社会への影響は比較的軽微であった。

---

⑦　次の英文の内容として，正しいものはどれか。

At Matsue Castle, we had tea in the Mushanokoji Senke tradition. My male friends are learning this "way." I thought it was really well done for its international significance. Only the kettle for heating the water was made in Japan. All other utensils were made in other countries. I feel that the Japanese effort to use foreign artifacts in the tea ceremony will be valuable in spreading the "art of tea" around the world.

Wouldn't it be wonderful if everyone, everywhere, could spend a few peaceful minutes a day in sincere and honest, heart-to-heart conversation, or even silent communion, with others? It would improve the character of those who would take the time to enjoy the peaceful feeling that is a part of this ancient ritual.

1　心を豊かにするために，人との会話は不可欠なものである。

2　筆者が参加した茶会において，使われていた殆どのものは日本製であった。

3　筆者は，ゆかりのない流派の茶会に参加し，その丁重なもてなしぶりに対して深く感動した。

4　外国にも喫茶の習慣はあるが，茶道は，人との交流を促進し，伝統を守り続けているという点で卓越している。

5　わずかな時間でも，心を開き，人と交流しながらくつろぐことは素晴らしいことである。

《 解 答・解 説 》

1 4

解説 TED Talks：Adam Alter「なぜ画面を見て過ごしていると幸せから遠のくか」より。（全訳）数年前におもしろい噂を耳にしました。あるペット・フード会社の社長は，定時株主総会に出席するときにはドッグフードを持参し，それを食べていたというのです。自分が食べても良いくらいだから，ペットにも良いはずと株主を説得したかったのですね。今ではこの戦略は「ドッグフーディング」と呼ばれ，ビジネスの世界ではよく使われています。みんながドッグフードを食べるということではなく，ビジネスパーソンが自社の商品を使ってみせて，商品に自信があることを身をもって示すのです。さて，これは広く行われていることですが，とてもおもしろいのが，これに当てはまらない事例です。会社や社員たちが，自社の商品を使わない場合があるのです。実は，ある業界では，それが普通に行われていて当たり前になっています。電子機器の画面にかかわるテクノロジー業界です。

2010年にスティーブ・ジョブズがiPadを世に送り出したとき，iPadを「並外れた」デバイスだと表現し，こう語っています。「最高のWebブラウジングを提供します。ノートパソコンやスマートフォンよりも，格段に良く素晴らしい体験ができます。」その数か月後にジョブズは，ニューヨーク・タイムズ紙の記者から取材を受け，電話で長々と話していますが，その最後に記者が簡単な質問をします。「お子さんたちは，さぞiPadをお気に入りでしょう？」答えはもう分かり切っていましたが，記者はジョブズに唖然とさせられます。驚くのも当然でした。彼はこう言ったのです。「子どもたちは使っていないんだ。うちではテクノロジーを使う時間を制限しているからね」

これはテクノロジーの業界ではごく普通のことです。事実，シリコン・バレーのすぐそばにある学校，ウォルドルフ・スクール・オブ・ザ・ペニンシュラでは，中学2年までコンピューターを使いません。とても興味深いのは，その学校に通う子どもの75％が，シリコン・バレーにある優良ハイテク企業の幹部を親に持つことです。この話を聞いて，私は驚くと同時に興味を持ち，電子機器の画面が，私や家族，愛する人たち，ひいては世の人々にどんな影響を与えているのかを深く考え始めました。

1．誤り。選択肢の内容は本文中では述べられていない。第1段落においては，株主総会でのドッグフーディングをきっかけに，ビジネスの世界でドッ

グフーディングを用いたビジネスがよく使われたと述べられている。　2.　誤り。本文中では，テクノロジー業界はドッグフーディングにあたらないということが述べられている。　3.　誤り。スティーブ・ジョブズの子どもたちは，テクノロジーを使う時間を制限されていた。また，iPadでブラウジングをしているという記述は本文中にはない。　4.　正しい。第3段落2文目から，選択肢で述べている内容が読み取れる。　5.　誤り。電子機器の画面が人々に与える影響については，本文中には述べられていない。

2　3

解説　朝日新聞『天声人語 '99春』車いすで行く修学旅行より。（全訳）修学旅行と車いすについて書いたら，たくさんの手紙を読者からいただいた。教師の苦労も理解してほしい，という趣旨のものもあった。

　この方の学校では，介護の必要な生徒も修学旅行に参加した。「無事終了し，生徒を解散させた後，帰宅の電車で思わず涙しました。三日間の気苦労と疲れ，介護の必要な生徒を親に引き継いだ安心からです。後日，介護に協力してくれた生徒の作文の中に『○○君が喜んでくれてよかった。でも，僕もほかの子のように気楽にはしゃぎたかった』とありました。」

　1.　筆者は修学旅行と車いすについて書いたところ，読者から教師の苦労も理解してほしいというような趣旨の手紙を受け取った。　2.　筆者は教師ではない。筆者が受け取った手紙の中に，介護の必要な生徒も修学旅行に参加させた学校の教師からのものがあった。　3.　正しい。「"said in his composition, 'I am glad he was delighted. But I wish I could have whooped it up like all the others, without worrying about him.'"」この部分から，生徒は選択肢に示された内容の作文を書いたことがうかがえる。　4.　筆者が受け取った手紙には，修学旅行は無事に終了し，その気苦労と疲れ，安心感から涙したと記されている。　5.　本文中に選択肢のような内容は示されていない。

3　5

解説　朝日新聞『天声人語 '97冬』38いびつな地図より。（全訳）いろいろな国の人に，手本なしに世界地図を描いてもらう小実験を先日紹介した。だれもが自国を世界の中心に据える。なじみ深い国は大きく描く。よく知らない国は地球から消してしまう。そんな傾向があるという話だった。

　30人の日本人男女に同じテストをしたそうだ。描き終わった地図の特徴は
(1) ニューヨークの西進。米国東海岸から西海岸のロサンゼルスあたりに引っ
越しさせた人が多かった。日本人には西海岸が親しみ深いのだろう。(2) イタ
リアは相対的に正確だった。位置はあいまいだが，形はまずまず。長靴みた
いと教えられてきたために違いない。

　(3) フィリピンとイギリスの大陸化。両国とも島国だが，アジア大陸，ヨー
ロッパ大陸にくっついてしまう。(4) 東南アジアの消滅。香港の隣がインドと
いうのが一般的。ベトナム，タイなどは存在しない。(5) 中近東は混沌とし
ている。ごちゃごちゃと，どこがどの国かわからない。ざっとこんな調子だ。

　1. フィリピンとイギリスは，両国とも島国であるのに関わらず，大陸化し
それぞれアジア大陸，ヨーロッパ大陸にくっついてしまっているとの記述があ
る。　2. (1) の部分から，ニューヨークが西進して描かれていることが分か
るが，ロサンゼルスの位置に関しては本文中に示されていない。　3. 30人の
日本人が描いた地図の特徴が第2段落2文目以降に述べられている。　4. イ
タリアに関しては，相対的には正確なものの，その位置はあいまいであるこ
とが (2) から読み取れる。　5.　正しい。(5) There was confusion
concerning the Middle East. の部分から読みとれる。

4　4

解説　TED Talks：Mehdi Ordikhani-Seyedlar「注意を向けた時，脳では
何が起きているのか」より。(全訳) 何かに細心の注意を払う，そう簡単では
ないです。私たちの注意というのは，同時に様々な方向に引き付けられてい
るからです。むしろ，ずっと集中していられる方がよほどすごいことなので
す。

　多くの人は，注意を向けることは何かに焦点を当てることだと思っていま
すが，脳がどの情報を遮断するか，ということでもあります。

　注意には2つの種類があります。一つは，顕在的注意です。顕在的注意で
は何かに注意を払う時に，視線もその対象に向けます。そして，もう一つが
潜在的注意です。潜在的注意では，何かに注意を向けるのに視線は動かしま
せん。例えば車の運転を考えてみましょう。あなたの顕在的注意，つまり，
あなたの目は前を向いています。しかし，潜在的注意でもって周りの空間を
常にチェックしています。つまり，実際には目を向けていないのです。

　私は計算神経科学者として認知分野におけるブレイン・マシン・インターフェース，つまり，脳とコンピューターを結びつけることに取り組んでいます。私は脳のパターンが大好きです。それは私たちにとって重要なものです。なぜなら，その脳のパターンを元に，コンピューター用のモデルを構築し，そのモデルを使ってどのように脳が機能しているのか，コンピューターで把握できるからです。もし脳が充分に機能していなければ，そのコンピューターは治療のための補助的な機器として活用できます。ただ，それには別の側面もあります。間違ったパターンを選ぶと間違ったモデルができてしまい，間違った治療をしかねません。ですよね？　注意の場合，視線の動きだけではなく思考によっても注意の対象を変えることができます。そうした事実があるから，潜在的注意は，コンピューターのモデルとするのに興味深い題材なのです。

　1．誤り。選択肢の内容は，潜在的注意に関するものではなく，顕在的注意に関する記述である。　2．誤り。選択肢の内容は，顕在的注意に関するものではなく，潜在的注意に関する記述である。　3．誤り。最後の文章で，潜在的注意は，コンピューターのモデルとするのに興味深い題材であると述べられている。　4．正しい。第2段落の内容と一致する。　5．誤り。第1段落で，何かに細心の注意を払うということよりも，何かにずっと集中していることの方が難しいと述べられている。

⑤ 5

解説 （全訳）科学者の中には，恐竜は致死的な毒を持つ新しい植物の花を食べたがために死滅した，と考えたものもいた。恐竜は小型の哺乳類や昆虫のせいで死滅した，と言うものもいた。哺乳類は恐竜の卵を食べ，昆虫は多くの恐竜が餌にしていた緑葉を枯らしてしまった，というのだ。最も驚くべき理論はイタリアの或る粘土を根拠に打ち立てられた。恐竜の研究をしていた或る科学者が恐竜が絶滅したのと同時代に地球に降り堆積した粘土の地層を発見したのだった。この粘土には，通常は隕石にしか含まれていない鉱物質が含まれていたのだ。科学者たちは，6千5百万年前に非常に大きな隕石が地球に衝突した，と言った。その爆発の粉塵で2，3年間太陽光線が遮られた。多くの緑色植物が枯れ，その植物を食べて生きていた動物も死んだのだった。しかし，古代の植物を研究している科学者は，恐竜が絶滅したときに植物で

絶滅したものは多くはない，と言った。その科学者の言うことが正しいとすれば，例の隕石の学説は真実ではない，ということになる。

　内容真偽問題で注意を要するのは，問われているのはあくまで本文の内容についてだということである。　1．誤り。本文では「驚くべき理論」となっている。　2．誤り。本文には登場しない。　3．誤り。本文では「科学者」としか記述がない。　4．誤り。直接の原因ではない。　5．正しい。最終文で述べられていることと一致する。

6　3

解説　『The Japan Times alpha：September 18, 2020』より。（全訳）新型コロナウイルスのパンデミックにより，映画館やレストラン，劇場，生のスポーツや音楽イベントの会場が閉鎖され，カナダの人々は夏の休暇に行くところも，やることもなくなった。その結果，私たちは今年，いまだかつてないほど「日曜大工（DIY）」精神を取り入れている。家に閉じ込められて，自宅を改善するプロジェクトに取り組む人々がとても多くなり，各地でちょっとした材木不足が起きたほどだった。

　息子と私は，裏庭用にごく簡単な木のベンチを作ることから始めた。それから，家の裏のデッキのバーベキュー炉の隣に，調理する人用に食べ物の載った皿や飲み物を置くものがあると便利だと，私たちは判断した。男性は，電動工具と切りたての材木の香り，そして暑い晴れた午後の仕事の後に飲む冷えたビールの味という組み合わせに簡単に誘惑される。1つのプロジェクトがまた別のプロジェクトにつながり，今では家の裏のデッキは，1台のテーブル，2台のベンチ，クーラーボックスが1つ置けて，お酒を飲む人が寄りかかるのに十分な大きさの小型のバーを備えたとても小さなパブに変身した。大きな傘で日陰になったテーブルとベンチは，朝のコーヒーと夕方のカクテルを楽しむのに完璧な場所だ。

　さらに重要なことに，幅の広いベンチは，折りたたみ式のローンチェアのアームレストにひじを絶えずぶつけることなく，座ってギターやウクレレを屋外で弾く場所を提供してくれる。私は10代の娘にベンチの色塗りを任せた。1台は青緑色の水玉に，もう1台は明るい黄色のひまわりで覆われている。

　1．誤り。「自然環境の激変による森林の減少」については触れられていない。　2．誤り。第2段落の3文目に，男性が，電動工具，木材の香り，仕事

の後のビールに誘惑されるという趣旨の文があるが，女性については触れられていない。 3. 正しい。最後の文の内容と一致している。 4. 誤り。第2段落の1文目によれば，筆者と彼の息子が最初に作ったのは，ベンチであった。 5. 誤り。パンデミックによる影響について各国とカナダを比較した文章はなく，また，冒頭の1文に「カナダの人々は夏の休暇に行くところも，やることもなくなった」という趣旨のことが書かれているので，「比較的軽微であった」とする記述は誤りである。

7 5

解説 『英語対訳で読む日本の文化』（https://japanese-culture.info/essays/culture_art_religion/tea_ceremony/）より。

（全訳）松江城の茶会では武者小路千家流のお手前を拝見した。私の男性の友人達がこの流派に属している。そこで，国際性ということについてよく考慮されていると思った。この日使用された茶道具の中で日本製のものは湯を沸かす釜のみで，後はすべて外国製の茶道具が使われた。茶道を世界に広めようという観点からすればとても良いことである。

　誰もが，どこにいても，一日のわずか数分間でも，人と誠実に心を開き，会話を交わしてくつろぐことができたらどんなに素晴らしいことだろう。たとえ会話がなくても，茶道が与えてくれる穏やかな時の流れは，きっと私たちの心を今よりずっと豊かなものにしてくれるに違いない。

　1. 誤り。第2段落1文目の後半において，「たとえ会話がなくても，心を豊かにしてくれる」という趣旨の文がある。 2. 誤り。第1段落5文目において，多くの道具が外国製であった旨が述べられている。 3. 誤り。第1段落2文目によれば，筆者の友人達がこの流派に属していた。 4. 誤り。茶道と外国の喫茶について比較した内容は含まれていない。 5. 正しい。第2段落1文目前半の内容と一致している。

第5部

数的処理

- 判断推理
- 数的推理
- 資料解釈

数的処理 判断推理

■■■■■■■■■■■■■■■■■■■■■■■■ **POINT** ■■■■■■■■■■■■■■■■■■■■■■■■

　数的処理では，小学校の算数，中学高校の数学で習得した知識・能力をもとに，問題を解いていく力が試される。また，公務員採用試験の中では最も出題数が多く，合格を勝ち取るためには避けては通れない。

　判断推理では，様々なパターンの問題が出題され，大学入試など他の試験ではほとんど見かけない問題も出てくる。すべての問題を解けるようにするのは困難なので，本書を参考にできるだけ多くの問題を解き，本番までに得意な分野を増やしていこう。

　算数や数学の学習経験が生かせる分野としては，まずは「論理と集合」が挙げられ，命題の記号化，対偶のとり方，ド・モルガンの法則，三段論法，ベン図，キャロル表を使った情報の整理法などを確実に押さえよう。また，「図形」に関する問題も多く，平面図形では正三角形，二等辺三角形，直角三角形，平行四辺形，ひし形，台形，円，扇形などの性質や面積の公式，これらを回転させたときにできる立体図形などを確実に覚えよう。立体図形では，円錐，角錐，円柱，角柱，球，正多面体などの性質や体積・表面積の公式を必ず覚えよう。

　一方，あまり見慣れない問題があれば，本書の問題を参考にして必要な知識や考え方を身に付けてほしい。例えば，「リーグ戦やトーナメント戦」といった馴染みのある題材が扱われる問題でも，試合数を計算する公式を知っておかなければ解けない場合がある。また，「カレンダー」を題材にした問題では，各月の日数やうるう年になる年などを知っておく必要がある。「順序」に関する問題では，表・樹形図・線分図・ブロック図などを使って効率よく情報を整理していく必要がある。その他にも，「暗号」，「うその発言」，「油分け算」などでは，実際に問題を解いてみなければわからない独自のルールが存在する。「図形」を題材にしたものの中には，計算を必要とせず予備知識がなくとも正解が出せる場合があるので，落ち着いて問題文を読むようにしよう。

　問題の解き方のコツとしては，設問の条件を図表にして可視化していき，行き詰まったら推論や場合分けなどをしてみることである。問題によっては図表が完成しなくとも正解が出せる場合や，いくつかの場合が考えられてもすべてで成り立つ事柄が存在するので，選択肢も定期的に見ておくとよいだ

ろう。公務員採用試験では，限られた時間内で多くの問題を解くことになるが，ほとんどの問題では解法パターンが決まっているので，設問を読んだだけで何をすればよいか見通しが立てられるぐらいまで習熟してほしい。

《 **演 習 問 題** 》

1 A，B，Cの3人は学校の授業で書道か工芸のいずれかを選択していて，これについて次のように話した。

A：「私とBは同じ科目を選択している。」

B：「私は書道を選択している。」

C：「AもBも私と違う科目を選択している。」

ところが，3人のうち1人だけがうそをついていることが分かった。このとき，3人が選択している科目についてあり得るものはどれか。

	A	B	C
1	書道	工芸	書道
2	書道	工芸	工芸
3	工芸	書道	工芸
4	工芸	書道	書道
5	工芸	工芸	書道

2 A～Fの6人が，次のような組み合わせでボクシングの試合を行った。試合は全部で6試合行い，最初にBとC，DとEが対戦し，B－C戦の勝者はAと，敗者はFと対戦した。また，D－E戦の勝者はFと，敗者はAと対戦した。試合の結果について，次のア～エのことがわかっているとき，確実にいえるのはどれか。ただし，勝ち数が多いほど上の順位とする。

ア　AはEに勝った。

イ　BはAに負けた。

ウ　CはFに勝った。

エ　DはFに負けた。

1 Aは2位であった。 2 Bは3位であった。

3 Cは4位であった。 4 Dは5位であった。

5 Eは6位であった。

3 ある公園には，北，北東，東，南東，南，南西，西，北西に席が置かれ，中心を含めて9つの席がある。これらに，O～Tの6人が座り，空席が3つあった。ア～キの内容がわかっているとき，確実にいえるものはどれか。

ア 中心をはさんで，Pの向かい側にはQがいる。

イ 中心をはさんだRの向かい側には，誰もいない。

ウ 北東の席にはPがいる。

エ 中心の席にはOがいる。

オ 中心に向かってQの右隣には，Rがいる。

カ 西の席は空席であった。

キ 中心をはさんだSの向かい側には，Tがいる。

1 南の席にはS，北の席にはTが座っている。

2 南の席は空席である。

3 Rの席は不明である。

4 南西に座っている者は不明である。

5 東の席は空席である。

4 下の図は，ある大学の講義室の座席の一部を表している。各席にA～Fの6人が3人ずつ向かい合って座っていて，次のア～オのことが分かっているとき，確実にいえるものはどれか。

ア AとBは隣り合わせに座っている。

イ Aの前の席には同性のCが座っている。

ウ DはEの隣で端の席に座っている。

エ 6人のうち男性はFを含めて3人である。

オ 男性同士は隣り合わせになっていない。

黒板		
座席	座席	座席
座席	座席	座席

   1　Aの隣はEで，Eは女性である。
   2　Bの隣はFで，Aは女性である。
   3　Cの隣はFで，Bは女性である。
   4　Dの隣はBで，Cは女性である。
   5　Eの隣はCで，Dは女性である。

5　1辺が5cmの立方体がある。この立方体の1つの辺の中点から出発し，各面を1度ずつ通過しながら再びもとの点に戻る場合，最短コースの長さとして正しいものは次のどれか。

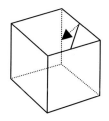

  1　21cm　　2　$15\sqrt{2}$ cm　　3　21.4cm　　4　21.5cm　　5　$12\sqrt{3}$ cm

6　トランプの4種類のマークのカードがそれぞれ5枚（うち1枚はエース），計20枚ある。これをP，Q，R，Sの4人に5枚ずつ配ったところ，それぞれ次のように話した。

  P「同じ種類が4枚ある。エースが2枚ある」
  Q「ダイヤが3枚，スペードが1枚，他のマークが1枚ある」
  R「ダイヤが1枚，クラブが3枚ある」
  S「すべての種類のカードがある。エースが1枚ある」

  このとき，次のア～ウのうち，常に正しいといえるものをすべて選んでいるのはどれか。

  ア　ハートを持っている者は，スペードを持っている。
  イ　スペードを持っている者は，ダイヤを持っている。
  ウ　クラブを持っている者は，ダイヤを持っている。

   1　アのみ　　2　イのみ　　3　アとイ　　4　イとウ　　5　アとウ

7　あるグループにおいて，楽器を演奏する能力について，次のことがわかっている。
　　ア　ピアノを演奏できる人は，ギターを演奏できる。
　　イ　ギターを演奏できる人は，ベースを演奏できる
　　ウ　ピアノを演奏できる人の一部は，ドラムを演奏できる。
　　以上のことから，確実にいえることとして，最も妥当なものはどれか。
　　　1　ドラムを演奏できない人は，ベースを演奏できない。
　　　2　ベース，ギター，ピアノ，ドラムのすべてを演奏できない人はいない。
　　　3　ギター，ベース，ドラムを演奏できる人がいる。
　　　4　ピアノを演奏できない人は，ギターを演奏できない。
　　　5　ギターとピアノだけを演奏できる人がいる。

8　ある地域にはA～Fの6つの市民プールがあり，それらの位置関係はア～オのとおりである。これらから確実にいえるのはどれか。
　　ア　Eは，Aの真東にある。
　　イ　A，B，D及びB，C，Eはいずれも一直線上にある。
　　ウ　Dは，Cの真東かつEの真北にある。
　　エ　Aは，Bの南西かつCの真南にある。
　　オ　Fは，Bの真北かつDの北西にある。
　　　1　Aは，Dの北東にある。
　　　2　Cは，Bの南西にある。
　　　3　Dは，Bの真東にある。
　　　4　Eは，Bの真東にある。
　　　5　Fは，Cの北東にある。

9　下の図をABを軸にして1回転させてできる図形を，ABを垂直にして真横からみたシルエットとして妥当なのは次のうちどれか。

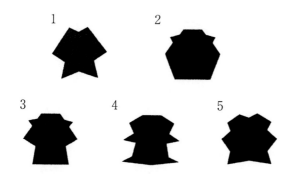

10　A〜Eの5人がある集会に出席することになっていたが，1人だけ欠席した。各人は次のように言っている。

A「私は出席した」

B「欠席したのはCかEである」

C「AもDも出席した」

D「BもDもEも出席した」

E「欠席したのはAかBかCである」

　5人のうち2人だけが本当のことを言い，残りの3人はうそをついていることがわかった。このとき，本当のことを言っている者の組み合わせとして正しいのはどれか。

　1　AとB　　2　AとC　　3　BとC　　4　BとE　　5　DとE

11　ある集団に対し趣味について調査したところ，ア〜エのことがわかった。このとき，確実にいえるものはどれか。

　ア　ゴルフを趣味とする人は，買い物を趣味としている。

　イ　買い物を趣味とする人は，写真撮影を趣味としていない。

　ウ　カードゲームを趣味とする人は，音楽鑑賞を趣味としている。

　エ　写真撮影を趣味としていない人は，音楽鑑賞を趣味としている。

　　1　ゴルフを趣味とする人は，カードゲームを趣味としている。

　　2　買い物を趣味とする人は，音楽鑑賞を趣味としていない。

　　3　音楽鑑賞を趣味としていない人は，買い物を趣味としている。

　　4　写真撮影を趣味とする人は，ゴルフを趣味としていない。

　　5　カードゲームを趣味とする人は，写真撮影を趣味としている。

12 ある体育館のジムの会員100人について，この1週間のジムおよびシャワーの利用状況を調べたところ，次のA～Dのことがわかった。

A　ジムを利用した男性会員の人数は32人であり，シャワーを利用した男性会員の人数は17人であった。

B　ジムだけを利用した女性会員の人数と，シャワーだけを利用した女性会員の人数との計は23人であった。

C　ジムを利用し，かつ，シャワーも利用した男性会員の人数は，シャワーだけを利用した男性会員の人数より3人少なかった。

D　ジムを利用せず，かつ，シャワーも利用しなかった会員の人数は30人であった。

以上から判断して，この一週間，ジムを利用し，かつ，シャワーも利用した女性会員の人数として，正しいものはどれか。

　1　5人　　　2　6人　　　3　7人　　　4　8人　　　5　9人

13 A～Dの4人のグループとE～Hの4人のグループがある。それぞれのグループから1人ずつ選び，2人1組で卓球の試合を行った。今，試合の結果および組み合わせについて，次のア～カのことがわかっているとき，確実にいえるものはどれか。

ア　AとEは，同じ組であった。

イ　BとFは，同じ組ではなく，どちらも優勝していない。

ウ　Cは，3位の組であった。

エ　Dは，Gより下位の組であった。

オ　Hは，4位の組であった。

カ　同順位の組はなかった。

　1　Aは，2位の組であった。

　2　Bは，4位の組であった。

　3　Gは，3位の組であった。

　4　CとGは，同じ組であった。

　5　DとHは，同じ組であった。

14 A〜Dの4人が，キャベツ，ニンジン，ダイコン，トマトの4種類の野菜の中から2種類ずつ選んだところ，次のようであった。このとき，Dが選んだ2種類の野菜の組み合わせとして，正しいものはどれか。

・選んだ野菜の組み合わせは4人とも異なっていた。
・キャベツを選んだのは3人，トマトを選んだのは1人であった。
・AとBはダイコンを選んだ。
・BとCの選んだ野菜に同じ種類のものはなかった。

1　キャベツとニンジン
2　キャベツとトマト
3　ニンジンとダイコン
4　ニンジンとトマト
5　ダイコンとトマト

15 A〜Dの4人は，それぞれ日本国内を2カ所ずつ旅行した。この4人の間でア〜カの事が行われたとわかっているとき，Bの旅行先はどこか。ただし，A〜Dが訪れた旅行先は，青森，岩手，長野，静岡，岐阜，大阪，福岡，鹿児島の8カ所で，旅行先の重複はなかったものとする。

ア　Aは，福岡を旅行した者からお土産をもらった。
イ　福岡を旅行した者は，岐阜を旅行した者からお土産をもらった。
ウ　Aは，旅行に出発する際，長野を旅行した者，鹿児島を旅行した者，岐阜を旅行した者の3人に見送ってもらった。
エ　A，B，青森を旅行した者，岩手を旅行した者の4人は，互いに旅行先の写真を見せ合った。
オ　Cは旅行先から，岩手を旅行した者と福岡を旅行した者の2人に電話をかけた。
カ　岩手を旅行した者は，長野を旅行した者と福岡を旅行した者の2人から旅行先の絵はがきをもらった。

1　長野と静岡
2　長野と福岡
3　静岡と岐阜
4　岐阜と大阪
5　福岡と鹿児島

16 8階建てのマンションに設置されているエレベーターがある。このエレベーターが1階から上昇して8階に到着するまでの間に，A〜Eの5人がそれぞれ乗り降りした。5人が次のように述べているとき，確実にいえるものとして，最も妥当なのはどれか。なお，同じ階である人が乗り，別の人が降りた場合，この2人は乗り合わせたことにはならないものとする。

A：「私は乗った階から三つ上の階で降りた。」

B：「私は4階で降りた。Aと同じ階で乗ったが，降りたのは異なる階だった。」

C：「私はAが降りた階で乗り，乗った階から二つ上の階で降りた。」

D：「私は乗った階から二つ上の階で降りた。私は誰とも乗り合わせなかった。」

E：「私は既に下の階から乗っていたAと乗り合わせ，Cと一緒に降りた。」

1　Aは6階で降りた。

2　Bは2階で乗った。

3　Cは7階で降りた。

4　Dは6階で乗った。

5　Eは4階で乗った。

17 A〜Fの6人の中学生が前から背の高い順に並んでいる。この6人の並び方について，以下のア〜オのことがわかっているとき，6人の並び順を確定することができる条件として，最も妥当なものはどれか。なお，背の高さが同じ者はいない。

ア　AとDの間には2人いて，AよりもDの方が背が高い。

イ　EとFの間には2人いる。

ウ　EはAよりも背が高い。

エ　BはDよりも背が高い。

オ　AとFは隣り合っていない。

1　Aは最も背が低い。

2　Bは前から2番目である。

3　Cは後ろから2番目である。

4　Dは前から3番目である。

5　Fは前から2番目である。

18 ある飲食店のある日の客の出入りはア〜オのようであった。この日，
この店に同時に滞在していた客数として考えられる最大の人数は何人か。

　ア　1人客，2人客，3人客，4人客，5人客の計5組が，それぞれ一度ずつ
　　　だけ出入りした。
　イ　1人客が入ったときには他に2組がいて，出るときにも他に2組がいた。
　ウ　2人客が入ったときには他に1組だけいて，滞在中に3組が出ていった。
　エ　2人客が出ていったすぐ後に5人客が入ってきた。
　オ　4人客が出ていったすぐ後に3人客が入ってきた。
　　　1　6人　　　2　7人　　　3　8人　　　4　9人　　　5　10人

19 ある地域の複数の野球チームの中から優勝チームを選ぶ大会の開催を
企画している。全チーム総当たりのリーグ戦方式を採用する場合の試合数
は，トーナメント戦（敗者復活戦はない）方式を採用する場合の試合数の
ちょうど100倍になることがわかっている。このとき，野球チームの数と
して，妥当なものはどれか。

　1　100チーム　　　2　150チーム　　　3　200チーム
　4　250チーム　　　5　300チーム

20 ある日，A〜Dの4つの野球チームがそれぞれ異なる野球場でA〜D
以外のチームと行った計4試合の結果について，次のア〜エのことがわかっ
ている。

　ア　引き分けの試合はなかった。
　イ　A，B，C，Dの得点および失点はいずれも0〜3点で，この4チー
　　　ムで同一の得点はなく，同一の失点もなかった。
　ウ　A，B，C，Dのうち，負けたのはDのみだった。
　エ　Aの得点とBの失点は同じだった。
　以上の条件から4試合のうちで得点数（各チームそれぞれの得点と失点
の合計）が同じになる可能性のある試合は，次のうちではどれか。

　　　1　Aの試合とBの試合
　　　2　Aの試合とCの試合
　　　3　Aの試合とDの試合
　　　4　Bの試合とCの試合
　　　5　Cの試合とDの試合

21 A〜Cの3人がスポーツ用品店で買ったボールの色と数について，次のア〜カのことがわかっているとき，確実にいえるものとして最も妥当なものはどれか。

ア　3人が買ったボールの合計数は，青色が6個，緑色が3個，黒色が5個であった。

イ　AとBがそれぞれ買ったボールの数は，同数であった。

ウ　AとCがそれぞれ買った黒色のボールの数は，同数であった。

エ　Bが買った緑色と黒色のボールの数は，同数であった。

オ　Cが買ったボールの数は，3人中で最も少なかった。

カ　3人のうち2人は青色，緑色，黒色の3種類のボールを買い，他の1人は2種類の色のボールだけを買った。

1　Aが買った青色のボールの数は，1個であった。

2　Aが買った緑色のボールの数は，1個であった。

3　Bが買った青色のボールの数は，1個であった。

4　Cが買った青色のボールの数は，1個であった。

5　Cが買った緑色のボールの数は，1個であった。

22 紫，白，赤，茶，橙の色のゼッケンをつけたP，Q，R，S，Tの5人の選手が1,500m走に参加した。条件1〜5で述べられたことがわかっているとき，確実にいえるものはどれか。

条件1　白のゼッケンの選手がゴールした後，1人おいてPがゴールした。

条件2　Qは，紫のゼッケンの選手より先にゴールした。

条件3　Rは，Tよりも先にゴールした。

条件4　Sがゴールした後，3人おいてから茶のゼッケンの選手がゴールした。

条件5　橙のゼッケンの選手は，4番目にゴールした。

1　1位の選手は白のゼッケンを着けていた。

2　4位はPであった。

3　赤のゼッケンの選手の次に紫のゼッケンの選手がゴールした。

4　Rは，橙のゼッケンの選手より先にゴールした。

5　Tは，茶のゼッケンを着けていた。

23 図1は，正方形の紙の頂点を重ねて三角形をつくり，できた三角形を半分になるように折ることを2回繰り返したものである。また，図2は，図1の三角形に切り込みを入れ，広げたものである。図1に入れた切り込みを表した図として，最も妥当なものはどれか。

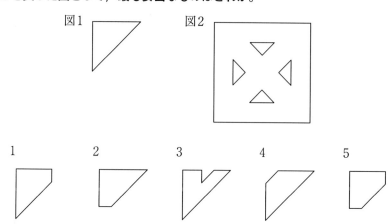

図1　　図2

1　　2　　3　　4　　5

24 半径10cmの円盤を3つ並べ，周囲をたるみがないようにひもで結ぶとき，図1のように並べた場合と図2のように並べた場合のひもの長さについての記述として，最も妥当なものはどれか。ただし，円盤の厚みと結び目に用いるひもの長さについては無視できるものとする。

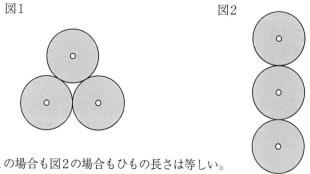

図1　　図2

1　図1の場合も図2の場合もひもの長さは等しい。
2　図1の場合の方が図2の場合に比べて20cm長い。
3　図2の場合の方が図1の場合に比べて20cm長い。
4　図1の場合の方が図2の場合に比べて20πcm長い。
5　図2の場合の方が図1の場合に比べて20πcm長い。

[25] 直線 ℓ 上において，ある図形を左から右へ転がしたところ，点Pが図のような軌跡を描いた。転がした図形として，妥当なものはどれか。

[26] 図のような円状の池A，Bがある。池の周辺がぬかるんでいることから，池Aと池Bの間を歩きやすいように，2つの池の端に接するように長めの丸太を置くことにした場合，置き方は何通りあるか。ただし，丸太の長さは，2つの池の半径の和よりも長いものとし，池の内側にかかってはいけないものとする。

1　3通り　　2　4通り　　3　5通り　　4　6通り　　5　7通り

27 数字で表された暗号がある。「14－16－8」が「かたち」，「1－2」が「いろ」を表すとき，「おもさ」を表す暗号として，妥当なものはどれか。

    1 24－42－34   2 25－43－35   3 26－44－36
    4 27－45－37   5 28－46－38

28 小さな立方体を27個組み合わせることによって図のような立方体をつくった。頂点A，B，Cを結んでできた平面が切り口になるように切断したとすると，切断されない小さな立方体の数として，妥当なものはどれか。

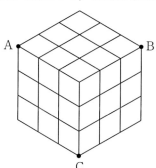

    1 9個
    2 12個
    3 15個
    4 18個
    5 21個

29 図1は，三角形6個からなる6面体であり，図2はその展開図に頂点の一部を書き込んだものである。頂点Dから辺ACの中点に向かって直線を引いたとき，その延長線上にある展開図上の点として，最も妥当なものはどれか。

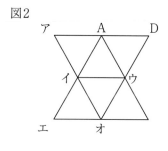

    1 点ア   2 点イ   3 点ウ   4 点エ   5 点オ

30 小さな立方体を重ねた後，それを前後左右の4つの方向から見ると，図のように見えた。このとき，重ねた立方体の最大の数として，最も妥当なものはどれか。

1　63個

2　74個

3　81個

4　84個

5　96個

31 図は，小さな立方体を27個集め，接着剤を使って大きな立方体を作った後，上面の中心にある小さな立方体を崩れないように注意しながらくり抜き，垂直に貫通するまで加工したものである。その後，表面をくり抜いた内側も含めて塗装したとき，塗料が2面に塗られた小さな立方体の個数と，3面に塗られた小さな立方体の個数の差として，最も妥当なものはどれか。

1　8個

2　9個

3　10個

4　11個

5　12個

32 図は，さいころを4つ並べたものである。それぞれのさいころが接している面の数の和が6であるとき，AとBの和としてあり得るものとして，最も妥当なものはどれか。

1　4

2　7

3　9

4　10

5　11

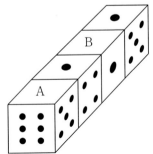

[33] 諺「急がば回れ」と同じ内容を表すものとして，正しいものはどれか。

1 急いでいないときは回り道をした方が良い。
2 急いでいないときは回り道をしない方が良い。
3 回り道をした方が良いのは急いでいるとき。
4 回り道をした方が良いのは急いでいないとき。
5 回り道をしない方が良いのは急いでいないとき。

[34] ①，②，③，④，⑤と書かれたボールが2個ずつ，計10個のボールが箱の中に入っている。A，B，Cの3人が順にボールを2個ずつ取り出した。ただし，取り出したボールは箱に戻していない。以下のことが分かっているとき，確実にいえることとして正しいものはどれか。

・箱の中に残った4個のボールに書かれている数の合計は8であった。
・人がそれぞれ取り出した2個のボールに書かれた数の合計は，小さい順にA，B，Cであり，CはAの1.5倍であった。

1 3人のうち，少なくとも1人は同じ数の書かれたボールを持っている。
2 Aは①と書かれたボールを持っている。
3 Bは③と書かれたボールを持っている。
4 Bは④と書かれたボールを持っている。
5 Cは④と書かれたボールを持っている。

《 解 答・解 説 》

1 5

解説 まず，A～Cの発言がすべて正しいと仮定し，次の対応表を作成する。ただし，「選択している」と発言されたものを○とする。

Bの発言より，「Bの書道が○」となる。

Aの発言より，「Bの書道が○なので，Aの書道も○」となる。

Cの発言より，「AとBの書道が○なので，Cの工芸が○」となる。

ここまでをまとめると，次のようになる。

	書道	工芸
A	○	
B	○	
C		○

次に，それぞれの発言がうそであった場合を考える。

Aの発言がうそのとき，「AはBとは違う科目なので，工芸が○」となるが，これではCと同じ科目を選択することになるので，不適である。

Bの発言がうそのとき，「Bの工芸が○」となる。すると，「AはBと同じ科目なので工芸が○，CはA，Bと違う科目なので書道が○」となり，成り立つ。

Cの発言がうそのとき，「CはAとBと同じ科目なので，書道が○」となり，成り立つ。

よって，可能性があるのは，次の2つの組合せである。

①Aが工芸，Bが工芸，Cが書道

②Aが書道，Bが書道，Cが書道

選択肢より，可能性があるのは①の場合のみである。

以上より，正解は5。

2 5

解説 条件アより，D－E戦の敗者はEだとわかる。同様に，条件イより，B－C戦の勝者はBだとわかる。よって，全6試合の対戦相手と勝敗が次のようにわかる。（勝った場合は○，負けた場合は×と表す）

・B－C　○－×
・D－E　○－×
・A－B　○－×
・D－F　×－○
・C－F　○－×
・A－E　○－×

これらの結果を整理すると，

A：2勝0敗（1位）

B，C，D，F：1勝1敗（2位）

E：0勝2敗（6位）

よって，選択肢の中で確実にいえるのはEが最も勝ち数が少なく6位であることだけである。

以上より，正解は5。

3　5

解説　ウより，北東にはPがおり，アより，その向かい側の南西にはQがおり，オより，その右隣の南にはRがいる。また，イより，南にいるRの反対側の北は空席であり，カより，西も空席である。さらに，キより，SとTについては，Oをはさんで向かい側どうしなので，残りの東，北西，南東のうち，北西と南東のいずれかに座り，東の席は空席となる。まとめると，次の図のようになる。

したがって，東の席が空席であることは確実にいえる。

以上より，正解は5。

4 5

解説 条件アより「AとBは隣り合わせに座って」おり，条件イより「Aの前には同性のCが座っている」ので，A，B，Cの位置関係は次のようになる。ただし，AとCの性別を○とする。

条件ウより「DはEの隣で端の席に座っている」ので，上の図と合わせると次のようになる。

条件エより「Fは男性」であり，条件オより「男性同士は隣り合わせになっていない」ので，上の図の残った席にFが座り，いずれの場合でもBは女性となる。ここで，もし○のついたAとCが女性の場合，隣り合うDとEが男性となり条件オと矛盾するので，AとCは男性となる。すると，条件エより「男性はFを含めて3人」なので，A，C，Fは男性，残ったB，D，Eは女性となる。

ここまでをまとめると，次のようになる。ただし，男性には○をつける。

Ⓒ	E	D			D	E	Ⓒ
Ⓐ	B	Ⓕ	または		Ⓕ	B	Ⓐ

したがって，いずれの場合でも「Eの隣はCで，Dは女性」となる。
以上より，正解は5。

5 2

解説 出発点をPとし，立方体を次のような展開図で表すと，求める最短コースは，展開図上で太線で示した直線となる。

最短コースの長さは，等辺の長さが15cmの直角二等辺三角形の斜辺の長さより，$15\sqrt{2}$ cmとなる。

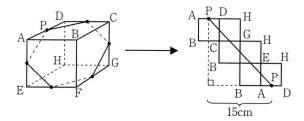

以上より、正解は2。

解説　P〜Sの発言から、次の対応表を作成する。ただし、持っている場合は〇、持っている枚数が確定した場合はその数、持っていない場合は×を記入する。

Pの発言より、「Pはエースが2」となる。

Qの発言より、「Qはダイヤが3、スペードが1」となる。

Rの発言より、「Rはダイヤが1、クラブが3」となる。

Sの発言より、「Sはスペード、ハート、ダイヤ、クラブがそれぞれ〇、エースが1」となる。

ここまでで、対応表は次のようになる。

	スペード	ハート	ダイヤ	クラブ	計	エース
P					5	
Q	1		3		5	2
R			1	3	5	
S	〇	〇	〇	〇	5	1
計	5	5	5	5	20	4

すると、Pは「同じ種類が4枚」であり、「Pが4となるのはハート」しかない。これにより、「Sのハートが1、QとRのハートが×」となる。すると、「Qの残り1はクラブ」しかない。すると、「Sのクラブは1、Pのクラブは×」となる。また、ダイヤのうち4枚は確定したので「Sのダイヤは1、Pのダイヤは×」となる。すると、「Sのスペードは2」となる。さらに、「Pの残り1はスペード」なので、「Rのスペードは1」となる。

ここまでで，対応表は次のようになる。

	スペード	ハート	ダイヤ	クラブ	計	エース
P	1	4	×	×	5	
Q	1	×	3	1	5	2
R	1	×	1	3	5	
S	2	1	1	1	5	1
計	5	5	5	5	20	4

ア〜ウについて検討する。

ア．正しい。ハートを持っているPとSは，スペードも持っている。　イ．誤り。スペードを持っているPは，ダイヤを持っていない。　ウ．正しい。クラブを持っているQ，R，Sは，ダイヤも持っている。

したがって，常に正しいといえるのはアとウである。

以上より，正解は5。

7 3

解説 条件ア〜ウをもとにベン図を作成すると，右のようになる。

1．誤り。②③④の領域には「ドラムを演奏できないが，ベースを演奏できる人」が含まれるので，確実ではない。　2．誤り。⑧の領域には「いずれの楽器演奏できない人」が含まれるので，確実ではない。　3．正しい。③の領域には「ギター，ベース，ドラムを演奏できる人」が含まれている。　4．誤り。③⑤の領域には「ピアノを演奏できないが，ギターを演奏できる人」が含まれるので，確実ではない。　5．誤り。ギターを演奏できる人は，必ずベースも演奏できるので，「ギターとピアノだけを演奏できる人」はいない。

8 5

解説 条件ア～オをもとに，北を上にとり地図を描く。

条件エより，「Aを中心に，Aの北東にB，真北にCがあり」，

条件アより，「Aの真東にEがある」ことがわかる。それぞれのAからの距離はわからないが，条件イより，「B，C，Eは一直線上にある」ことから，次のように作図することができる。

また，条件ウより，「Cの真東，Eの真北にD」をとり，さらに，条件イより，「A，B，Dが一直線上にある」ので，次のようにA，C，D，Eで正方形を作るように並ぶことがわかる。

さらに，条件オより，「FはBの真北かつDの北西にある」ので，Fの位置が以下の図のようにわかり，FはCの北東にあることがわかる。

以上より，正解は5。

9 3

解説 まず，②のように設問の図をABが垂直になるように傾ける。次に，ABを軸に対象な図形を求め，③のように元の図と重ね合わせる。すると，①の図を1回転させて真横からみると，③の上下の凹んだ部分は側面に隠されてみえなくなる。

以上より，正解は3。

10 5

解説 A～Eが欠席した場合，それぞれの発言が本当かうそかを一つ一つ検討して次の表にまとめる。本当のことを言った（またはうそをついていない）場合は〇，うそをついていた場合は×とする。

Aが欠席した場合，「A，B，Cの発言はうそ」となり，「D，Eの発言は本当」なので，本当のことを言っているのは2人，うそをついているのは3人となる。

Bが欠席した場合，「B，Dの発言はうそ」となり，「A，C，Eの発言は本当」なので，本当のことを言っているのは3人，うそをついているのは2人となる。

Cが欠席した場合，「全員の発言は本当」なので，本当のことを言っているのは5人，うそをついているのは0人となる。

Dが欠席した場合，「B，C，D，Eの発言はうそ」となり，「Aの発言は本当」なので，本当のことを言っているのは1人，うそをついているのは4人となる。

Eが欠席した場合，「D，Eの発言はうそ」となり，「A，B，Cの発言は本当」なので，本当のことを言っているのは3人，うそをついているのは2人となる。

		本当またはうそ				
		A	B	C	D	E
発言者	A	×	〇	〇	〇	〇
	B	×	×	〇	×	〇
	C	×	〇	〇	×	〇
	D	〇	×	×	×	×
	E	〇	〇	〇	×	×
本当		2	3	5	1	3
うそ		3	2	0	4	2

　したがって，本当のことを言っているのが2人，うそをついているのが3人

となるのは，Aが欠席した場合であり，このとき本当のことを言っているのはDとEである。

以上より正解は5。

---

11 4

解説 一般に，ある命題が真であれば，その対偶も真となる。問題文の命題とその対偶を記号化すると次のようになる。

	命題	対偶
ア	ゴルフ→買い物	買い物→ゴルフ
イ	買い物→写真撮影	写真撮影→買い物
ウ	カード→音楽鑑賞	音楽鑑賞→カード
エ	写真撮影→音楽鑑賞	音楽鑑賞→写真撮影

これらを三段論法によりつなげていくことで，選択肢が成り立つか検討する。
1. 誤り。ア，イ，エより，「ゴルフ→買い物→写真撮影→音楽鑑賞」となるが，その続きがないため，確実にいうことができない。　2. 誤り。イ，エより，「買い物→写真撮影→音楽鑑賞」となるため，確実にいうことができない。
3. 誤り。エの対偶，イの対偶より，「音楽鑑賞→写真撮影→買い物」となるため，確実にいうことができない。　4. 正しい。イの対偶，アの対偶より，「写真撮影→買い物→ゴルフ」となるので，確実にいうことができる。　5. 誤り。ウより，「カード→音楽鑑賞」となるが，その続きがないため，確実にいうことができない。

---

12 1

解説 次のようなキャロル表を作成し，それぞれの領域に記号a～hをつける。

キャロル表とは，「男性か女性か」，「○○を利用したかしていないか」，といった両立し得ない条件を四角で区切って整理した図のことである。全体を大きな長方形で表し，一つ目の条件を縦の線で，二つ目の条件を横の線で仕切り，三つ目の条件は大きな長方形の中に小さな長方形を描いて区切る。

例えばaは「ジムを利用し，シャワーを利用した男性」を表し，fは「ジムを利用せず，シャワーを利用しなかった女性」を表す。

求める人数はcに対応する。

条件Aの前半より，$a + g = 32$…①

条件Aの後半より，$a + b = 17$…②

条件Bより，$d + e = 23$…③

条件Cより，$a = b - 3$…④

条件Dより，$f + h = 30$…⑤

さらに，会員は全部で100人より，

$\quad a + b + c + d + e + f + g + h = 100$…⑥

②に④を代入して，$(b - 3) + b = 17$より，$b = 10$…⑦

⑥に①③⑤⑦を代入すると，

$\quad c + (32 + 23 + 30 + 10) = 100$

$$c = 5$$

以上より，正解は1。

13 5

解説 以下のような表を作成すると，条件ウ，オより，

	A～Dグループ	E～Hグループ
1位		
2位		
3位	C	
4位		H

条件エ「Dは，Gより下位の組であった。」よりDは2位か4位である。Dが2位の場合，Gが1位となり，条件ア「AとEは，同じ組であった。」を満たすことができない。よって，Dは4位である。

	A～Dグループ	E～Hグループ
1位		
2位		
3位	C	
4位	D	H

条件イ「BとFは，同じ組ではなく，どちらも優勝していない。」よりBは2位，残ったAが1位となる。

さらに，条件ア「AとEは，同じ組であった。」よりEは1位，

条件イ「BとFは，同じ組ではなく，どちらも優勝していない。」よりFはBと異なる組で3位，残ったGは2位となり，次の表が完成する。

	A～Dグループ	E～Hグループ
1位	A	E
2位	B	G
3位	C	F
4位	D	H

したがって，DとHは同じ組となる。

以上より，正解は5。

14 1

解説 便宜上，設問の4つの条件をそれぞれア～エとし，これらをもとに次の表を作成する。ただし，選んだことが確実な場合は○，選ばなかったことが確実な場合は×とする。

条件イより，「キャベツの計は3，トマトの計は1」となる。

条件ウより，「AとBのダイコンは○」となる。

条件エより，BとCは同じ種類の野菜を選ばなかったので「Cのダイコンは×」となる。

ここまでで，次のようになる。

	キャベツ	ニンジン	ダイコン	トマト	計
A			○		2
B			○		2
C			×		2
D					2
計	3			1	8

ここで，条件アより，4人の選んだ野菜の種類の組合せは異なるので，AとBの両方がキャベツを選ぶことはないので，「CとDのキャベツは○」となる。すると，条件エより「Bのキャベツは×」となるので，「Aのキャベツが○，

ニンジンとトマトは×」となる。また，条件アより「Dのダイコンは×」となるので「ダイコンの計は2，ニンジンの計は2」となる。すると，条件アより「CとDのどちらかのトマトが○」となるので，「Bのトマトは×，残ったニンジンは○」となる。すると，条件エより「Cのニンジンは×」となるので，「Dのニンジンは○」となり，「Cのトマトは○，Dのトマトは×」となる。

以上より，表は以下のようになる。

	キャベツ	ニンジン	ダイコン	トマト	計
A	○	×	○	×	2
B	×	○	○	×	2
C	○	×	×	○	2
D	○	○	×	×	2
計	3	2	2	1	8

したがって，Dが選んだのはキャベツとニンジンである。

以上より，正解は1。

15 5

解説 条件ア～カをもとに次の表を作成する。ただし，旅行したことが確実な場合は○，旅行しなかったことが確実な場合は×とする。

条件アより，Aと福岡を旅行した者は別人なので，「Aの福岡は×」となる。

条件ウより，「Aの長野，鹿児島，岐阜は×」となる。

条件エより，「AとBの青森，岩手は×」となる。

条件オより，「Cの岩手，福岡は×」となる。

ここまでで，表は次のようになる。

	青森	岩手	長野	静岡	岐阜	大阪	福岡	鹿児島	計
A	×	×	×		×		×	×	2
B	×	×							2
C		×					×		2
D									2

よって，「Aの静岡と大阪が○，A以外の静岡と大阪が×」，「Dの岩手が○」となる。また，条件カより「Dの長野，福岡は×」となるので，「残ったBの福岡が○」となる。すると，条件イより「Bの岐阜は×」，条件カより「Bの長

野は×」となるので，「Bの鹿児島は○，B以外の鹿児島は×」となる。すると，「Cの長野は○」となる。すると，条件ウより「長野も鹿児島も×，Dの岐阜が○」となり，「残ったCの青森が○」となる。

よって，表は次のようになる。

	青森	岩手	長野	静岡	岐阜	大阪	福岡	鹿児島	計
A	×	×	×	○	×	○	×	×	2
B	×	×	×	×	×	×	○	○	2
C	○	×	○	×	×	×	×	×	2
D	×	○	×	×	○	×	×	×	2

したがって，Bの旅行先は福岡と鹿児島である。

以上より，正解は5。

16 1

解説 AとBの発言をまとめると，「AとBが乗ったのは2～3階，Bが降りたのは4階，Aが降りたのは5～6階」となる。

よって，Cの発言から「Cが乗ったのは5～6階，降りたのは7～8階」となる。

さらに，Eの発言から「Eが乗ったのは3～4階，降りたのは7～8階」となる。

ここまでをまとめると，次のようになる。

階	1	2	3	4	5	6	7	8
A		乗			降			
			乗			降		
B		乗		降				
			乗	降				
C					乗		降	
						乗		降
D								
E			乗			降		
				乗		降		
			乗					降
				乗				降

ここで，Dの発言が成り立つためには，「Dが1階で乗り，3階で降りた場合」であり，このとき誰とも乗り合わせないのは「BとCが3階で乗った場合」である。よって，以下の場合となる。

階	1	2	3	4	5	6	7	8
A			乗			降		
B			乗	降				
C						乗		降
D	乗		降					
E				乗				降
					乗			降

したがって，Eが乗った階は確定しないので，確実にいえるのはAが6階で降りたことである。

以上より，正解は1。

17 5

解説 まず，条件ア〜オを記号化し，背の高い方を左から並べていく。ただし，○は誰かが間に入ることを意味する。

条件アより，D○○A

条件イより，E○○F または F○○E

条件ウより，E＞A

条件エより，B＞D

次に，条件ア，イ，ウを合わせると，次の9通りが考えられる。

①	D	E		A	F	
②	D		E	A		F
③	E	D		F	A	
④		D	E		A	F
⑤	F	D		E	A	
⑥	E		D	F		A
⑦		E	D		F	A
⑧	F		D	E		A
⑨		F	D		E	A

さらに，条件エを踏まえると，①②③⑤は不適，条件オよりAとFは隣り合わないので，④⑦は不適となるので，次の3通りに絞られる。

⑥	E	B	D	F	C	A
⑧	F	B	D	E	C	A
⑨	B	F	D	C	E	A

したがって，Fが前から2番目なのは⑧だけなので，この条件があれば6人の並び順が確定する。

以上より，正解は5。

18 2

解説 それぞれの客が滞在していた時間を矢印で示す。ただし，矢印の左端は店に入ったとき，右端は店から出たときを表す。

イ：「1人客が入ったときには他に2組いた」ので，

ウ：「2人客が入ったときには他に1組だけいて，滞在中に3組が出ていった」ので，

エ：「2人客が出ていったすぐ後に5人客が入ってきた」ので，

オ：「4人客が出ていったすぐ後に3人客が入ってきた」ので，

ここで，ウとエより「2人客が入ったときにいた1組，および滞在中に出て
いった3組」は5人客ではないので，1，3，4人客のいずれかとなり，3組とも
2人客が滞在中に出ていったことになる。また，イより「1人客が入ったとき
に他にいた2組」のうち1組は2人客，「出るときにいた2組」のうち1組は
2人客となる。これとオを合わせると，

よって，同時に滞在していた客数の最大人数は，2，4，1人客が同時に滞在
していたときなので，2 + 4 + 1 = 7〔人〕となる。
以上より，正解は2。

19 3

解説 （リーグ戦の試合数）=（トーナメント戦の試合数）× 100
ここである地域の野球チームの数をnチーム（nは2以上の自然数）とおくと

(1)　nチームのリーグ戦の全試合数は$\dfrac{n(n-1)}{2}$

(2)　nチームのトーナメント戦での全試合数は$n-1$

よって，$\dfrac{n(n-1)}{2} = (n-1) \times 100$

$n \neq 1$なので両辺を$(n-1)$で割ることができ，

$\dfrac{n}{2} = 100$

　$n = 200$

よって，200チームとなる。
以上より，正解は3。

20 3

解説 条件ア，イ，ウより，勝ったA～Cの3チームは，（得点1，失点0），
（得点2，失点1），（得点3，失点2），のいずれかである。また，負けたDの
得点は0であり，全試合の得点の合計と失点の合計は等しいので，Dの失点

は1 + 2 + 3 + 0 = 4〔点〕である。

このうち，条件エより，Aの得点とBの失点が一致するのは次の2通りである。

①	得点	失点	計
A	1	0	1
B	2	1	3
C	3	2	5
D	0	3	3

②	得点	失点	計
A	2	1	3
B	3	2	5
C	1	0	1
D	0	3	3

よって，得点数が一致する可能性があるのは，①のBとDまたは②のAとDである。

以上より，正解は3。

21 1

解説 条件ア～エを表に整理し，次のようにまとめる。

条件イ「AとBがそれぞれ買ったボールの数は，同数であった。」より，AとBが買ったボールの数をxとおく。

条件ウ「AとCがそれぞれ買った黒色のボールの数は，同数であった。」より，AとCが買った黒色のボールの数をyとおく。

条件エ「Bが買った緑色と黒色のボールの数は，同数であった。」より，Bが買った緑色と黒色のボールの数をzとおく。

	青	緑	黒	計
A			y	x
B		z	z	x
C			y	
計	6	3	5	14

また，条件カより，表の中には1箇所だけ0が入る。

よって，$x \neq 0$, $y \neq 0$, $z \neq 0$

黒色の列について，$2y + z = 5$である。$y \neq 0$, $z \neq 0$より，$(y = 1, z = 3)$または$(y = 2, z = 1)$のいずれかとなる。

$(y = 1, z = 3)$の場合，緑色について，AとCがともに0となってしまい，0が1箇所だけという条件に反する。よって$(y = 2, z = 1)$に決まる。

251

	青	緑	黒	計
A			2	x
B		1	1	x
C			2	
計	6	3	5	14

A，B，Cの合計の列について，Cが買ったボールの数をcとすると，$2x + c$ = 14とおける。

条件オより，$x > c$なので，$(x = 5, c = 4)$または$(x = 6, c = 2)$のいずれかとなる。

$(x = 6, c = 2)$の場合，Cについて，青色と緑色がともに0となり不適。よって$(x = 5, c = 4)$に決まる。残り4つの欄について，0が1箇所だけになるように埋めると次のようになる。

	青	緑	黒	計
A	1	2	2	5
B	3	1	1	5
C	2	0	2	4
計	6	3	5	14

したがって，Aが買った青色のボールの数は1個となる。

以上より，正解は1。

---

22 5

解説 全体として，確定する部分を決めてから，残りについて場合分けをし，いずれにも該当する選択肢を捜すことになる。以下，1段目に順位，2段目に選手，3段目にゼッケンの色を示すことにする。

まず，条件5より，橙の順位が4位に確定する。また，条件4において，「3人おいてからゴール」ということは，間に3人入るということであるから，1位（S）と5位（茶）が明らかになる。さらに，以上を踏まえると，条件2より，Qは2位，紫は3位となるから，以下の順位が確定する。

1位	2位	3位	4位	5位
S	Q			
		紫	橙	茶

ここで，条件1に注目して場合分けをする。

白が1位の場合，3位がPであり，条件3，条件4を加味すると，次のようになる。

1位	2位	3位	4位	5位
S	Q	P	R	T
白	赤	紫	橙	茶

白が2位の場合，4位がPであり，条件3，条件4を加味すると，次のようになる。

1位	2位	3位	4位	5位
S	Q	R	P	T
赤	白	紫	橙	茶

以上より，確実にいえることは，これらの表に共通するものである。

1. 誤り。1位は白のゼッケンを着けた選手か赤のゼッケンを着けた選手のいずれかである。　2. 誤り。4位はPかRのいずれかである。　3. 誤り。赤のゼッケンを着けた選手の次は，紫のゼッケンを着けた選手か白のゼッケンを着けた選手のいずれかである。　4. 誤り。Rは，橙のゼッケンを着けた選手より先にゴールする場合があり得る一方，Rが橙のゼッケンを着ける場合もあり得る。　5. 正しい。いずれの場合においても，5位のTは茶のゼッケンを着けている。

23 3

解説　折りたたんだ紙に切り込みを入れて広げると，切り取られた部分が折り目に対して線対称になることを利用する。次のように順番に考えるとよい。

①切り込みを入れて広げた図について，線対称となるような折り目を見つけ，1回だけ折りたたんだ図を作る。

②①と同様に考えて2回目の折り目を探し，もう1回折りたたんだ図をつくる

③①と同様に考えて3回目の折り目を探し，もう1回折りたたんだ図をつくる

| 広げた図 | 1回だけ
折りたたんだ図 | 2回
折りたたんだ図 | 3回
折りたたんだ図 |

以上より，正解は3。

24 3

解説

図1 　図2

図1，図2において，曲線の部分を合わせると，1つ分の円周に相当する。つまり，2つの図において，曲線の部分の長さは共通である。よって，周囲の直線部分を比較することによって長さに違いが求められる。半径が10cmであることに留意すると次のようになる。

図1の周囲の直線部分 $= 10 \times 2 \times 3 = 60$ 〔cm〕

図2の周囲の直線部分 $= 10 \times 4 \times 2 = 80$ 〔cm〕

よって，図2の方が，20〔cm〕長い。

以上より，正解は3。

25 5

解説 設問の軌跡より，転がりはじめてからしばらくの間は，直線 ℓ と平行な線分を描くので，動点Pと直線の距離が等しくなっている。これは，このような軌跡を描くのは，直線 ℓ 上を転がる部分が円弧になっている図形なので，この時点で選択肢1，3，4は不適である。

　次に，動点Pの描く軌跡が円弧を描くとき，図形の直線部分が直線 ℓ 上を転がることになるので，求める図形は円弧と直線をもつことになる。

　したがって，求める図形は扇形となる。参考までに，選択肢5の扇形を転がしたときに動点Pが描く軌跡は，次のようになる。

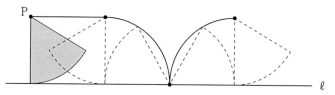

以上より，正解は5。

<hr />

26 2

解説 2つの円の共通接線の数を求める。
この場合，条件に合うのは，右図のように4通りある。
以上より，正解は2。

<hr />

27 4

解説 「1－2」が「いろ」を表すことから，「イロハ…」と数字を対応させることを想定すると，「14－16－8」が「かたち」に対応する。よって「おもさ」は，「27－45－37」に対応する。ちなみに，この場合，数字と対応は次のようになる。

イ(1)，ロ(2)，ハ(3)，ニ(4)，ホ(5)，ヘ(6)，ト(7)，チ(8)，リ(9)，ヌ(10)，ル(11)，ヲ(12)，ワ(13)，カ(14)，ヨ(15)，タ(16)，レ(17)，ソ(18)，ツ(19)，ネ(20)，ナ(21)，ラ(22)，ム(23)，ウ(24)，ヰ(25)，ノ(26)，オ(27)，ク(28)，ヤ(29)，マ(30)，ケ(31)，フ(32)，コ(33)，エ(34)，テ(35)，ア(36)，サ(37)，キ(38)，ユ(39)，メ(40)，ミ(41)，シ(42)，ヱ(43)，ヒ(44)，モ(45)，セ(46)，ス(47)。
以上より正解は4。

28 4

解説 頂点A，B，Cを結ぶと図1のようになり，三角形ABCは正三角形で，これが切断面であり，図2のようになる。

図1　　　　　　　　　　　　　図2

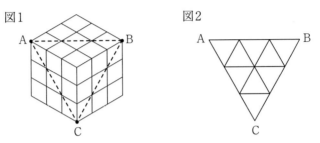

図2の中の小さな三角形は，それぞれ，切断された小さな立方体1つに対応する。よって，切断された立方体は9個になるから，切断されていない立方体の数 = 27 − 9 = 18〔個〕

以上より，正解は4。

　　参考：立方体を1段ずつスライスし，それぞれの段で切断された立方体の
　　　　　数を数える（下図の●をつけたもの）。すると，上から1段目は5個，
　　　　　上から2段目は3個，上から3段目は1個なので，切断された立方体
　　　　　は合計5 + 3 + 1 = 9〔個〕となる。
　　　　　よって，切断されない立方体の数は，27 − 9 = 18〔個〕

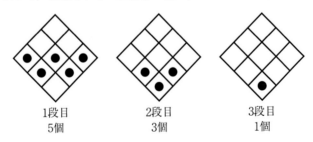

1段目　　　　　　　2段目　　　　　　　3段目
5個　　　　　　　　3個　　　　　　　　1個

29 2

解説 頂点Dから辺ACの中点に向かって直線を引くと，次のようになる。

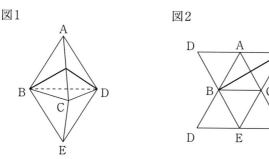

図1   図2

なお，展開図上のDは，4つあり，組み立てると一致することに注意すること。よって，求める点はBであり，これは，設問の図2の点イに対応する。
以上より，正解は2。

30 4

解説 条件を満たす立方体の重ね方は，次のような見取図で表される。

上から，1，9，25，49個となる。（上から1^2，3^2，5^2…というように，奇数の2乗になっており，規則性がある。）
よって，求める立方体の個数は，$1 + 9 + 25 + 49 = 84$〔個〕。
以上より，正解は4。

31 1

解説 27個の小さな立方体のうち，くり抜かれたものは3個であり，残ったものは24個である。そのうち，3面に塗られた個数は，大きな立方体の上段と下段の立方体であり，その個数は$8 \times 2 = 16$〔個〕である。

2面に塗られた個数は中段の8個である。

よって，両者の差は，$16 - 8 = 8$〔個〕。

以上より，正解は1。

32 3

解説 設問の図にある4つのサイコロを，手前のものから順に左に並べた五面図を示す。

   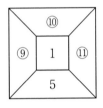

「向かい合う目の数の和が7」…Ⓐより，①は2，②は1，④は3，⑦は6，⑩は2となる。

また，「さいころが接している面の数の和が6」…Ⓑより，③は5となる。

すると，Ⓐより⑤は2となる。

すると，Ⓑより⑥は4となる。

すると，Ⓐより⑧は3となる。

すると，Ⓑより⑨は3となる。

すると，Ⓐより⑪は4となる。

ここで，A面は残った3か4，Bの面は残った2か5となる。よって，AとBの和としてありえるのは，$3 + 2 = 5$，$3 + 5 = 8$，$4 + 2 = 6$，$4 + 5 = 9$のいずれかである。

以上より，成果は3。

33 5

解説 「急がば回れ」は「急いでいる ⇒ 回り道をした方が良い」である。よって，同じ内容を表すものは，対偶の「$\overline{\text{回り道をした方が良い}}$ ⇒ $\overline{\text{急いでいる}}$」，つまり「回り道をしない方が良いのは急いでいないとき」となる。
以上より，正解は5。

34 5

解説 10個のボールに書かれている数の合計は $(1 + 2 + 3 + 4 + 5) \times 2 = 30$ であり，箱の中に残った4個のボールに書かれている数の合計は8だから，3人が持っている6個のボールに書かれている数の合計は22である。また，箱の中に残った4個のボールは①①③③，①②②③，①①②④のいずれかである。
すると，3人がそれぞれ取り出した2個のボールに書かれた数の合計について，小さい順にA，B，Cであり，CはAの1.5倍であったから，Aは偶数で4か6か8である。
・Aが4のとき，Cは6であり，Bは12となって条件に反する。
・Aが6のとき，Cは9であり，Bは7となって条件を満たす。
・Aが8のとき，Cは12となって条件に反する。
　よって，A，B，Cが取り出したボールは，以下の3通りとなる。

A	②，④	①，⑤	③，③
B	②，⑤	③，④	②，⑤
C	④，⑤	④，⑤	④，⑤

1. 誤り。3人のうち，少なくとも1人は同じ数の書かれたボールを持っているとは限らない。　2. 誤り。Aは①と書かれたボールを持っているとは限らない。　3. 誤り。Bは③と書かれたボールを持っているとは限らない。
4. 誤り。Bは④と書かれたボールを持っているとは限らない。　5. 正しい。Cは④と書かれたボールを持っている。
以上より，正解は5。

数的処理　　数的推理

　数的推理は，数的処理の中では最も算数・数学の知識や能力が役に立つ分野といえる。出題形式はほとんどが文章題であり，必要な情報を読み取り，自身で方程式を立てて解いていく能力が求められる。本書の数学の内容を参考にしつつ，以下の重要事項を知っておいてほしい。

　まず知っておいてほしいのは，「速さ，距離，時間」の関係である。（速さ）$= \left(\dfrac{距離}{時間} \right)$ という基本公式をもとに，式変形をして距離や時間を求める，秒から分（または時間），kmからm（またはcm）などに単位変換する，といった操作を速く正確に行えるようになってほしい。このような力を身に付けることで，「通過算」，「旅人算」，「流水算」などの理解にもつながり，「仕事算」や「ニュートン算」といった計算問題にも応用できる。

　次に，「比と割合」といった指標の活用法を覚えよう。問題によっては具体的な数量ではなく比や割合だけが与えられる場合もある。例えば，「AとBの比が$a : b$」と出てきたら，Aはa個，Bはb個のように比の値をそのまま数量とする，あるいはAはax個，Bはbx個といった表し方をすると考えやすくなる。また，比例配分の考え方「X個をAとBに$a : b$に配分すると，Aには$\dfrac{a}{a+b} \times X$〔個〕，Bには$\dfrac{b}{a+b} \times X$〔個〕配分される」もよく利用される。割合では，「百分率％で表されていたら全体を100とする」と考えやすくなる。「割引き」や「割り増し」といった言葉が出てきた場合の計算にも慣れておこう。

　学習のコツとしては，判断推理と同様に「設問を読んだだけで何をすればよいか見通しが立てられるぐらいまで取り組む」ことである。もし学習時間の確保が困難であれば，「設問から必要な情報を読み取り方程式を立てる」ステップだけでも反復練習しよう。

《 **演 習 問 題** 》

1 ある検定試験で受験者の35％が合格した。合格者の平均点は不合格者の平均点より40点高く，受験者全体の平均点が47点であるとき，合格者の平均点はいくらか。

　1　71点　　　2　72点　　　3　73点　　　4　74点　　　5　75点

2 次の記号で示された部分の数字の合計（a＋b＋c＋d）の値として，正しいものはどれか。ただし，a～jはそれぞれ0～9の整数で，同じ数となってもよい。

$$
\begin{array}{r}
\boxed{a}\ 2\ \boxed{b} \\
\times\quad \boxed{c}\ 4 \\
\hline
1\ 7\ \boxed{d}\ 8 \\
2\ \boxed{e}\ \boxed{f}\ \boxed{g}\quad \\
\hline
\boxed{h}\ \boxed{i}\ \boxed{j}\ 9\ 8 \\
\end{array}
$$

　1　16　　　　2　17　　　　3　18　　　　4　19　　　　5　20

3 次の数列の第8項を求めよ。

　　　7，21，63，189…

　1　9321　　　2　12150　　　3　12522　　　4　15309　　　5　19863

4 AとBがあるボードゲームを開始し，AがBに勝つ確率は常に60％とする。先に3勝した方を優勝とするとき，Aが優勝する確率にもっとも近いのは次のどれか。

　1　$\dfrac{2}{3}$　　　2　$\dfrac{3}{4}$　　　3　$\dfrac{4}{7}$　　　4　$\dfrac{5}{7}$　　　5　$\dfrac{5}{8}$

5　次の図の四角形KLMNは，∠M＝∠N＝90°，KN∥LM，KN＝16cm，LM＝10cm，MN＝12cmの台形である。また，点Oは，Lを出発し，M，Nを通って，Kに至るまで，四角形KLMNの周上を毎秒2cmの速さで進むものとする。△KLOの面積が48cm²になる時間として正しいものはどれか。ただし，時間は，点OがLを出発した時点を基準とする。

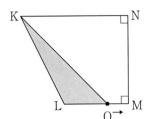

1　2秒後と8秒後
2　2秒後と11秒後
3　4秒後と8秒後
4　4秒後と15秒後
5　6秒後と12秒後

6　次のア～エのAからGは，それぞれ，0, 1, 2, 3, 4, 5, 6, のいずれかであり，同じものはない。このとき，Gにあてはまるものはどれか。
　ア　A＋D＝G
　イ　A－E＝A
　ウ　E×G＝E
　エ　C÷F＝B
　　1　1　　　　2　2　　　　3　3　　　　4　4　　　　5　5

7　十の位の数がa，一の位の数がbである2桁の正の整数Nがある。
　$ab－2a－2b＝－4$を満たすようなNの個数として，最も妥当なものは次のどれか。
　　1　16個　　2　17個　　3　18個　　4　19個　　5　20個

8　1～6の6個の整数から重複のないように無作為に3つの整数を選んだとき，各整数を辺の長さとする三角形ができる確率はいくらか。
　　1　$\frac{1}{5}$　　2　$\frac{1}{4}$　　3　$\frac{3}{10}$　　4　$\frac{7}{20}$　　5　$\frac{2}{5}$

9 AとBの2人が，1周12kmのサイクリングコースを自転車で走る。Aは時速15km，Bは時速9kmで走行する。

このとき，Bが走り始めて20分後に，Aが同じ方向に走り始めた。AがBに追いつくのはAが走り始めてから何分後か。

1 20分後　　2 22分後　　3 26分後　　4 28分後　　5 30分後

10 ある水槽に付いている排水口は，毎分0.5Lの水を排水する。この排水口を閉じ，水道管Aより注水したところ，30分で満水となった。同様に，水道管Aと水道管Bの両方を用いて注水したところ，20分で満水となった。さらに，排水口を開けたまま，水道管Aと水道管Bの両方を用いて注水したところ，24分で満水になった。この水槽の容量として，正しいものはどれか。

1 30L　　2 36L　　3 48L　　4 55L　　5 60L

11 下の図において，BCは円の直径である。mはAにおける接線で，∠ADC＝24°である。このとき，∠ACBの大きさとして正しいものはどれか。

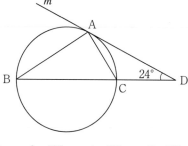

1 55°　　2 56°　　3 57°　　4 58°　　5 59°

12 高さが80cm，底面積が1256cm²の円筒形がある。その側面の面積として正しいものはどれか。ただし円周率は3.14とする。

1 5024cm²　　2 524cm²

3 10048cm²　　4 1048cm²

5 16000cm²

[13] 6で割ると3余り，7で割ると4余り，8で割ると5余る自然数がある。この自然数のうち，最も小さい数の一の位の数として，正しいものはどれか。

1　2　　　　2　3　　　　3　4　　　　4　5　　　　5　6

[14] A〜Dの4人が，100点満点の試験を受けた。この4人の得点について，次のア〜ウのことがわかっているとき，Aの得点とBの得点を足し合わせた得点として，正しいものはどれか。ただし，試験の得点は全て整数とし，0点の者はいないものとする。

ア　Aの得点は，Bの得点の $\dfrac{5}{7}$ 倍であった。

イ　Bの得点は，Cの得点の $\dfrac{5}{3}$ 倍であった。

ウ　Cの得点は，Dの得点の2倍であった。

1　36点　　　2　60点　　　3　96点　　　4　120点　　　5　144点

[15] 1辺の長さが10の正方形ABCDにおいて，辺ABを直径とする半円と，辺BCを直径とする半円を描くとき，下図の斜線部分の面積として，最も妥当なものはどれか。

1　10
2　20
3　30
4　40
5　50

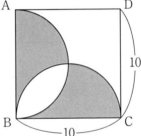

[16] 3個のサイコロa，b，cを同時に振り，出た目をa，b，cの順に並べて3桁の整数を作る。このとき，整数abcが23の倍数となる確率として，正しいものはどれか。

1　$\dfrac{1}{12}$　　　2　$\dfrac{1}{18}$　　　3　$\dfrac{1}{24}$　　　4　$\dfrac{1}{36}$　　　5　$\dfrac{1}{42}$

17 A, B, Cが将棋を指すこととなった。AがBに勝つ確率は$\frac{3}{5}$，BがCに勝つ確率は$\frac{2}{5}$，CがAに勝つ確率は$\frac{7}{10}$である。また，引き分けはないものとする。このとき，AがBにもCにも勝つ確率はいくらか。

1 $\frac{4}{9}$ 　 2 $\frac{5}{12}$ 　 3 $\frac{4}{15}$ 　 4 $\frac{12}{25}$ 　 5 $\frac{9}{50}$

18 ある大学の工学部で実験装置に関するテストを行い，100点満点で評価した。その結果を表した次の表の空欄に当てはまる数値の組合せとして，正しいものはどれか。

点数（点）	受験者数（人）	相対度数
0～19	2	0.025
20～39	8	0.1
40～59	12	（ a ）
60～79	40	0.5
80～99	（ b ）	（ c ）
100	4	0.05
計	（ d ）	1

1 a 0.15 　 b 14 　 c 0.175 　 d 80
2 a 0.15 　 b 16 　 c 0.18 　 d 70
3 a 0.12 　 b 14 　 c 0.175 　 d 60
4 a 0.12 　 b 16 　 c 0.18 　 d 80
5 a 0.12 　 b 14 　 c 0.175 　 d 70

19 あるお店で，ジュース，アイス，ケーキを1個ずつ買ったところ，代金は830円となった。ジュースの値段はアイスの値段よりも80円安く，アイスの値段はケーキの値段よりも250円安いとき，ケーキ1個の値段として，正しいものはどれか。

1 450円 　 2 460円 　 3 470円 　 4 480円 　 5 490円

20 長さが75cmの紐がある。この紐を，A，B，Cの3つに切り分ける。AはBの2倍より5cm長く，CはBの3倍より2cm短くなった。このとき，Aの紐の長さとして，正しいものはどれか。

　　1　29cm　　　2　30cm　　　3　31cm　　　4　32cm　　　5　33cm

21 下図のように，同じ長さのマッチ棒で正六角形を作る。1段目には6本，2段目には15本，3段目には27本を使い並べていく。20段まで完成したとき，21段目を完成させるために必要なマッチ棒の本数として，正しいものはどれか。

1段　　　　　　2段　　　　　　　3段

　　1　50本　　　2　58本　　　3　60本　　　4　66本　　　5　74本

《 解 答 ・ 解 説 》

1 3

解説　受験者数を100人とすると，合格者は35人，不合格者は65人と表せる。また，合格者の平均点をx点，とすると，不合格者の平均点は$x-40$〔点〕と表せる。

　ここで，(平均点)$=\left(\dfrac{得点の合計}{人数}\right)$より，(得点の合計)$=$(平均点)$\times$(人数)となる。さらに，(受験者全員の得点の合計)$=$(合格者の得点の合計)$+$(不合格者の得点の合計)より，

　(受験者全員の得点の合計)$=x\times 35+(x-40)\times 65=100x-2600\cdots$①
一方，(受験者全体の平均点)$=47$より，

　(受験者全員の得点の合計)$=47\times 100=4700\cdots$②
①②より，

　　$100x-2600=4700$

　　　　　　$x=73$

よって，合格者の平均点は73点である。

以上より，正解は3。

2 3

解説 まず，b×4に注目すると，その積の一の位が8となるのは2×4＝8
または7×4＝28なので，bは2または7である。

b＝2のとき，22×4＝88より，d＝8となるが，a×4＝17となる整数aは
ないので不適。

b＝7のとき，27×4＝108より，d＝0となり，繰上がりがあるのでa×4＋
1＝17，これを満たすaは4だけである。よって，a＝4，b＝7，d＝0とな
る。

　次に，d＋g＝9，d＝0より，g＝9となる。すると，7×cの積で一の位
が9となるのは7×7＝49だけなので，c＝7となる。よって，427×7＝
2989となるので，e＝9，f＝8となる。

　さらに，1708＋29890＝31598より，h＝3，i＝1，j＝5となる。

よって，a＋b＋c＋d＝4＋7＋7＋0＝18となる。

以上より，正解は3。

3 4

解説 隣り合う項の比はすべて3になっていることから，これは初項が7，
公比が3の等比数列となる。よって，第8項は次のようになる。

　$7 \times 3^{8-1} = 7 \times 3^7 = 15309$

以上より，正解は4。

4 1

解説 AがBに勝つ確率は$\frac{3}{5}$，負ける確率は$\frac{2}{5}$である。Aが優勝するの

は，Aが3勝0敗，3勝1敗，3勝2敗の場合が考えられる。Aが勝った場合を
○，負けた場合を×としてそれぞれの場合の確率を求める。

①3勝0敗の場合

○○○のみであり，Aが3連勝するので，$\left(\frac{3}{5}\right)^3 = \frac{27}{125}$

267

②3勝1敗の場合

○○×○, ○×○○, ×○○○の3つが考えられるので,

$$\left(\frac{3}{5}\right)^3 \times \frac{2}{5} \times {}_3C_1 = \frac{27}{125} \times \frac{2}{5} \times 3 = \frac{162}{625}$$

③3勝2敗の場合

○○××○,○×××○○,○×○×○, ×○○×○, ×○×○○, ××○○○の

6つが考えられるので,

$$\left(\frac{3}{5}\right)^3 \times \left(\frac{2}{5}\right)^2 \times {}_6C_1 = \frac{27}{125} \times \frac{4}{25} \times 6 = \frac{648}{3125}$$

よって, Aが優勝する確率は,

$$\frac{27}{125} + \frac{162}{625} + \frac{648}{3125} = \frac{675 + 810 + 648}{3125} = \frac{2133}{3125} = 0.68256$$

ここで, $\frac{2}{3} \fallingdotseq 0.667$, $\frac{3}{4} = 0.75$, $\frac{4}{7} \fallingdotseq 0.571$, $\frac{5}{7} \fallingdotseq 0.714$, $\frac{5}{8} = 0.625$ より,

最も近いのは $\frac{2}{3}$ となる。

以上より, 正解は1。

5 4

解説 △KLOの面積が48cm²となるのは,

点Oが辺LM上を移動するとき, $\triangle KLO = \frac{1}{2} \times LO \times 12 = 48$

∴ LO = 8〔cm〕

速さが毎秒2cmであるから, 4秒後となる。

点OがMN上を移動するとき, △KLOの面積は, 60cm²以上96cm²以下となるので, 不適である。

また, 点OがNK上を移動するとき,

$$\triangle KLO = \frac{1}{2} \times (16 - NO) \times 12 = 48$$

∴ NO = 8〔cm〕

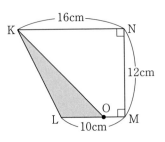

このとき, 点OがLから移動する距離は10 + 12 + 8 = 30〔cm〕より, かかる時間は15秒となる。

以上より, 正解は4。

6 5

解説 条件イより，E＝0となる。これは条件ウとも矛盾しない。
条件エより，0～6の数で同じものはないので，C÷F＝Bを満たすのは，C＝6であり，BとFは2または3となる。
すると，残った数は1，4，5なので，条件アのA＋D＝Gを満たすのは，1＋4＝5であり，AとDは1または4，Gは5となる。
以上より，正解は5。

7 3

解説 $ab-2a-2b=-4$より，
$ab-2a-2b+4=0$
$(a-2)(b-2)=0$より，
$a=2$または$b=2$
aは十の位の数だから，$1 \leqq a \leqq 9$
bは一の位の数だから，$0 \leqq b \leqq 9$であることに注意すると，
$a=2$のとき，$b=0$，1，2，……，9より，10個
$b=2$のとき，$a=1$，2，……，9より，9個
$a=2$かつ，$b=2$であるものは1個
したがって，Nの個数は，$10+9-1=18$〔個〕
以上より，正解は3。

8 4

解説 「最も長い辺」＜「他の2辺の和」となるときに三角形ができる。
よって，三角形ができるような数の組をまず書き出す。
(6，5，4)
(6，5，3)
(6，5，2)
(6，4，3)
(5，4，3)
(5，4，2)
(4，3，2)
よって，7通りとなる。

次に，6個の整数から無作為に3個を選ぶ組み合わせは，

$$_6C_3 = \frac{6 \times 5 \times 4}{3 \times 2 \times 1} = 20 \text{〔通り〕}$$

したがって，求める確率は$\frac{7}{20}$

以上より，正解は4。

9 5

解説 Aは時速15kmで進むので，これを分速にすると，

$15000 \div 60 = 250$〔m／分〕である。

また，Bは時速9kmで進むので，これを分速にすると，

$9000 \div 60 = 150$〔m／分〕である。

Bが20分走った時の距離は，（時間）×（速さ）＝（距離）より，

$20 \times 150 = 3000$〔m〕

追い付くまでの時間をx〔分〕とすると，

Aが走った距離は$250x$

Bが走った距離は$150x + 3000$

追いつくときは，それぞれの走った距離が等しくなるので，

$250x = 150x + 3000$

$\quad x = 30$

よって，AがBに追いつくのはAが走り始めてから30分後である。

以上より，正解は5。

10 5

解説 毎分の注水量について，水道管Aがa〔L／分〕，水道管Bがb〔L／分〕とし，また，水槽の容量をx〔L〕とする。

水道管Aで注水したとき，30分で満水になるから，$30a = x$　…①

水道管A，Bで注水したとき，20分で満水になるから，

$20 \times (a + b) = x$　…②

水道管A，Bで注水しつつ，排水口を開けると，24分で満水になるから，

$24 \times (a + b - 0.5) = x$　…③

②より，$a + b = \frac{x}{20}$

これを③に代入すると，

$$24 \times \left(\frac{x}{20} - 0.5 \right) = x$$

$$\frac{6}{5}x - 12 = x$$

$$\frac{1}{5}x = 12$$

$$x = 60 〔L〕$$

以上より，正解は5。

---

11 3

解説 BCは円の直径なので，円周角より ∠BAC = 90°

∠ACB = xとすると，

∠ABC = 90° − x

一方，接弦定理より，

∠CAD = ∠ABCである。

よって，

∠CAD = 90° − x

さらに，∠ACBは△ACDの外角より，

∠ACB = ∠CAD + ∠ADC

つまり，$x = (90° - x) + 24°$

$$2x = 114°$$

$$x = 57°$$

以上より，正解は3。

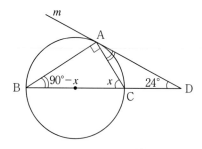

---

12 3

解説 まず，円筒形の底面積から半径を求めると，（底面積）=（半径)² ×（円周率），円周率は3.14なので，$\sqrt{\dfrac{1256}{3.14}} = 20$ 〔cm〕

（円周）=（直径）×（円周率）より，20 × 2 × 3.14 = 125.6 〔cm〕

よって，側面の面積は，125.6 × 80 = 10048 〔cm²〕

以上より，正解は3。

13 4

解説 求める自然数は（割られる数）である。

「6で割ると3余る」より，不足分は6 − 3 = 3（あと3加えれば割り切れる）

「7で割ると4余る」より，不足分は7 − 4 = 3（あと3加えれば割り切れる）

「8で割ると5余る」より，不足分は8 − 5 = 3（あと3加えれば割り切れる）

よって，（割られる数）と（不足分）がそれぞれ等しいので，

（割られる数）＋（不足分）＝（割る数の公倍数）より，次の関係が成り立つ。

（割られる数）＋3 = （6と7と8の公倍数）

ここで，求めるのは「最も小さい自然数」なので，

（割られる数）＋3 = （6と7と8の最小公倍数）＝ 168

（割られる数）＝ 168 − 3 = 165

よって，求める数の一の位の数は5となる。

以上より，正解は4。

14 4

解説 条件アより「Aの得点は，Bの得点の $\frac{5}{7}$ 倍」なので，Bの得点は7の倍数。

条件イより「Bの得点は，Cの得点の $\frac{5}{3}$ 倍」なので，Cの得点は3の倍数。

条件ウより「Cの得点は，Dの得点の2倍」なので，Cの得点は2の倍数。

ここで，Bの得点が7の倍数なので，Cの得点も7の倍数でもあるので，Cの得点は3と2と7の最小公倍数である42の倍数となる。

Cが42点の場合，Bの得点は $42 \times \frac{5}{3} = 70$〔点〕，Aの得点は $70 \times \frac{5}{7} = 50$〔点〕，Dの得点は $42 \div 2 = 21$〔点〕となる。

Cが84点の場合，Bの得点は $84 \times \frac{5}{3} = 140$〔点〕，Aの得点は $140 \times \frac{5}{7} = 100$〔点〕，Dの得点は $84 \div 2 = 42$〔点〕となるので，Bの得点が100点を超えるので不適。

よって，Aの得点は50点，Bの得点は70点より，2人の得点を足し合わせると $50 + 70 = 120$〔点〕

以上より，正解は4。

15 5

解説 次のようにACに補助線を引き，アをア′に，イをイ′に当てはめると，三角形ABCの面積と等しいことがわかる。

よって，斜線部分の面積は，

$$10 \times 10 \times \frac{1}{2} = 50$$

以上より，正解は5。

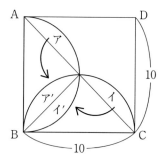

16 3

解説 サイコロを3個振るので，目の出方は全部で$6^3 = 216$〔通り〕である。
1〜6だけを用いてできる3桁の自然数で23の倍数を書き出すと，次の9通りとなる。

115，161，253，322，345，414，552，621，644

よって，求める確率は$\frac{9}{216} = \frac{1}{24}$となる。

以上より，正解は3。

17 5

解説 「CがAに勝つ確率」は$\frac{7}{10}$であり，引き分けがないので，「AがCに勝つ確率」は，$1 - \frac{7}{10} = \frac{3}{10}$である。

したがって，「AがBに勝ち，かつCにも勝つ確率」は，$\frac{3}{5} \times \frac{3}{10} = \frac{9}{50}$

以上より，正解は5。

18 1

解説 まず，受験者数と相対度数から，受験者の合計人数dを求める。60〜79点の階層より，受験者数が40人で相対度数が0.5なので，$\dfrac{40}{d} = 0.5$ より，d = 80となる。

よって，b = 80 − (2 + 8 + 12 + 40 + 4) = 14

よって，c = $\dfrac{14}{80}$ = 0.175

さらに，a = $\dfrac{12}{80}$ = 0.15

以上より，正解は1。

19 3

解説 ジュースの値段をx円とすると，

アイスの値段は$x + 80$〔円〕，

ケーキの値段は$x + 80 + 250$〔円〕，

これらを1個ずつ買ったところ，代金は830円だったので，

$$x + (x + 80) + (x + 80 + 250) = 830$$
$$3x = 420$$
$$x = 140$$

したがって，ケーキの値段は，140 + 80 + 250 = 470〔円〕

以上より，正解は3。

参考：線分図を使う場合

それぞれの値段を線分図に示すと，次のようになる。

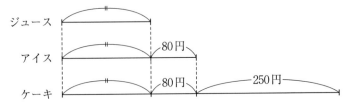

よって，ジュースの値段は，

(830 − 80 × 2 − 250) ÷ 3 = 140〔円〕

したがって，ケーキの値段は

140 + 80 + 250 = 470〔円〕

20 1

解 説 Bの紐の長さをx〔cm〕とすると，

Aの長さは$2x + 5$〔cm〕

Cの長さは$3x - 2$〔cm〕

A + B + Cはxを用いて

$(2x + 5) + x + (3x - 2) = 75$〔cm〕

と表せるので，これを解いて，$x = 12$

よって，Aの長さは，$12 \times 2 + 5 = 29$〔cm〕

以上より，正解は1。

21 4

解 説

1段
6本

2段
15本

3段
27本

4段
42本

+9本　　　+12本　　　+15本

　上図より，六角形は，はじめに使っているマッチ棒の数6に9，12，15，18，…を順に加えてつくられていることがわかる。よって，新しい段を作るために必要なマッチ棒の本数は，初項6，公差3の等差数列を用いることで求められる。

21段目を作るのに追加で必要なマッチ棒の数は，初項6，公差3の等差数列の第21項なので，$6 + 3 \times (21 - 1) = 66$〔本〕

以上より，正解は4。

数的処理　資料解釈

　資料解釈では，与えられた図表をもとに，必要なデータを早く正確に読み取る能力が試される。出題形式はほとんど選択肢の記述の正誤を問うものなので，「正誤が判断できる最低限の情報を読み取る」姿勢を身に付けてほしい。高度な計算力は必要ないが，取り扱う数量の桁数が大きかったり，見慣れない単位が使われていて，コツを掴むまでに時間がかかるかもしれないので，できるだけ早く取り組もう。

　まず，問題を解く前に与えられた図表のタイトル（ない場合もある）や単位に注目すること。次に，図表に記されたデータを見る前に選択肢を確認してほしい。その際，選択肢を順番に検討するのではなく，正誤が判断しやすいものから順に検討し，判断が難しい選択肢については消去法で対応するとよい。なお，選択肢の中には「図表からは判断できない」場合があるので，注意しよう。選択肢の検討にあたっては，次の指標を用いる場合がほとんどなので，それぞれの指標の意味や公式を覚えてしまいたい。

・割合：ある数量が，全体に対して占める分量。

　Aに対するBが占める割合〔％〕は，$\dfrac{B}{A} \times 100$

・比率：ある数量を，他の数量と比べたときの割合。

　Aに対するBの比率（比）は，$\dfrac{B}{A}$

・指数：基準となる数量を100としたときの，他の数量の割合。

　Aを100としたときのBの指数は，$\dfrac{B}{A} \times 100$

・増加量（減少量）：元の数量に対するある数量の増加分（減少分），増加（減少）していればプラス（マイナス）の値になる。

　「昨年の量」に対する「今年の量」の増加量（減少量）は，「今年の量」－「昨年の量」

・増加率（減少率）：元の数量に対するある数量の増加率（減少率），増加（減少）していればプラス（マイナス）の値になる。

　「昨年の量」に対する「今年の量」の増加率（減少率）〔％〕は，

$$\dfrac{「今年の量」-「昨年の量」}{「昨年の量」} \times 100$$

・単位量あたりの数量：「単位面積あたり」や「1人あたり」に占める数量。

全体の量のうち，1人あたりに占める量は，$\dfrac{全体の量}{人数}$

学習の初期段階では，本書の解説を参考に自身の手で正しく計算するよう心掛けよう。そのうえで，慣れてきたら「増加している」や「2分の1になっている」といった内容であれば計算せずに判断したり，129,176を130,000と概算して判断したりするなど，できるだけ短い時間で解答できるように練習すること。

《 演 習 問 題 》

1　次のグラフは，1979年から2019年までの各国における自動車の生産台数（単位　万台）を示したものである。このグラフからいえることとして，最も妥当なものはどれか。

※ドイツのグラフについては，国家体制の変動や，複数の統計データがあったことから，断絶部分や二重になっている部分がある。

（日本自動車工業会『世界自動車統計年報』より作成）

1　中国は，生産台数が21世紀以降一貫して増加しており，いずれの年も他の国々を大きく上回っている。

2　最新のデータについて比較すると，1位の国の生産台数は，2位の国と比べて3倍を上回っている。

3　日本の生産台数については，最新の順位は3位であるが，最も古いデータにおける順位は1位である。

4　世界全体の生産台数は，原油価格の影響を強く受けている。

5　アメリカ合衆国の生産台数については，変動がみられるが，その順位は1位，2位，3位のいずれかである。

2　次の表は，各国におけるすず鉱の生産量（単位　t）を表したものである。この表からいえることとして，最も妥当なものはどれか。

	1990	2000	2010	2015	2016
中国	42000	99400	115000	110156	92000
ミャンマー	596	212	4000	50000	54000
インドネシア	30200	51629	43258	93180	52000
ブラジル	39100	14200	10400	18824	25000
ペルー	5130	70901	33848	19511	18789
ボリビア	17200	12464	20190	20135	17000
オーストラリア	7380	9146	18263	7158	6635
コンゴ民主和国	2220	50	8000	5300	5500
ベトナム	850	4100	5400	5400	5500
マレーシア	28500	6307	2668	4158	4000
(参考) 旧ソ連	15000	—	—	—	—
世界計	221000	278000	266000	341000	288000

（『世界国勢図会2020/21』より作成）

1　ミャンマーにおける2016年のすず鉱の生産量は，1990年の生産量の100倍を超えている。

2　2016年において，中国のすず鉱の生産量は，世界全体の生産量のうち3割以上を占めている。

3　ペルーにおけるすず鉱の生産量は，2000年から2010年にかけて60％以上減少している。

4　2016年において，インドネシアのすず鉱の生産量は，世界全体の生産量のうち5分の1以上を占めている。

5　マレーシアにおけるすず鉱の生産量は，表中において年々減少しているが，1990年の生産量は，2015年の生産量の7倍を下回っている。

3 次の表は，各国における塩の生産量（単位　千t）を表したものである。この表からいえることとして，最も妥当なものはどれか。

	2015	2016		2015	2016
中国	66655	67000	フランス	6000	6000
アメリカ合衆国	45100	42000	イギリス	5000	5100
インド	24241	25000	スペイン	4300	4300
カナダ	14343	14000	ポーランド	4120	4170
ドイツ	12500	12900	イラン	4448	4000
オーストラリア	11000	12000	ブルガリア	3500	3500
チリ	11831	11000	パキスタン	3099	3100
トルコ	10995	10000	ウクライナ	2140	2300
メキシコ	9088	9000	エジプト	2200	2200
ブラジル	7550	7550	世界計	277000	274000

（『世界国勢図会2020/21』より作成）

1 2015年において塩の生産量が最も多いのは中国であり，世界全体の生産量のうち4分の1以上を占めている。

2 2015年において，オーストラリアにおける塩の生産量は，ブルガリアの塩の生産量の3倍以下である。

3 2016年において塩の生産量が2番目に多いのはアメリカ合衆国であり，世界全体の生産量のうち20％以上を占めている。

4 2016年において，ドイツにおける塩の生産量は，ポーランドの塩の生産量の3倍以上である。

5 2015年において塩の生産量が最も少ない国は，2016年においても最も少ない値となっている。

4 下の図は，ある年における各国の貯蓄率とアンケートにおいて年金制度が信頼できると回答した割合を示した散布図である。この図から読み取れる内容として，最も妥当なものはどれか。

貯蓄率

年金制度が信頼できると回答した割合

（内閣府ホームページより作成）

1 年金制度が信頼できると回答した割合が最も低い国の貯蓄率は最大である。

2 貯蓄率と年金制度が信頼できると回答した割合の順位を比較すると，両方が同一の国はない。

3 貯蓄率が4位の国と10位の国を比較すると，貯蓄率が高いほど年金制度が信頼できると回答した割合が低い。

4 年金制度が信頼できると回答した割合が1位の国は貯蓄率が最低であり，同じくその割合が2位の国は貯蓄率が低い方から2番目である。

5 年金制度が信頼できると回答した割合が高い国は，国家財政における年金の原資の積立額が高く，そのことが貯蓄率にも影響している。

5 次の表は，日本における種類別の農家数を示したものである。この表から読み取れる内容として，最も妥当なものはどれか。

(単位　千戸)

	総農家数	専業農家[1]	兼業農家[2]	第1種 (農業が主)	第2種 (農業が従)	専業農家 の割合 (％)
1950年	6176	3086	3090	1753	1337	50.0
1955年	6043	2105	3938	2275	1663	34.8
1960年	6057	2078	3979	2036	1942	34.3
1965年	5665	1219	4446	2081	2365	21.5
1970年	5402	845	4557	1814	2743	15.6
1975年	4953	616	4337	1259	3078	12.4
1980年	4661	623	4038	1002	3036	13.4
1985年	4376	626	3750	775	2975	14.3

1) 兼業する世帯員のいない農家。　2) 年間30日以上他に雇われた世帯員のいる農家。

(「農林水産省サイト統計データ」「農林水産省統計表」「改訂日本農業基礎統計」
『数字でみる日本の100年』より作成)

1　総農家数は，年数が経過するほど，一貫して減少を続けている。

2　総農家数に占める専業農家の割合を比較すると，一番小さい年と一番大きい年では，4倍を超える開きがある。

3　最も古いデータと最も新しいデータを比較すると，総農家数の減少率が専業農家の減少率を上回っている。

4　第2種兼業農家数は，1980年まで増加を続けた後，減少に転じている。

5　表中において，専業農家数のピークと第1種兼業農家数のピークは一致している。

6 次の表は，ヨーロッパ主要国のうち5カ国について，2018年における相手先別貿易額を表したものである。この表からいえることとして，最も妥当なものはどれか。

		輸出 (百万ドル)		輸入 (百万ドル)
イギリス	アメリカ合衆国	65362	ドイツ	91627
	ドイツ	47520	アメリカ合衆国	65404
	オランダ	34586	中国	62771
	フランス	31924	オランダ	55787
	アイルランド	28262	フランス	36752
	中国	27553	ベルギー	34819
	計	486595	計	673660
	EU	227796	EU	353670
イタリア	ドイツ	68779	ドイツ	82933
	フランス	57512	フランス	43293
	アメリカ合衆国	50032	中国	36453
	スペイン	28606	オランダ	26794
	イギリス	28085	スペイン	24517
	スイス	26412	ベルギー	22789
	計	549526	計	503240
	EU	281240	EU	282640
オランダ	ドイツ	173839	中国	100775
	ベルギー	80255	ドイツ	96163
	フランス	61502	ベルギー	52601
	イギリス	59634	アメリカ合衆国	46163
	アメリカ合衆国	31152	イギリス	35187
	計	726698	計	645502
	EU	477853	EU	258727
ベルギー	ドイツ	84075	オランダ	81668
	フランス	67794	ドイツ	59631
	オランダ	57261	フランス	42894
	イギリス	36976	アメリカ合衆国	31027
	アメリカ合衆国	24282	アイルランド	23323
	計	468617	計	454738
	EU	304994	EU	272604
ポーランド	ドイツ	74348	ドイツ	74161
	チェコ	16807	中国	21202
	イギリス	16433	ロシア	18821
	フランス	14664	オランダ	14919
	イタリア	12151	イタリア	13861
	計	263570	計	268959
	EU	195842	EU	181293

(『世界国勢図会2020/21』より作成)

1 イギリスからアメリカ合衆国への輸出額の割合は，イギリスの輸出額合計のうち15％以上を占めている。

2 イタリアからフランスへの輸出額の割合は，イタリアの輸出額合計のうち1割に満たない。

3　オランダのアメリカ合衆国からの輸入額の割合は，オランダの輸入額合計のうち20分の1を超えている。

4　5カ国のうち，輸出，輸入ともにドイツが最大の貿易相手国となっているのは，3カ国である。

5　5カ国ともに，EUへの輸出額の増加分がアメリカ合衆国及び中国への輸出額の増加分を上回っている。

⑦　次の表は，世界各国における石油製品精製量（単位　万t）の内訳を表したものである。この表からいえることとして，最も妥当なものはどれか。

	軽油	自動車ガソリン	重油	航空燃料	ナフサ	LPG・エタン	灯油
アメリカ合衆国	23760	36024	2374	7877	839	1038	34
中国	18239	13485	1957	4114	4469	2967	135
ロシア	8009	3803	5602	1243	2649	2761	―
インド	10845	3778	902	1459	1879	1017	436
日本	4562	3916	1534	1150	1318	448	1280
韓国	4658	1834	987	2194	3536	277	272
サウジアラビア	5281	2386	2554	432	874	134	727
ドイツ	4343	1981	738	535	764	342	1
ブラジル	3414	2048	1198	492	225	422	1
カナダ	3221	3323	474	566	175	152	76
イラン	2827	1757	2197	155	300	217	282
イタリア	2952	1568	851	222	639	135	49
スペイン	2714	910	553	19	137	140	930
イギリス	2030	1742	403	503	228	218	205
オランダ	1915	295	1168	765	1099	156	40
タイ	2315	810	553	557	1043	222	156
フランス	2479	1130	640	426	530	164	―
シンガポール	1097	911	538	1186	449	22	21
アラブ首長国連邦	1043	689	961	1240	1141	104	―
世界計	134978	100563	43420	31504	28140	13133	5678

（『世界国勢図会2020/21』より作成）

1　サウジアラビアにおける自動車ガソリンの精製量は，世界の自動車ガソリンの精製量合計のうち3％以上を占めている。

2　シンガポールにおける航空燃料の精製量は，世界の航空燃料の精製量合計のうち20分の1を超えている。

3　アメリカ合衆国における軽油の精製量は，世界の軽油の精製量合計のうち2割に満たない。

4　LGP・エタンの精製量が最少の国は，ナフサの精製量についても最少である。

5　表中における日本の精製量の順位は，いずれの製品についても上位3位以内に入っていない。

8　下のグラフは，A年におけるコンビニエンスストアの年間売上額の合計と商品販売額上位品目の割合について，数年後のB年のデータと比較したものである。これらから読み取れる内容として，正しいものはどれか。

コンビニエンスストア年間商品販売額上位品目の割合（％）

（経済産業省経済産業政策局調査統計部』より作成）

1　両年にわたって販売割合が1位の品目の販売額は減少しており，その減少幅は2,500億円を超えている。

2　両年の順位を比較すると，その変動がもっとも大きかった品目は，順位が3つ変動した。

3　コンビニエンスストアの販売額が増加していることについては，出店数の増加が関連している。

4　「その他」を除き，順位が変動している品目は6つ，変動していない品目は3つである。

5　両年にわたって販売割合が9位の品目の販売額は増加しており，その増加幅は200億円を上回っている。

9 次のグラフは，各種金属鉱の主要生産国を表したものである。ここか
らいえることとして，最も妥当なものはどれか。

（『世界国勢図会2017/18』より作成）

1 オーストラリアにおけるボーキサイトの生産量は，8千万トンを上回っ
  ている。

2 いずれの金属鉱の生産においても，中国の生産量の割合は，2番目に多
  い値となっている。

3 チリにおける銅鉱の生産量は，6百万トンを上回っている。

4 ブラジルにおける鉄鉱石の生産量の割合は，インドにおける鉄鉱石の生
  産量の割合の4倍を超えている。

5 ペルーにおける銀鉱の生産量の割合は，オーストラリアにおける銀鉱の
  生産量の割合の2倍を超えている。

10 次の表は，各国および通貨同盟の実質GDP成長率と失業率を表している。この表から読み取れる内容として，妥当なものはどれか。

		2019年	2020年
中国	実質GDP成長率	6.0	2.2
	失業率	5.2	5.6
ユーロ圏	実質GDP成長率	1.6	− 6.4
	失業率	7.6	7.9
アメリカ	実質GDP成長率	2.3	− 3.4
	失業率	3.7	8.1
日本	実質GDP成長率	− 0.2	− 4.5
	失業率	2.3	2.8

（経済協力開発機構，国際復興開発基金のホームページより作成）

1 実質GDP成長率は全ての国・通貨同盟において落ち込んでいるが，失業率については上昇した国・通貨同盟と，減少した国・通貨同盟が混在している。

2 2019年において失業率が最も小さかった国・通貨同盟は，実質GDP成長率は最も大きかった。

3 2019年から2020年にかけて実質GDP成長率の落ち込みが最も大きかった国・通貨同盟は，2019年における失業率が最大であった。

4 2020年において失業率が最も大きかった国・通貨同盟は，実質GDP成長率が最低であった。

5 両年とも，実質GDPの総額が大きい国・通貨同盟ほど失業率が小さい傾向にある。

《 解 答 ・ 解 説 》

1 5

解説 1．誤り。2015年以降の中国の生産台数は減少傾向にある。また，2000～2010年では，中国よりも生産台数が多い国がある。 2．誤り。2019年のデータでは，1位は中国の約2500万台，2位はアメリカ合衆国の約1000万台なので，その差は3倍に満たない。 3．誤り。1979年の日本の順位は2位である。 4．誤り。原油価格の動向や世界全体の生産台数は，グラフから読み取れないので判断できない。 5．正しい。アメリカ合衆国の順位は，4位以下にはなっていない。

2 2

解説 1．誤り。ミャンマーにおける2016年のすず鉱の生産量は，$\dfrac{2016年の生産量}{1990年の生産量}=\dfrac{54000}{596}≒90.6$より，1990年の生産量の100倍を下回っている。 2．正しい。2016年において，中国のすず鉱の生産量は，$\dfrac{中国の生産量}{世界全体の生産量}=\dfrac{92000}{288000}≒0.319$より，世界全体の生産量の3割を超えている。 3．誤り。ペルーにおけるすず鉱の生産量について，$\dfrac{(2010年の生産量)-(2016年の生産量)}{2010年の生産量}×100=\dfrac{70901-33848}{70901}×100≒52.3〔\%〕$より，2000年から2010年にかけて減少率は60％未満である。 4．誤り。2016年のインドネシアのすず鉱の生産量は，$\dfrac{インドネシアの生産量}{世界全体の生産量}=\dfrac{52000}{288000}≒\dfrac{1}{5.5}$より，世界全体の生産量の5分の1未満である。 5．誤り。マレーシアにおけるすず鉱の生産量は，2010年から2015年にかけて増加している。

3 4

解説 1．誤り。2015年において塩の生産量が最も多いのは中国であるが，世界全体に占める割合については，$\dfrac{中国における塩の生産量}{世界全体における塩の生産量}×100=\dfrac{66655}{277000}×100≒24.1〔\%〕$であり，25％を下回っている。 2．誤り。2015年において，オーストラリアにおける塩の生産量は，$\dfrac{オーストラリアにおける塩の生産量}{ブルガリアにおける塩の生産量}$

$= \dfrac{11000}{3500} ≒ 3.1$〔倍〕より，ブルガリアの塩の生産量の3倍を上回っている。

3. 誤り。2016年において塩の生産量が2番目に多いのはアメリカ合衆国であるが，$\dfrac{\text{アメリカ合衆国における塩の生産量}}{\text{世界全体における塩の生産量}} \times 100 = \dfrac{42000}{274000} \times 100 ≒ 15.3$〔％〕より，世界全体の生産量の20％を下回っている。 4. 正しい。2016年において，ドイツにおける塩の生産量は，$\dfrac{\text{ドイツにおける塩の生産量}}{\text{ポーランドにおける塩の生産量}} =$ $\dfrac{12900}{4170} ≒ 3.1$〔倍〕より，ポーランドの塩の生産量の3倍以上である。 5. 誤り。2015年において塩の生産量が最も少ない国はウクライナであるが，2016年において最も少ない国はエジプトである。

4 4

解説 1. 誤り。年金制度が信頼できると回答した割合が最も低い国は日本であり，貯蓄率が最大の国とは異なる。なお，貯蓄率が1位の国はイタリアある。 2. 誤り。オーストリアは両者ともに，4位である。 3. 誤り。貯蓄率が4位の国はオーストラリアであり，10位の国はポルトガルである。両国においては，貯蓄率が高いほど年金制度が信頼できると回答した割合が高い。4. 正しい。年金制度が信頼できる割合が高い国は上位からデンマーク，フィンランドの順であり，貯蓄率が低い方からみた順と同一である。 5. 誤り。国家財政における年金の原資の積立額はこの表からは読み取れない。

5 2

解説 1. 誤り。1955年と1960年の総農家数を比較すると，14千戸増加している。 2. 正しい。専業農家の割合は，最も大きいのが1950年$\dfrac{3086}{6176} \times$ $100 ≒ 50.0$〔％〕であるのに対して，最も小さいのが1975年$\dfrac{616}{4953} \times 100 ≒$ 12.4〔％〕であり，4倍を超える開きがある。 3. 誤り。総農家数と専業農家数の減少率について，1950年と1985年を比較すると，前者が$\dfrac{6176 - 4376}{6176}$ $\times 100 ≒ 29.1$〔％〕であるが，後者は$\dfrac{3086 - 626}{3086} \times 100 ≒ 79.7$〔％〕なので，総農家数の方が低い。 4. 誤り。第2種兼業農家は1975年まで増加し続けている。 5. 誤り。専業農家数が最多だったのは1950年であるが，第1種

兼業農家については1955年である。

6 3

解説 1.　誤り。イギリスからアメリカ合衆国への輸出額の割合は,

$$\frac{イギリスからアメリカ合衆国への輸出額}{イギリスの輸出額合計} \times 100 = \frac{65362}{486595} \times 100 \fallingdotseq 13.4 \ 〔\%〕$$

であり, 15%には満たない。　2.　誤り。イタリアからフランスへの輸出額の

割合は, $\dfrac{イタリアからフランスへの輸出額}{イタリアの輸出額合計} = \dfrac{57512}{549526} \fallingdotseq 0.105$ より, 輸出額合

計の1割以上を占めている。　3.　正しい。オランダのアメリカ合衆国からの

輸入額の割合は, $\dfrac{アメリカ合衆国からの輸入額}{オランダの輸入額合計} = \dfrac{46163}{645502} \fallingdotseq \dfrac{1}{14}$ より, オラン

ダの輸入額合計の20分の1を超えている。　4.　誤り。ドイツが輸出先, 輸
入先ともに1位となっているのは, イタリアとポーランドの2カ国である。
5.　誤り。「増加分」を比較するためには, 複数の年のデータが必要であるが,
ここではそれが示されていないので判断できない。

7 3

解説 1.　誤り。サウジアラビアにおける自動車ガソリンの精製量は,

$$\frac{サウジアラビアの自動車ガソリン精製量}{世界の自動車ガソリン精製量合計} \times 100 = \frac{2386}{100563} \times 100 \fallingdotseq 2.4 \ 〔\%〕 よ$$

り, 世界全体のうち3%には満たない。　2.　誤り。シンガポールにおける航空

燃料の精製量は, $\dfrac{シンガポールの航空燃料精製量}{世界の航空燃料精製量合計} = \dfrac{1186}{31504} \fallingdotseq \dfrac{1}{26.6}$ より, 世界

全体のうち20分の1には満たない。　3.　正しい。アメリカ合衆国における軽

油の精製量は, $\dfrac{アメリカ合衆国の軽油精製量}{世界の軽油精製量合計} = \dfrac{23760}{134978} \fallingdotseq 0.176$ より, 世界全

体のうち2割には満たない。　4.　誤り。LPG・エタンの精製量が最少の国は
シンガポールであり, ナフサの精製量が最少の国はスペインである。　5.　誤
り。日本は, 灯油の精製量については1位である。

8 1

解説 1.　正しい。両年において, 1位の品目は料理品であり, A年におい
ては, 6兆7,047億×0.217 ≒ 1兆4,549億〔円〕であり, B年においては7兆6
億×0.172 ≒ 1兆2,041億〔円〕であるから, 減少しており, その減少分は,

1兆4,549億−1兆2,041億＝2,508億〔円〕である。　2.　誤り。A年における販売額は，大きい品目から，料理品（1位），他の飲食料品（2位），飲料（3位），たばこ・喫煙具（4位），酒（5位），菓子（6位），書籍・雑誌（7位），パン（8位），牛乳（9位）の順であるが，B年における販売額は，料理品（1位），たばこ・喫煙具（2位），他の飲食料品（3位），飲料（4位），菓子（5位），酒（6位），パン（7位），書籍・雑誌（8位），牛乳（9位）である。順位の変動が最も大きかったのは，「たばこ・喫煙具」であり，4位から2位に2つ変動した。　3.　誤り。本問は，コンビニエンスストアの出店数についてのデータは示されていない。　4.　誤り。選択肢2の解説より，順位の変動がなかったのは料理品と牛乳の2品目であり，変動があったのは7品目である。　5.　誤り。9位の品目はともに牛乳であり，A年の販売額は6兆7,047億×0.019≒1,274億〔円〕，7兆6億×0.021≒1,470億〔円〕であり，その差は，1,470億−1,274億＝196億〔円〕である。

9　5

解説　1.　誤り。オーストラリアにおけるボーキサイトの生産量は，（2.45億）×0.321≒0.78645〔億t〕＝7864.5〔トン〕であり，8千万トン未満である。2.　誤り。中国の生産量の割合は，金鉱では1番多く，鉄鉱石で3番目に多い値である。　3.　誤り。チリにおける銅鉱の生産量は，（1850万）×0.311＝575.35〔万t〕であり，6百万トン未満である。　4.　誤り。ブラジルにおける鉄鉱石の生産量の割合は，$\frac{ブラジルの鉄鉱石の生産量の割合}{インドの鉄鉱石の生産量の割合}=\frac{0.183}{0.056}≒3.3$〔倍〕より，インドにおける鉄鉱石の生産量の割合4倍未満である。　5.　正しい。ペルーにおける銀鉱の生産量の割合は，$\frac{ペルーの銀鉱の生産量の割合}{オーストラリアの銀鉱の生産量の割合}=\frac{0.141}{0.064}≒2.2$〔倍〕より，オーストラリアにおける銀鉱の生産量の割合の2倍を超えている。

10　3

解説　1.　誤り。表中において，全ての国・通貨同盟の実質GDP成長率が落ち込んでいる一方，失業率については，全ての国・通貨同盟において増加している。　2.　誤り。2019年において，失業率が最も小さかった国・通貨同盟は日本であり（2.3％），同年において実質GDP成長率が最も大きかった

のは，中国である（6.0％）。　3．正しい。実質GDP成長率について，最も落ち込みが激しかったのはユーロ圏であり，その減少幅は1.6 － (－6) ＝ 8.0〔％〕である。2019年における失業率が最大の国・通貨同盟はユーロ圏であり，その値は7.6％である。なお，中国の実質GDP成長率の落ち込みは，6.0 － 2.2 ＝ 3.8〔％〕であり，アメリカの実質GDP成長率の落ち込みは，2.3 － (－ 3.4) ＝ 5.7〔％〕である。また，日本の実質GDP成長率の落ち込みは，4.5 － 0.2 ＝ 4.3〔％〕である。　4．誤り。2020年において，失業率が最も大きかった国・通貨同盟はアメリカであり（8.1％），実質GDP成長率が最低であった国・通貨同盟はユーロ圏（－6.4％）であった。　5．誤り。実質GDPの総額は表中に示されていない。

第6部

論作文試験対策

- 論作文対策
- 実施課題例の分析

人物試験　論作文対策

● Ⅰ.「論作文試験」とはなにか ●

(1)「論作文試験」を実施する目的

　かつて18世紀フランスの博物学者，ビュフォンは「文は人なり」と言った。その人の知識・教養・思考力・思考方法・人間性などを知るには，その人が書いた文章を見るのが最良の方法であるという意味だ。

　知識の質・量を調べる筆記試験の教養試験だけでは，判定しがたい受験生の資質をより正確にとらえるため，あるいは受験生の公務員としての適性を判断するため，多角的な観点から考査・評価を行う必要がある。

　そのため論作文試験は，公務員試験のみならず，一般企業でも重視されているわけだが，とりわけ公務員の場合は，行政の中核にあって多様な諸事務を処理して国民に奉仕するという職務柄，人物試験とともに近年は一層重視されているのが現状だ。しかも，この傾向は，今後もさらに強くなると予想される。

　同じ国語を使って，同じように制限された字数，時間の中で同じテーマの論作文を書いても，その論作文はまったく違ったものになる。おそらく学校で，同じ先生に同じように文章指導を受けたとしても，そうなるだろう。その違いのなかにおのずと受験生の姿が浮かび上がってくることになる。

　採用側からみた論作文試験の意義をまとめると，次のようになる。

---

① 公務員としての資質を探る

　公務員というのは，文字どおり公に従事するもの。地域住民に直接に接する機会も多い。民間企業の場合は，新入社員研修が何ヶ月もかけて行われることもあるが，公務員の場合は，ほとんどが短期間のうちに現場の真っ只中に入ることになる。したがって自立性や創造力などの資質を備えた人物が求められるわけで，論作文試験を通じて，そのような資質を判定することができる。

② 総合的な知識・理解力を知る

　論作文試験によって，公務員として必要な言語能力・文章表現能力を判定することや，公務員として職務を遂行するのにふさわしい基礎的な知識の理解度や実践への応用力を試すことができる。

　換言すれば，日本語を文章として正しく表現するための常識や，これまでの学校教育などで得た政治や経済などの一般常識を今後の実践の中でどれほど生かすことができるか，などの総合的な知識・理解力の判定をもしようということである。

③ 思考過程・論理の構成力を知る

　教養試験は，一般知識分野であれ一般知能分野であれ，その出題の質が総括的・分散的になりがちである。いわば「広く浅く」が出題の基本となりやすいわけだ。これでは受験生の思考過程や論理の構成力を判定することは不可能だ。その点，論作文試験ではひとつの重要な課題に対する奥深さを判定しやすい。

④ 受験生の人柄・人間性の判定

　人物試験（面接）と同様に，受験生の人格・人柄を判定しやすい。これは，文章の内容からばかりではなく，文章の書き方，誤字・脱字の有無，制限字数への配慮，文字の丁寧さなどからも判断される。

（2）「論作文試験」の実施状況

　公務員試験全体における人物重視の傾向とあいまって，論作文試験も重視される傾向にある。地方公務員の場合，試験を実施する都道府県・市町村などによって異なるが，行政事務関係はほぼ実施している。

（3）字数制限と時間制限

　最も一般的な字数は1,000〜1,200字程度である。最も少ないところが600字，最大が2,000字と大きく開きがある。

　時間制限は，60〜90分，あるいは120分というのが一般的だ。この時間は，けっして充分なものではない。試しにストップウォッチで計ってみるといいが，他人の論作文を清書するだけでも，600字の場合なら約15分程度かかる。

テーマに即して，しかも用字・用語に気を配ってということになると，かなりのスピードが要求されるわけである。情報を整理し，簡潔に説明できる力を養う必要があるだろう。

(4)「論作文試験」の評価の基準

　採用試験の答案として書く論作文なので，その評価基準を意識して書くことも大切といえる。しかし，公務員試験における論作文の評価の基準は，いずれの都道府県などでも公表していないし，今後もそれを期待することはなかなか難しいだろう。

　ただ，過去のデータなどから手掛りとなるものはあるので，ここではそれらを参考に，一般的な評価基準を考えてみよう。

形式的な面からの評価	①	表記法に問題はないか。
	②	文脈に応じて適切な語句が使われているか。
	③	文（センテンス）の構造，語句の照応などに問題はないか。
内容的な面からの評価	①	テーマを的確に把握しているか。
	②	自分の考え方やものの見方をまとめ，テーマや論旨が明確に表現されているか。
	③	内容がよく整理され，段落の設定や論作文の構成に問題はないか。
総合的な面からの評価	①	公務員に必要な洞察力や創造力，あるいは常識や基礎学力は十分であるか。
	②	ものの見方や考え方が，公務員として望ましい方向にあるか。

　おおよそ以上のような評価の視点が考えられるが，これらはあらゆるテーマに対して共通しているということではない。それぞれのテーマによってそのポイントの移動があり，また，実施する自治体などによっても，このうちのどれに重点を置くかが異なってくる。

　ただ，一般的に言えることは，企業の採用試験などの場合，その多くは総合的な評価が重視され形式的な面はあまり重視されないが，公務員採用試験における論作文は，形式的な面も軽んじてはならないということである。なぜなら，公務員は採用後に公の文書を取り扱うわけで，それらには一定の

フォーマットがあるものが多いからだ。これへの適応能力が試されるのは当然である。

(5)「論作文試験」の出題傾向

　公務員試験の場合，出題の傾向をこれまでのテーマから見るのは難しい。一定の傾向がないからだ。

　ここ数年の例を見ると，「公務員となるにあたって」「公務員に求められる倫理観について」など，将来への抱負や心構え，公務員観に関するものから，「私が目指す●●県のまちづくり」「▲▲の魅力を挙げ，他地域の人々に▲▲を発信・セールスせよ」など，具体的なプランとアクションを挙げさせるところもあり，その種類まさに千差万別といえる。

　いずれにせよ，今までの自己体験，あるいは身近な事件を通して得た信条や生活観，自然観などを語らせ，その観点や感性から，公務員としての適性を知ろうとするものであることに変わりはないようだ。

● Ⅱ.「論作文試験」の事前準備　●

(1) 試験の目的を理解する

　論作文試験の意義や評価の目的については前に述べたが，試験の準備を進めるためには，まずそれについてよく考え，理解を深めておく必要がある。その理解が，自分なりの準備方法を導きだしてくれるはずだ。

　例えば，あなたに好きなひとがいたとする。ラブレター（あるいはメール）を書きたいのだが，あいにく文章は苦手だ。文章の上手い友人に代筆を頼む手もあるが，これでは真心は通じないだろう。そこで，便せんいっぱいに「好きだ，好きだ，好きだ，好きだ，好きだ，好きだ」とだけ書いたとする。それで十分に情熱を伝えることができるし，場合によっては，どんな名文を書き連ねるよりも最高のラブレターになることだってある。あるいはサインペンで用紙いっぱいに一言「好き」と大書して送ってもいい。個人対個人間のラブレターなら，それでもいいのである。つまり，その目的が，「好き」という恋心を相手にだけわかってもらうことにあるからだ。

　文章の長さにしてもそうで，例えばこんな文がある。

> 「一筆啓上　火の用心　おせん泣かすな　馬肥やせ」

　これは徳川家康の家臣である本多作左衛門重次が，妻に宛てた短い手紙である。「一筆啓上」は「拝啓」に当たる意味で，「おせん泣かすな」は重次の唯一の子どもであるお仙（仙千代）を「泣かしたりせず，しっかりと育てなさい」と我が子をとても大事にしていたことが伺える。さらに，「馬肥やせ」は武将の家には欠くことのできない馬について「いざという時のために餌をしっかり与えて大事にしてくれ」と妻へアドバイスしている。短いながらもこの文面全体には，家族への愛情や心配，家の主としての責任感などがにじみ出ているかのようだ。

　世の中にはもっと短い手紙もある。フランスの文豪ヴィクトル・ユーゴーは『レ・ミゼラブル』を出版した際にその売れ行きが心配になり，出版社に対して「？」と書いただけの手紙を送った。すると出版社からは「！」という返事が届いたという。意味がおわかりだろうか。これは，「売れ行きはどうか？」「すごく売れていますよ！」というやりとりである。前提になる状況と目的によっては，「？」や「！」ひとつが，千万の言葉よりも，意思と感情を的確に相手に伝達することもあるのだ。

　しかし，論作文試験の場合はどうだろうか。「公務員を志望した動機」というテーマを出されて，「私は公務員になりたい，私は公務員になりたい，私は公務員になりたい，……」と600字分書いても，評価されることはないだろう。

　つまり論作文というのは，何度もいうように，人物試験を兼ねあわせて実施されるものである。この意義や目的を忘れてはいけない。しかも公務員採用試験の場合と民間企業の場合では，求められているものに違いもある。

　民間企業の場合でも業種によって違いがある。ということは，それぞれの意義や目的によって，対策や準備方法も違ってくるということである。これを理解した上で，自分なりの準備方法を見つけることが大切なのだ。

(2) 文章を書く習慣を身につける

　多くの人は「かしこまった文章を書くのが苦手」だという。携帯電話やパソコンで気楽なメールを頻繁にしている現在では，特にそうだという。論作文試験の準備としては，まずこの苦手意識を取り除くことが必要だろう。

　文章を書くということは，習慣がついてしまえばそれほど辛いものではな

い。習慣をつけるという意味では，第一に日記を書くこと，第二に手紙を書くのがよい。

---

① 「日記」を書いて筆力をつける

　実際にやってみればわかることだが，日記を半年間書き続けると，自分でも驚くほど筆力が身に付く。筆力というのは「文章を書く力」で，豊かな表現力・構成力，あるいはスピードを意味している。日記は他人に見せるものではないので，自由に書ける。材料は身辺雑事・雑感が主なので，いくらでもあるはず。この「自由に書ける」「材料がある」ということが，文章に慣れるためには大切なことなのだ。パソコンを使ってブログで長い文章を書くのも悪くはないが，本番試験はキーボードが使えるわけではないので，リズムが変わると書けない可能性もある。やはり紙にペンで書くべきだろう。

② 「手紙」を書いてみる

　手紙は，他人に用件や意思や感情を伝えるものである。最初から他人に読んでもらうことを目的にしている。ここが日記とは根本的に違う。つまり，読み手を意識して書かなければならないわけだ。そのために，一定の形式を踏まなければならないこともあるし，逆に，相手や時と場合によって形式をはずすこともある。感情を全面的に表わすこともあるし，抑えることもある。文章を書く場合，この読み手を想定して形式や感情を制御していくということは大切な要件である。手紙を書くことによって，このコツに慣れてくるわけだ。

> 「おっはよー，元気い（^_^）？　今日もめっちゃ寒いけど……」
> 「拝啓，朝夕はめっきり肌寒さを覚える今日このごろですが，皆々様におかれましては，いかがお過ごしかと……」

　手紙は，具体的に相手（読み手）を想定できるので，書く習慣がつけば，このような「書き分ける」能力も自然と身についてくる。つまり，文章のTPOといったものがわかってくるのである。

③ 新聞や雑誌のコラムを写してみる

　新聞や雑誌のコラムなどを写したりするのも，文章に慣れる王道の手段。最初は，とにかく書き写すだけでいい。ひたすら，書き写すのだ。

ペン習字などもお手本を書き写すが，それと同じだと思えばいい。ペン習字と違うのは，文字面をなぞるのではなく，別の原稿用紙などに書き写す点だ。

とにかく，こうして書き写すことをしていると，まず文章のリズムがわかってくる。ことばづかいや送り仮名の要領も身につく。文の構成法も，なんとなく理解できてくる。実際，かつての作家の文章修業は，こうして模写をすることから始めたという。

私たちが日本語を話す場合，文法をいちいち考えているわけではないだろう。接続詞や助詞も自然に口をついて出ている。文章も本来，こうならなければならないのである。そのためには書き写す作業が一番いいわけで，これも実際にやってみると，効果がよくわかる。

なぜ，新聞や雑誌のコラムがよいかといえば，これらはマスメディア用の文章だからである。不特定多数の読み手を想定して書かれているために，一般的なルールに即して書かれていて，無難な表現であり，クセがない。公務員試験の論作文では，この点も大切なことなのだ。

たとえば雨の音は，一般的に「ポツリ，ポツリ」「パラ，パラ」「ザァ，ザァ」などと書く。ありふれた表現だが，裏を返せばありふれているだけに，だれにでも雨の音だとわかるはず。「朝から，あぶないな，と思っていたら，峠への途中でパラ，パラとやってきた……」という文章があれば，この「パラ，パラ」は雨だと想像しやすいだろう。

一方，「シイ，シイ」「ピチ，ピチ」「トン，トン」「バタ，バタ」，雨の音をこう表現しても決して悪いということはない。実際，聞き方によっては，こう聞こえるときもある。しかし「朝から，あぶないな，と思っていたら，峠への途中でシイ，シイとやってきた……」では，一般的には「シイ，シイ」が雨だとはわからない。

論作文は，作家になるための素質を見るためのものではないから，やはり後者ではマズイのである。受験論作文の練習に書き写す場合は，マスコミのコラムなどがよいというのは，そういうわけだ。

④ 考えを正確に文章化する

頭の中では論理的に構成されていても，それを文章に表現するのは意外に難しい。主語が落ちているために内容がつかめなかったり，語彙が貧弱で，述べたいことがうまく表現できなかったり，思いあまって言葉

足らずという文章を書く人は非常に多い。文章は，記録であると同時に伝達手段である。メモをとるのとは違うのだ。

　論理的にわかりやすい文章を書くには，言葉を選び，文法を考え，文脈を整え，結論と課題を比較してみる……，という訓練を続けることが大切だ。しかし，この場合，一人でやっていたのでは評価が甘く，また自分では気づかないこともあるので，友人や先輩，国語に詳しいかつての恩師など，第三者の客観的な意見を聞くと，正確な文章になっているかどうかの判断がつけやすい。

⑤　文章の構成力を高める

　正確な文章を書こうとすれば，必ず文章の構成をどうしたらよいかという問題につきあたる。文章の構成法については後述するが，そこに示した基本的な構成パターンをしっかり身につけておくこと。一つのテーマについて，何通りかの構成法で書き，これをいくつものテーマについて繰り返してみる。そうしているうちに，特に意識しなくてもしっかりした構成の文章が書けるようになるはずだ。

⑥　制限内に書く感覚を養う

　だれでも時間をかけてじっくり考えれば，それなりの文章が書けるだろう。しかし，実際の試験では字数制限や時間制限がある。練習の際には，ただ漫然と文章を書くのではなくて，字数や時間も実際の試験のように設定したうえで書いてみること。

　例えば800字以内という制限なら，その全体量はどれくらいなのかを実際に書いてみる。また，全体の構想に従って字数（行数）を配分すること。時間制限についても同様で，60分ならその時間内にどれだけのことが書けるのかを確認し，構想，執筆，推敲などの時間配分を考えてみる。この具体的な方法は後に述べる。

　こうして何度も文章を書いているうちに，さまざまな制限を無駄なく十分に使う感覚が身についてくる。この感覚は，練習を重ね，文章に親しまない限り，身に付かない。逆に言えば実際の試験ではそれが極めて有効な力を発揮するのが明らかなのだ。

● Ⅲ.「合格答案」作成上の留意点 ●

(1) テーマ把握上の注意

　さて，いよいよ試験が始まったとしよう。論作文試験でまず最初の関門になるのが，テーマを的確に把握できるか否かということ。どんなに立派な文章を書いても，それが課題テーマに合致していない限り，試験結果は絶望的である。不幸なことにそのような例は枚挙にいとまがにないと言われる。ここでは犯しやすいミスを2，3例挙げてみよう。

---

①　似たテーマと間違える

　例えば「私の生きかた」や「私の生きがい」などは，その典型的なもの。前者が生活スタイルや生活信条などが問われているのに対して，後者はどのようなことをし，どのように生きていくことが，自分の最も喜びとするところかが問われている。このようなニュアンスの違いも正確に把握することだ。

②　テーマ全体を正確に読まない

　特に，課題そのものが長い文章になっている場合，どのような条件を踏まえて何を述べなければならないかを，正確にとらえないまま書き始めてしまうことがある。例えば，下記のようなテーマがあったとする。

> 「あなたが公務員になったとき，職場の上司や先輩，地域の人々との人間関係において，何を大切にしたいと思いますか。自分の生活体験をもとに書きなさい」

　①公務員になったとき，②生活体験をもとに，というのがこのテーマの条件であり，「上司・先輩，地域の人々との人間関係において大切にしたいこと」というのが必答すべきことになる。このような点を一つひとつ把握しておかないと，内容に抜け落ちがあったり，構成上のバランスが崩れたりする原因になる。テーマを示されたらまず2回はゆっくりと読み，与えられているテーマの意味・内容を確認してから何をどう書くかという考察に移ることが必要だ。

③　テーマの真意を正確につかまない

　「今，公務員に求められるもの」というテーマと「公務員に求められるもの」というテーマを比べた場合，"今"というたった1字があるか否か

で，出題者の求める答えは違ってくることに注意したい。言うまでもなく，後者がいわゆる「公務員の資質」を問うているのに対して，前者は「現況をふまえたうえで，できるだけ具体的に公務員の資質について述べること」が求められているのだ。

以上3点について述べた。こうやって示せば誰でも分かる当たり前のことのようだが，試験本番には受け取る側の状況もまた違ってくるはず。くれぐれも慎重に取り組みたいところだ。

(2) 内容・構成上の注意点

① 素材選びに時間をかけろ

テーマを正確に把握したら，次は結論を導きだすための素材が重要なポイントになる。公務員試験での論作文では，できるだけ実践的・経験的なものが望ましい。現実性のある具体的な素材を見つけだすよう，書き始める前に十分考慮したい。

② 全体の構想を練る

さて，次に考えなくてはならないのが文章の構成である。相手を納得させるためにも，また字数や時間配分の目安をつけるためにも，全体のアウトラインを構想しておくことが必要だ。ただやみくもに書き始めると，文章があらぬ方向に行ってしまったり，広げた風呂敷をたたむのに苦労しかねない。

③文体を決める

文体は終始一貫させなければならない。文体によって論作文の印象もかなり違ってくる。〈です・ます〉体は丁寧な印象を与えるが，使い慣れないと文章がくどくなり，文末のリズムも単調になりやすい。〈である〉体は文章が重々しいが，断定するつもりのない場合でも断定しているかのような印象を与えやすい。

それぞれ一長一短がある。書きなれている人なら，テーマによって文体を使いわけるのが望ましいだろう。しかし，大概は文章のプロではないのだから，自分の最も書きやすい文体を一つ決めておくことが最良の策だ。

(3) 文章作成上の注意点

> ① ワン・センテンスを簡潔に
>
> 　一つの文（センテンス）にさまざまな要素を盛り込もうとする人がいるが，内容がわかりにくくなるだけでなく，時には主語・述語の関係が絡まり合い，文章としてすら成立しなくなることもある。このような文章は論旨が不明確になるだけでなく，読み手の心証もそこねてしまう。文章はできるだけ無駄を省き，わかりやすい文章を心掛けること。「一文はできるだけ簡潔に」が鉄則だ。
>
> ② 論点を整理する
>
> 　論作文試験の字数制限は多くても2,000字，少ない場合は600字程度ということもあり，決して多くはない。このように文字数が限られているのだから，文章を簡潔にすると同時に，論点をできるだけ整理し，特に必要のない要素は削ぎ落とすことだ。これはテーマが抽象的な場合や，逆に具体的に多くの条件を設定してる場合は，特に注意したい。
>
> ③ 段落を適切に設定する
>
> 　段落とは，文章全体の中で一つのまとまりをもった部分で，段落の終わりで改行し，書き始めは1字下げるのが決まりである。いくつかの小主題をもつ文章の場合，小主題に従って段落を設けないと，筆者の意図がわかりにくい文章になってしまう。逆に，段落が多すぎる文章もまた意図が伝わりにくく，まとまりのない印象の文章となる場合が多い。段落を設ける基準として，次のような場合があげられる。
>
> | | |
> |---|---|
> | ① 場所や場面が変わるとき。 | ④ 思考が次の段階へ発展するとき。 |
> | ② 対象が変わるとき。 | ⑤ 一つの部分を特に強調したいとき。 |
> | ③ 立場や観点が変わるとき。 | ⑥ 同一段落が長くなりすぎて読みにくくなるとき。 |

これらを念頭に入れて適宜段落を設定する。

(4) 文章構成後のチェック点

① 主題がはっきりしているか。論作文全体を通して一貫しているか。課題にあったものになっているか。

② まとまった区切りを設けて書いているか。段落は，意味の上でも視覚的にもはっきりと設けてあるか。

③ 意味がはっきりしない言いまわしはないか。人によって違った意味にとられるようなことはないか。

④ 一つの文が長すぎないか。一つの文に多くの内容を詰め込みすぎているところはないか。

⑤ あまりにも簡単にまとめすぎていないか。そのために論作文全体が軽くなっていないか。

⑥ 抽象的ではないか。もっと具体的に表現する方法はないものか。

⑦ 意見や感想を述べる場合，裏づけとなる経験やデータとの関連性は妥当なものか。

⑧ 個人の意見や感想を，「われわれは」「私たちは」などと強引に一般化しているところはないか。

⑨ 表現や文体は統一されているか。

⑩ 文字や送り仮名は統一されているか。

　実際の試験では，こんなに細かくチェックしている時間はないだろうが，練習の際には，一つの論作文を書いたら，以上のようなことを必ずチェックしてみるとよいだろう。

● Ⅳ．「論作文試験」の実戦感覚 ●

　準備と対策の最後の仕上げは，"実戦での感覚"を養うことである。これは"実戦での要領"といってもよい。「要領がいい」という言葉には，「上手に」「巧みに」「手際よく」といった意味と同時に，「うまく表面をとりつくろう」「その場をごまかす」というニュアンスもある。「あいつは要領のいい男だ」という表現などを思い出してみれば分かるだろう。

　採用試験における論作文が，論作文試験という競争試験の一つとしてある以上，その意味での"要領"も欠かせないだろう。極端にいってしまえば，こうだ。

> 「約600字分だけ，たまたまでもすばらしいものが書ければよい」

　もちろん，本来はそれでは困るのだが，とにかく合格して採用されることが先決だ。そのために，短時間でその要領をどう身につけるか，実戦ではどう要領を発揮するべきなのか。

（1）時間と字数の実戦感覚

①　制限時間の感覚

　公務員試験の論作文試験の平均制限時間は，90分間である。この90分間に文字はどれくらい書けるか。大学ノートなどに，やや丁寧に漢字まじりの普通の文を書き写すとして，速い人で1分間約60字，つまり90分間なら約5,400字。遅い人で約40字/1分間，つまり90分間なら約3,600字。平均4,500字前後と見ておけばよいだろう。400字詰め原稿用紙にして11枚程度。これだけを考えれば，時間はたっぷりある。しかし，これはあくまでも「書き写す」場合であって，論作文している時間ではない。

　構想などが決まったうえで，言葉を選びながら論作文する場合は，速い人で約20字前後/1分間，60分間なら約1,800字前後である。ちなみに，文章のプロたち，例えば作家とか週刊誌の記者とかライターという職業の人たちでも，ほぼこんなものなのだ。構想は別として，1時間に1,800字，400字詰め原稿用紙で4〜5枚程度書ければ，だいたい職業人として1人前である。言い換えれば，読者が読むに耐えうる原稿を書くためには，これが限度だということである。

　さて，論作文試験に即していえば，もし制限字数1,200字なら，1,200字÷20字で，文章をつづる時間は約60分間ということになる。そうだとすれば，テーマの理解，着想，構想，それに書き終わった後の読み返しなどにあてられる時間は，残り30分間。これは実にシビアな時間である。まず，この時間の感覚を，しっかりと頭に入れておこう。

②　制限字数の感覚

　これも一般には，なかなか感覚がつかめないもの。ちなみに，いま，あなたが読んでいるこの本のこのページには，いったい何文字入っているのか，すぐにわかるだろうか。答えは，1行が33字詰めで行数が32行，

空白部分もあるから約1,000字である。公務員試験の論作文試験の平均的な制限字数は1,200字となっているから，ほぼ，この本の約1頁強である。

この制限字数を，「長い！」と思うか「短い！」と思うかは，人によって違いはあるはず。俳句は17文字に万感の想いを込めるから，これと比べれば1,000字は実に長い。一方，ニュース番組のアナウンサーが原稿を読む平均速度は，約400字程度/1分間とされているから，1,200字なら3分。アッという間である。つまり，1,200字というのは，そういう感覚の字数なのである。ここでは，論作文試験の1,200字という制限字数の妥当性については置いておく。1,200字というのが，どんな感覚の文字数かということを知っておけばよい。

この感覚は，きわめて重要なことなのである。後でくわしく述べるが，実際にはこの制限字数によって，内容はもとより書き出しや構成なども，かなりの規制を受ける。しかし，それも試験なのだから，長いなら長いなりに，短いなら短いなりに対処する方法を考えなければならない。それが実戦に臨む構えであり，「要領」なのだ。

(2) 時間配分の実戦感覚

90分間かけて，結果として1,200字程度の論作文を仕上げればよいわけだから，次は時間の配分をどうするか。開始のベルが鳴る（ブザーかも知れない）。テーマが示される。いわゆる「課題」である。さて，なにを，どう書くか。この「なにを」が着想であり，「どう書くか」が構想だ。

① まず「着想」に10分間

課題が明示されているのだから，「なにを」は決まっているように思われるかもしれないが，そんなことはない。たとえば「夢」という課題であったとして，昨日みた夢，こわかった夢，なぜか印象に残っている夢，将来の夢，仕事の夢，夢のある人生とは，夢のある社会とは，夢のない現代の若者について……などなど，書くことは多種多様にある。あるいは「夢想流剣法の真髄」といったものだってよいのだ。まず，この「なにを」を10分以内に決める。文章を書く，または論作文するときは，本来はこの「なにを」が重要なのであって，自分の知識や経験，感性を凝縮して，長い時間をかけて決めるのが理想なのだが，なにしろ制限時間があるので，やむをえず5分以内に決める。

②　次は「構想」に10分間

　「構想」というのは，話の組み立て方である。着想したものを，どうやって1,200字程度の字数のなかに，うまく展開するかを考える。このときに重要なのは，材料の点検だ。

　たとえば着想の段階で，「現代の若者は夢がないといわれるが，実際には夢はもっているのであって，その夢が実現不可能な空想的な夢ではなく，より現実的になっているだけだ。大きな夢に向かって猛進するのも人生だが，小さな夢を一つ一つ育んでいくのも意義ある人生だと思う」というようなことを書こうと決めたとして，ただダラダラと書いていったのでは，印象深い説得力のある論作文にはならない。したがってエピソードだとか，著名人の言葉とか，読んだ本の感想……といった材料が必要なわけだが，これの有無，その配置を点検するわけである。しかも，その材料の質・量によって，話のもっていきかた（論作文の構成法）も違ってくる。これを10分以内に決める。

　実際には，着想に10分，構想に10分と明瞭に区別されるわけではなく，「なにを」は瞬間的に決まることがあるし，「なにを」と「どう書くか」を同時に考えることもある。ともあれ，着想と構想をあわせて，なにがなんでも20分以内に決めなければならないのである。

③　「執筆」時間は60分間

　これは前述したとおり。ただ書くだけの物理的時間が約15〜20分間かかるのだから，言葉を選び表現を考えながらでは60分間は実際に短かすぎるが，試験なのでやむをえない。

　まずテーマを書く。氏名を書く。そして，いよいよ第1行の書き出しにかかる。「夢，私はこの言葉が好きだ。夢をみることは，神さまが人間だけに与えた特権だと思う……」「よく，最近の若者には夢がない，という声を聞く。たしかに，その一面はある。つい先日も，こんなことがあった……」「私の家の近所に，夢想流を継承する剣道の小さな道場がある。白髪で小柄な80歳に近い老人が道場主だ……」などと，着想したことを具体的に文章にしていくわけである。

　人によっては，着想が決まると，このようにまず第1行を書き，ここで一息ついて後の構想を立てることもある。つまり，書き出しの文句を書きこむと，後の構想が立てやすくなるというわけである。これも一つ

の方法である。しかし，これは，よっぽど書きなれていないと危険をともなう。後の構想がまとまらないと何度も書き出しを書き直さなければならないからだ。したがって，論作文試験の場合は，やはり着想→構想→執筆と進んだほうが無難だろう。

④ 「点検」時間は10分間で

　論作文を書き終わる。当然，点検をしなければならない。誤字・脱字はもとより，送り仮名や語句の使い方，表現の妥当性も見直さなければならない。この作業を一般には「推敲」と呼ぶ。推敲は，文章を仕上げる上で欠かせない作業である。本来なら，この推敲には十分な時間をかけなければならない。文章は推敲すればするほど練りあがるし，また，文章の上達に欠かせないものである。

　しかし，論作文試験においては，この時間が10分間しかない。前述したように，1,200字の文章は，ニュースのアナウンサーが読みあげるスピードで読んでも，読むだけで約3分はかかる。だとすれば，手直しする時間は7分。ほとんどないに等しいわけだ。せいぜい誤字・脱字の点検しかできないだろう。論作文試験の時間配分では，このことをしっかり頭に入れておかなければならない。要するに論作文試験では，きわめて実戦的な「要領の良さ」が必要であり，準備・対策として，これを身につけておかなければならないということなのだ。

実施課題例の分析

四日市市

令和5年度

▼論文・事務職

　四日市市総合計画では将来都市像「子育て・教育安心都市」，「産業・交流拠点都市」，「環境・防災先進都市」，「健康・生活充実都市」の4つを掲げています。四日市市の現状と課題を捉え，あなたが考える，最も必要と思われる具体的取組を述べよ。

《執筆の方針》

　四日市市が掲げる4つの将来都市像に関わる現状と課題を整理して簡潔に述べる。そのうえで，目指す都市像を選択し，それを実現するために最も必要と思われる具体的取組を述べる。

《課題の分析》

　現代の地方行政に携わる職員には，課題を解決するための企画力と実行力，困難にくじけない強い意志とバイタリティなどが求められる。四日市市の職員になることを目指す以上，四日市市の目指す都市像とともにそれに関わる現状と課題，及びその課題を克服するための方策と意欲をもっていなければならない。この問題では，四日市市が掲げる4つの将来都市像に関わる現状と課題を示すとともに，そうした都市像を実現するために最も必要と思われる具体的取組を述べることになる。4つの中のどの都市像を選択しても構わないが，あなたのこれまでの学びが生かされる分野，経験を生かすことのできる分野を選択するのがよいだろう。

《作成のポイント》

　論文の作成にあたっては，まず設問に答え，四日市市が掲げる4つの将来都市像に関わる現状と課題を示す。課題に関わる四日市市の実態とともに，市民の意識調査などを踏まえて論述するとよい。そのうえで，4つの都市像の中の1つを選択し，それを実現するために最も必要と思われる具体的取組を述べることになる。その際，目指す都市像に関するこれまでの市の施策や県との連携などについても触れるようにする。具体的な取組みは抽象論ではなく，段階を踏んだ手立てを述べる。したがって，「まず…」「次

に…」というように，接続詞を使って分かりやすく述べていくと良いだろう。最後は，その取組みが実現した際の具体的な効果を示すとともに，その取組みを実現するための意欲と決意を述べて論文をまとめる。

令和4年度

▼論文・事務職

令和4年7月に，四日市公害裁判判決から50周年を迎える。四日市公害の経験や教訓を未来へつなげるため，あなたならどのような取り組みをするか，あなたの考えを述べよ。

《執筆の方針》

まず四日市公害の経験から，どのようなことを教訓として学ばなければならないのかを述べる。そのうえで，四日市市の職員としてどのように四日市公害の経験や教訓を生かしていくか具体的な取り組みを挙げる。

《課題の分析》

公務員は，全体への奉仕者として過去の経験や教訓を生かし，市民の安全で安心な生活を維持していかなければならない。四日市公害裁判判決から50周年を迎える現在，四日市公害の経験や教訓を未来へつなげることが求められる。四日市は，コンビナートの立地によって，日本のものづくりを支える重要な産業都市として栄えてきた一方で，大気汚染という公害が発生した。それを克服し，環境先進都市を目指すためにエネルギー対策やCO_2削減といった地球温暖化防止対策，ごみ減量策などに取り組んできた。SDGsの重要性が叫ばれる現在，そうした取組を広げていくことが四日市公害の経験や教訓を未来へつなげていくことになる。

《作成のポイント》

まず四日市公害とはどのような公害で，人々の生活にどのような影響を与えたのか簡潔に述べる。そして，四日市市はそうした状況をどのように克服し，環境先進都市を目指してきたのかを整理する。この時，実際に見たり聞いたりした事実を入れることで説得力のある論述とする。そのうえで，四日市市が取り組んでいる地球温暖化防止対策やごみ減量策をどのように広めていったらよいか，具体的な取り組みを挙げる。全国的に展開しているSDGs実現の取組みに関連させるとよいだろう。最後は，四日市の職員として，市民生活の向上のために環境問題に取組んでいくという強い気持ちを表して論文をまとめる。

令和３年度

▼論文・事務職

　高齢者にとって住みやすい街とするために，あなたならどのような街づくりをするか，あなたの考えを述べよ。

《執筆の方針》

　高齢化社会が進む中で，高齢者が住みやすい街にすることの重要性を述べる。そのうえで，高齢者が住みやすい街にするためにどのような街づくりをしていくか具体的に論述する。

《課題の分析》

　人生100年時代と言われ，総人口に占める65歳以上の割合は25.0％となり，４人に１人が高齢者となった。そうした高齢者は，日本の高度経済成長期を支えた世代であり，高齢者が健やかで生きがいを持って社会参加することは，社会の活性化のために大きな役割を果たす。設問は「高齢者が住みやすい街」について論じることであり，高齢化に伴う身体能力の低下を補う施設・設備などの物理的条件を整えることが思いつく。しかし，それだけではなく，高齢者が社会で生きがいをもって生活し，元気に活躍できる場をつくることなどを考えることが重要である。

《作成のポイント》

　まず，高齢者が健やかで生きがいを持って生活することの重要性を挙げる。それは，当の高齢者だけのためだけでなく，社会の活性化にとっても必要であることを指摘する。そして，高齢者が住みやすい街にするための条件を整理して述べていく。身体能力の低下を補う施設・設備などの条件を整えること，生きがいをもって生活できる条件を整えることなどの重要性を説明する。そのうえで，行政として何ができるのか論述していく。高齢者が一般の市民と変わらない生活や仕事ができる物理的環境や条件の整備，それを受け入れて支援する市民意識の啓発といったことがその視点となるだろう。それらを具体的な取組みとして挙げ，高齢者の雇用を促進したり，活躍の場をつくったりすることが，高齢者が住みやすい街にするために欠かすことができないことを示して論文をまとめる。

令和２年度

▼論文・事務職

　あなたが考える「地域における活動」とはどのようなものかを具体的に挙げ，その活性化のために行政が行うべき施策を述べよ。

《執筆の方針》

　設問は,「地域における活動」とはどのようなものかを具体的に挙げ, その活性化をどのように図っていくのかということである。地域コミュニティが崩れた原因を整理するとともに, 地域活動の活性化のために行政として何をしていけばよいのか論述する。

《課題の分析》

　町内会, 自治会といった伝統的な地域コミュニティの空洞化や崩壊は, 地域住民の連帯意識の希薄化をもたらしている。その原因としては, 核家族化や少子高齢化の進行はもとより, 交通通信手段の発達による生活圏の拡大, 人口の都市集中, 個人主義や合理主義といった生活様式の都市化, 伝統的な家族制度の崩壊, 農村における生産様式の変化などが考えられる。その結果,「地域における活動」が縮減され, 市民の生活に様々な影響を及ぼしている。地域における活動の活性化を通して地域コミュニティを復活させることが, 大きな課題となっている。

《作成のポイント》

　まず, 地域コミュニティは人々の生活にどのような役割を果たしてきたのか, 地域コミュニティの空洞化や崩壊がどのように進んでいるのか, その原因はどこにあるのかを整理する。その際, あなたが考える「地域における活動」を具体的に示し, それがどのような役割を果たしてきたのかを具体的に述べる。そのうえで,「地域における活動」を活性化し, 地域コミュニティを復活させるために行政としてどのように対処していったらよいのか述べていく。地域住民が結束するための行事の復活や新たな企画の推進, 人々が集まることのできる場の確保などが考えられるだろう。いずれにしても, 具体的で実現性のある行政としての取組みを提言したい。

平成29年度

▼論文・事務職

　四日市のブランド力を向上するため, どのような方法が考えられるか。具体的な案をひとつ挙げ, 理由も含めてあなたの考えを述べよ。

《執筆の方針・課題の分析》

　四日市市のホームページには, 多くの特産品が紹介されている。こうした特産品を「四日市ならでは」というレベルで, 全国, 或いは国際的にアピールするための方策について述べる。

　ブランドというのは, 単に話題になるということではなく, 高い品質,

顧客が欲しいと感じる魅力が必要である。ブランド力を高めるための要点として，1点目には，特産品の質を磨くことが課題と言える。また，いくら質のよい物でも，多くの人の手にとられなければ，広く知られることも経済効果もないので，2点目には，広告力（口コミも含む）の強化が課題と言える。ブランド選定の在り方や，アピール力の向上がポイントである。「何をブランド化するか」を想定して，ブランド力向上に向けた具体的な案を一つ挙げ，自らのアイデアを述べる。PR方法として，国内的にはアンテナショップやCMの活用，国際的には東京オリンピック・パラリンピックを契機としたPRも考えられる。

《作成のポイント》

　全体を三段落で構成する。序論では「ブランド」についての解釈を示すとともに，市の特産品（萬古焼き，菓子，調味料，茶など）について認識を示す。ブランド力を向上させるためにどのような努力や工夫が必要なのかという点にも触れたい。本論では，ブランド力向上のための具体策について述べる。「伝統は引き継ぐだけでなく，創り出すものだ」という言葉もある。新たな四日市ブランドの創出と選定上のアイデアについて述べることも考えられる。既にある日本一には，単一工場としてのシュークリームの生産高（年間1億7千万個），紙オムツ用不織布（2万6千トン）などがある。「三重ブランド」で検索すると「四日市萬古焼」がヒットするが，「四日市ブランド」で検索しても，「四日市市内のブランド品買取店」がヒットする程度である。結論では，「四日市ブランド」創出のために市職員として貢献したい旨の情熱を示すなど，決意を述べて結びとする。

▼論文・技術職等

　あなたが四日市市長であると仮定して，他の都市にはない特徴のある施策をひとつ実現するとしたら何がしたいですか。理由も含めてあなたの考えを述べよ。

《執筆の方針・課題の分析》

　四日市市の望ましい未来像を描き，現状の課題を踏まえた上で，市の発展と市民の幸福につながるような特徴ある施策を述べる。

　施策については，一つに特化して説明すればよいが，何のための施策であるのか，ビジョンを明らかにする必要がある。「理由を含めて」という部分がそれに当たる。例えば，四日市市の課題を少子高齢化と捉えた場合，問題の本質は全国に共通するものであるので，解決策のレベルで他都市に

ないと思われる独自の施策を考えることになる。生産年齢人口の減少，晩婚化などに対する対応として，東京都では婚活に関わる施策も検討されているが，賛否あるのが実情である。しかし，そうした支援も深刻な生産年齢人口の減少や税収減の状況を考えると，ある意味で有効なものと言える。要は，多くの市民に受け入れられる形を模索することが重要である。

《作成のポイント》

　全体を三部構成として述べる。序論では四日市市の課題について認識を示す。後に展開する施策に対して，伏線となる要素を取り上げることは当然である。少子高齢化の現状，環境問題，空き家問題など，適切な課題を選択し，取り上げた理由を述べる。「創造的なまちづくりの必要性」といったテーマもあり得る。本論では，その課題解決や理念の実現のための施策を一つ挙げ，具体的に説明する。例えば，少子化対策を取り上げた場合には，市としての婚活事業について論及することも考えられる。待機児童問題の解消，保育所，教育面，子育て支援，市内への他府県からの移住などとセットにした施策として広いビジョンから論述したいところであるが，「他都市にない」という観点から，踏み込んだ具体性が求められる。結論では，四日市市の職員としての決意を述べて結びとする。

平成28年度

▼論文・事務職

　あなたの企画で，若者をターゲットにしたタウン誌に四日市の特集記事を掲載することになったとしたら，どのようなタイトルでどのような内容にしますか。

《執筆の方針・課題の分析》

　四日市市のタウン誌には，第二土曜日発刊の月刊誌がある。タウン情報「YOUよっかいち」のことである。企画力と感性を活かし，特集記事のタイトルと内容について自らのアイデアを述べる。

　「若者をターゲットにした」とあるので，若年層の関心が高い記事にする必要がある。また，地域密着型の内容でなければならない。例えば，地元でいろいろな職業に就いている若者の体験を特集してもよい。今後，就職活動をする学生の参考にもなろう。タイトルは「地元，四日市で活躍する若人の声」などが考えられる。さらに，「四日市の誇り」というタイトルで，スポーツや芸術の面で活躍している人の紹介記事を特集してもよいだろう。季節によっては「大四日市まつり」とそこで活躍する若者について「行事と

若い世代」を特集することも考えられる。

《作成のポイント》

　全体を三段落でまとめてみる。第一段落では，自分の企画でタウン誌の特集を組む場合のアイデアとして，特集記事のタイトルについて述べる。次に，第二段落で，その企画内容を述べ，四日市市の若者が関心をもつ要素について説明する。具体的な企画内容に触れ，取材対象や写真の工夫などについても述べるようにする。特集記事の例を挙げて説明する訳であるが，例えば四日市市出身のスポーツ選手や楽器の達人などの紹介では，単に客観的な紹介でなく，本人への取材をしっかり行い「本人の声」として掲載したい。さらに，連載特集記事への企画について考えを述べても効果的である。第三段落では，広報関係の業務を担う場合も含め，四日市市の職員として採用された場合の仕事に対する情熱について述べて結びとする。

▼論文・技術職等

　あなたが学んできた専門分野を活かして，何かひとつ発明・開発・発見ができるとしたら，何を発明・開発・発見してみたいですか。

《執筆の方針・課題の分析》

　自身が学んできた専門分野について述べ，発明・開発・発見に結びつくような，独創性に関わる要素について可能性と夢を述べる。

　主に学生時代の研究に関わる内容でクリエイティブなものを選択し，一つに絞って説明することになる。例えば，分析関係の研究をしてきた場合には，環境改善に結びつく装置の発明や測定技術の開発について意欲を示す。その実現の為には「根気強さ・粘り強さ」も必要となる。「最後まであきらめない姿勢」が受験者のもつ長所であるという視点で，経験したエピソードを踏まえて書く。学生時代の経験から，あきらめない精神による勝利の例を挙げるなどして，自分の実績と信条について述べるのも効果的である。

　模範的な論文とは，設問に対してズレずに正対していて，明確に具体的に自分の考えが述べられている文章である。文と文とのつながり，主語と述語のつながりなどにも注意して作成したい。

《作成のポイント》

　全体を三段落として考えてみよう。序論では，「自身が学んできた専門分野」について説明する。また，今後の展開に使えそうな要素について触れておく。本論では，その専門性を活かして，発明・開発・発見に繋がるよ

316

うな内容について説明する。その実現のために必要な精神的・肉体的な強さなどにも触れて書くことができる。自身のこれまでのエピソードがあれば紹介するとさらに説得力と個性のある文章となる。根気強く，あきらめずに努力した結果，優れた成果をあげることができたといった事例でもよい。その精神を将来の仕事に活かしたいという気持ちについても述べる。どのような場面に活きると思うかについても，実際の業務内容を想定して述べるように心掛ける。結論では「仕事を進める上で課題や困難事に遭遇しても，粘り強く問題解決にあたりたい」という決意を表明して結びとする。

平成27年度

▼論文・事務職

市外からの来訪者増加のために，四日市港周辺に一つだけ施設を設置するとしたら何がよいか。

《執筆の方針・課題の分析》

課題の「来訪者」は，観光客と考えてよい。仕事関連の来訪者は各企業の諸事情により，行政が果たす役割はほとんどない。四日市市近隣にはテーマパークや動植物園等の観光施設はある。港にはポートビルが観光の中心として存在する。ただし，子ども連れには不向き，1時間以内の観光で終えるというアンケート結果がある。また全国の主要港には似た展望施設が多い。コンビナートのナイトクルージングがあるが通年客がいない状況である。「抜きん出たもの，際立ったもの」がないが「ひととおり何でもある」という市の実態・自己評価がある。ポートビルを中心にした地域ブランドとの融合を考えることが適当である。

《作成のポイント》

序論で，市の実態等を踏まえ施設を明示し，その理由説明を簡潔に述べる。本論では，これまでの来訪者の状況や港周辺の現状を的確に把握した論述をし，挙げた施設の意義や目的，期待される効果等を考察して，明確に理由を説明する。その施設一つでの集客を考えるのは難しいものがあり，周辺の既存施設や観光資源等との融合を考えることが望ましい。近隣にある施設と類似したものは避ける。来訪者をある年代や性別，また観光，購買，食，体験型，休養型等に特化した施設を考えてもよい。「ひととおり何でもある」を活かした統合型施設も一考を要する。ポートビルを活かす施設が効果的といえる。

▼論文・技術職等

1億円の予算で地域活性化をするというプロジェクトの担当になったとしたら，どのように使いますか。

《執筆の方針・課題の分析》

受験者には1億円の金額の実感を得にくいと思われるため，細かな算定まで行う必要はなく概算でよい。地域活性化の手段を何にするかから考える。この金額から大規模な施設の設置は不可能であるため，いわゆるソフト面から事業を新たに考えることが適当である。四日市市全体を考えるのか，市のある地域を特定して考えるのか，または特定の産業にするのか等熟考すべきことは多い。地場産業への支援や助成，人的交流を増やす催し，テーマを選定した催し物等から考える。一時的な集客，消費拡大ではなく，その後の活性化を考慮する。ある事業を「起爆剤」として，本市を知ってもらう機会としてもよい。

《作成のポイント》

概算のみで，細かな予算設定はなくてよい。プロジェクトは「企画，設計，研究計画，開発事業」である。序論で，プロジェクトを1つ明示し，その理由を簡潔に述べる。流入人口が増える，経済的に潤う，働く場が増える等が「活性化」の結果といえる。何を目的としたものか，以後の期待される効果は何か，何をもって活性化したといえるのかを明確にする。方向性や事業内容を的確に考慮しなければ論点が定まらないため十分に留意する。本論では，それらを踏まえて具体的な内容を述べていく。概算ながらも，「あることに〇円程度（百万円単位程）」といくつか示す。

第7部

面接試験対策

- 面接対策
- 集団討論対策
- 実施課題例の分析

人物試験　面接対策

● I ． 面接の意義 ●

　筆記試験や論作文（論文）試験が，受験者の一般的な教養の知識や理解の程度および表現力やものの考え方・感じ方などを評価するものであるのに対し，面接試験は人物を総合的に評価しようというものだ。

　すなわち，面接担当者が直接本人に接触し，さまざまな質問とそれに対する応答の繰り返しのなかから，公務員としての適応能力，あるいは職務遂行能力に関する情報を，できるだけ正確に得ようとするのが面接試験である。豊かな人間性がより求められている現在，特に面接が重視されており，一般企業においても，面接試験は非常に重視されているが，公務員という職業も給与は税金から支払われており，その職務を完全にまっとうできる人間が望まれる。その意味で，より面接試験に重きがおかれるのは当然と言えよう。

● II ． 面接試験の目的 ●

　では，各都道府県市がこぞって面接試験を行う目的は，いったいどこにあるのだろうか。ごく一般的に言えば，面接試験の目的とは，おおよそ次のようなことである。

---

①　人物の総合的な評価

　試験官が実際に受験者と対面することによって，その人物の容姿や表情，態度をまとめて観察し，総合的な評価をくだすことができる。ただし，ある程度，直観的・第一印象ではある。

②　性格や性向の判別

　受験者の表情や動作を観察することにより性格や性向を判断するが，実際には短時間の面接であるので，面接官が社会的・人生的に豊かな経験の持ち主であることが必要とされよう。

---

③ 動機・意欲等の確認

　公務員を志望した動機や公務員としての意欲を知ることは，論作文試験等によっても可能だが，さらに面接試験により，採用側の事情や期待内容を逆に説明し，それへの反応の観察，また質疑応答によって，試験官はより明確に動機や熱意を知ろうとする。

　以上3点が，面接試験の最も基本的な目的であり，試験官はこれにそってさまざまな問題を用意することになる。さらに次の諸点にも，試験官の観察の目が光っていることを忘れてはならない。

④ 質疑応答によって知識・教養の程度を知る

　筆記試験によって，すでに一応の知識・教養は確認しているが，面接試験においてはさらに付加質問を次々と行うことができ，その応答過程と内容から，受験者の知識教養の程度をより正確に判断しようとする。

⑤ 言語能力や頭脳の回転の速さの観察

　言語による応答のなかで，相手方の意志の理解，自分の意志の伝達のスピードと要領の良さなど，受験者の頭脳の回転の速さや言語表現の諸能力を観察する。

⑥ 思想・人生観などを知る

　これも論作文試験等によって知ることは可能だが，面接試験によりさらに詳しく聞いていくことができる。

⑦ 協調性・指導性などの社会的性格を知る

　前述した面接試験の種類のうち，グループ・ディスカッションなどはこれを知るために考え出された。公務員という職業の場合，これらの資質を知ることは面接試験の大きな目的の一つとなる。

● Ⅲ. 面接試験の問題点 ●

これまで述べてきたように, 公務員試験における面接試験の役割は大きいが, 問題点もないわけではない。

というのも, 面接試験の場合, 学校の試験のように"正答"というものがないからである。例えば, ある試験官は受験者の「自己PR＝売り込み」を意欲があると高く評価したとしても, 別の試験官はこれを自信過剰と受け取り, 公務員に適さないと判断するかもしれない。あるいは模範的な回答をしても, 「マニュアル的だ」と受け取られることもある。

もっとも, このような主観の相違によって評価が左右されないように, 試験官を複数にしたり評価の基準が定められたりしているわけだが, それでもやはり, 面接試験自体には次に述べるような一般的な問題点もあるのである。

① **短時間の面接で受験者の全体像を評価するのは容易でない**

面接試験は受験者にとってみれば, その人の生涯を決定するほど重要な場であるのだが, その緊張した短時間の間に日頃の人格と実力のすべてが発揮できるとは限らない。そのため第一印象だけで, その全体像も評価されてしまう危険性がある。

② **評価判断が試験官の主観で左右されやすい**

面接試験に現れるものは, そのほとんどが性格・性向などの人格的なもので, これは数値で示されるようなものではない。したがってその評価に客観性を明確に付与することは困難で, 試験官の主観によって評価に大変な差が生じることがある。

③ **試験官の質問の巧拙などの技術が判定に影響する**

試験官の質問が拙劣なため, 受験者の正しく明確な反応を得ることができず, そのため評価を誤ることがある。

④ **試験官の好悪の感情が判定を左右する場合がある**

これも面接が「人間 対 人間」によって行われる以上, 多かれ少なかれ避けられないことである。この弊害を避けるため, 前述したように試験官を複数にしたり複数回の面接を行ったりなどの工夫がされている。

⑤ **試験官の先入観や信念などで判定がゆがむことがある**

人は他人に接するとき無意識的な人物評価を行っており, この経験の積

み重ねで，人物評価に対してある程度の紋切り型の判断基準を持つようになっている。例えば，「額の広い人は頭がよい」とか「耳たぶが大きい人は人格円満」などというようなことで，試験官が高年齢者であるほどこの種の信念が強固であり，それが無意識的に評価をゆがめる場合も時としてある。

　面接試験には，このように多くの問題点と危険性が存在する。それらのほとんどが「対人間」の面接である以上，必然的に起こる本質的なものであれば，万全に解決されることを期待するのは難しい。しかし，だからといって面接試験の役割や重要性が，それで減少することは少しもないのであり，各市の面接担当者はこうした面接試験の役割と問題点の間で，どうしたらより客観的で公平な判定を下すことができるかを考え，さまざまな工夫をしているのである。最近の面接試験の形態が多様化しているのも，こうした採用側の努力の表れといえよう。

ⅠⅤ. 面接の質問内容

　ひとくちに面接試験といっても，果たしてどんなことを聞かれるのか，不安な人もいるはずだ。ここでは志望動機から日常生活にかかわることまで，それぞれ気に留めておきたい重要ポイントを交えて，予想される質問内容を一挙に列記しておく。当日になって慌てないように，「こんなことを聞かれたら（大体）こう答えよう」という自分なりの回答を頭の中で整理しておこう。

■志望動機編■
（1）　受験先の概要を把握して自分との接点を明確に
　公務員を受験した動機，理由については，就職試験の成否をも決めかねない重要な応答になる。また，どんな面接試験でも，避けて通ることのできない質問事項である。なぜなら志望動機は，就職先にとって最大の関心事のひとつであるからだ。受験者が，どれだけ公務員についての知識や情報をもったうえで受験をしているのかを調べようとする。

(2) 質問に対しては臨機応変の対応を

受験者の立場でいえば，複数の受験をすることは常識である。もちろん「当職員以外に受験した県や一般企業がありますか」と聞く面接官も，それは承知している。したがって，同じ職種，同じ業種で何箇所かかけもちしている場合，正直に答えてもかまわない。しかし，「第一志望は何ですか」というような質問に対して，正直に答えるべきかどうかというと，やはりこれは疑問がある。一般的にはどんな企業や役所でも，ほかを第一志望にあげられれば，やはり愉快には思わない。

(3) 志望の理由は情熱をもって述べる

志望動機を述べるときは，自分がどうして公務員を選んだのか，どこに大きな魅力を感じたのかを，できるだけ具体的に，しかも情熱をもって語ることが重要である。

たとえば，「人の役に立つ仕事がしたい」と言っても，特に公務員でなければならない理由が浮かんでこない。

①例題Q & A

Q. あなたが公務員を志望した理由，または動機を述べてください。
A. 私は子どもの頃，周りの方にとても親切にしていただきました。それ以来，人に親切にして，人のために何かをすることが生きがいとなっておりました。ですから，一般の市民の方のために役立つことができ，奉仕していくことが夢でしたし，私の天職だと強く思い，志望させていただきました。

Q. もし公務員として採用されなかったら，どのようにするつもりですか。
A. もし不合格になった場合でも，私は何年かかってでも公務員になりたいという意志をもっています。しかし，一緒に暮らしている家族の意向などもありますので，相談いたしまして一般企業に就職するかもしれません。

②予想される質問内容

○ 公務員について知っていること，または印象などを述べてください。

○ 職業として公務員を選ぶときの基準として，あなたは何を重要視しましたか。

○ いつごろから公務員を受けようと思いましたか。

○ ほかには，どのような業種や会社を受験しているのですか。

○ 教職の資格を取得しているようですが，そちらに進むつもりはないのですか。

○ 志望先を決めるにあたり，どなたかに相談しましたか。

○ もし公務員と他の一般企業に，同時に合格したらどうするつもりですか。

■仕事に対する意識・動機編■

1 採用後の希望はその役所の方針を考慮して

採用後の希望や抱負などは，志望動機さえ明確になっていれば，この種の質問に答えるのは，それほど難しいことではない。ただし，希望職種や希望部署など，採用後の待遇にも直接関係する質問である場合は，注意が必要だろう。また，勤続予定年数などについては，特に男性の場合，定年まで働くというのが一般的である。

2 勤務条件についての質問には柔軟な姿勢を見せる

勤務の条件や内容などは，職種研究の対象であるから，当然，前もって下調べが必要なことはいうまでもない。

「残業で遅くなっても大丈夫ですか」という質問は，女性の受験者によく出される。職業への熱意や意欲を問われているのだから，「残業は一切できません！」という柔軟性のない姿勢は論外だ。通勤方法や時間など，具体的な材料をあげて説明すれば，相手も納得するだろう。

そのほか初任給など，採用後の待遇についての質問には，基本的に規定に

従うと答えるべき。新卒の場合，たとえ「給料の希望額は？」と聞かれても，「規定通りいただければ結構です」と答えるのが無難だ。間違っても，他業種との比較を口にするようなことをしてはいけない。

3 自分自身の言葉で職業観を表現する

就職や職業というものを，自分自身の生き方の中にどう位置づけるか，また，自分の生活の中で仕事とはどういう役割を果たすのかを考えてみることが重要だ。つまり，自分の能力を生かしたい，社会に貢献したい，自分の存在価値を社会的に実現してみたい，ある分野で何か自分の力を試してみたい……などを考えれば，おのずと就職するに当たっての心構えや意義は見えてくるはずである。

あとは，それを自分自身の人生観，志望職種や業種などとの関係を考えて組み立ててみれば，明確な答えが浮かび上がってくるだろう。

①例題Ｑ＆Ａ

Q. 公務員の採用が決まった場合の抱負を述べてください。
A. まず配属された部署の仕事に精通するよう努め，自分を一人前の公務員として，そして社会人として鍛えていきたいと思います。また，公務員の全体像を把握し，仕事の流れを一日も早くつかみたいと考えています。

Q. 公務員に採用されたら，定年まで勤めたいと思いますか。
A. もちろんそのつもりです。公務員という職業は，私自身が一生の仕事として選んだものです。特別の事情が起こらない限り，中途退職したり，転職することは考えられません。

②予想される質問内容

○ 公務員になったら，どのような仕事をしたいと思いますか。

○ 残業や休日出勤を命じられたようなとき，どのように対応しますか。

○ 公務員の仕事というのは苛酷なところもありますが，耐えていけますか。

○ 転勤については大丈夫ですか。

○ 公務員の初任給は○○円ですが，これで生活していけますか。

○ 学生生活と職場の生活との違いについては，どのように考えていますか。

○ 職場で仕事をしていく場合，どのような心構えが必要だと思いますか。

○ 公務員という言葉から，あなたはどういうものを連想しますか。

○ あなたにとって，就職とはどのような意味をもつものですか。

■自己紹介・自己PR編■

1 長所や短所をバランスよくとりあげて自己分析を

　人間には，それぞれ長所や短所が表裏一体としてあるものだから，性格についての質問には，率直に答えればよい。短所については素直に認め，長所については謙虚さを失わずに語るというのが基本だが，職種によっては決定的にマイナスととられる性格というのがあるから，その点だけは十分に配慮して応答しなければならない。

　「物事に熱しやすく冷めやすい」といえば短所だが，「好奇心旺盛」といえば長所だ。こうした質問に対する有効な応答は，恩師や級友などによる評価，交友関係から見た自己分析など具体的な例を交えて話すようにすれば，より説得力が増すであろう。

2 履歴書の内容を覚えておき，よどみなく答える

　履歴書などにどんなことを書いて提出したかを，きちんと覚えておく。重要な応募書類は，コピーを取って，手元に控えを保管しておくと安心だ。

3 志望職決定の際，両親の意向を問われることも

　面接の席で両親の同意をとりつけているかどうか問われることもある。家族関係がうまくいっているかどうかの判断材料にもなるので，親の考えも伝えながら，明確に答える必要がある。この際，あまり家族への依存心が強いと思われるような発言は控えよう。

①例題Q & A

Q.	あなたのセールスポイントをあげて，自己PRをしてください。

A.　性格は陽気で，バイタリティーと体力には自信があります。高校時代は山岳部に属し，休日ごとに山歩きをしていました。3年間鍛えた体力と精神力をフルに生かして，ばりばり仕事をしたいと思います。

Q.	あなたは人と話すのが好きですか，それとも苦手なほうですか。

A.　はい，大好きです。高校ではサッカー部のマネージャーをやっておりましたし，大学に入ってからも，同好会でしたがサッカー部の渉外担当をつとめました。試合のスケジュールなど，外部の人と接する機会も多かったため，初対面の人とでもあまり緊張しないで話せるようになりました。

②予想される質問内容

○ あなたは自分をどういう性格だと思っていますか。

○ あなたの性格で，長所と短所を挙げてみてください。

○ あなたは，友人の間でリーダーシップをとるほうですか。

○ あなたは他の人と協調して行動することができますか。

○ たとえば，仕事上のことで上司と意見が対立したようなとき，どう対処しますか。

○ あなたは何か資格をもっていますか。また，それを取得したのはどうしてですか。

○ これまでに何か大きな病気をしたり，入院した経験がありますか。

○ あなたが公務員を志望したことについて，ご両親はどうおっしゃっていますか。

■日常生活・人生観編■

1 趣味はその楽しさや面白さを分かりやすく語ろう

余暇をどのように楽しんでいるかは，その人の人柄を知るための大きな手がかりになる。趣味は"人間の魅力"を形作るのに重要な要素となっているという側面があり，面接官は，受験者の趣味や娯楽などを通して，その人物の人柄を知ろうとする。

2 健全な生活習慣を実践している様子を伝える

休日や余暇の使い方は，本来は勤労者の自由な裁量に任されているもの。とはいっても，健全な生活習慣なしに，創造的で建設的な職場の生活は営めないと，採用側は考えている。日常の生活をどのように律しているか，この点から，受験者の社会人・公務員としての自覚と適性を見極めようというものである。

3 生活信条やモットーなどは自分自身の言葉で

生活信条とかモットーといったものは，個人的なテーマであるため，答えは千差万別である。受験者それぞれによって応答が異なるから，面接官も興味を抱いて，話が次々に発展するケースも多い。それだけに，嘘や見栄は禁物で，話を続けるうちに，矛盾や身についていない考えはすぐ見破られてしまう。自分の信念をしっかり持って，臨機応変に進めていく修練が必要となる。

①例題 Q & A

Q.	スポーツは好きですか。また，どんな種目が好きですか。
A.	はい。手軽に誰にでもできるというのが魅力ではじめたランニングですが，毎朝家の近くを走っています。体力増強という面もありますが，ランニングを終わってシャワーを浴びると，今日も一日が始まるという感じがして，生活のけじめをつけるのにも大変よいものです。目標は秋に行われる●●マラソンに出ることです。

Q.	日常の健康管理に，どのようなことを心がけていますか。
A.	私の場合，とにかく規則的な生活をするよう心がけています。それとあまり車を使わず，できるだけ歩くようにしていることなどです。

②予想される質問内容

○ あなたはどのような趣味をもっているか，話してみてください。

○ あなたはギャンブルについて，どのように考えていますか。

○ お酒は飲みますか。飲むとしたらどの程度飲めますか。

○ ふだんの生活は朝型ですか，それとも夜型ですか。

○ あなたの生き方に影響を及ぼした人，尊敬する人などがいたら話してください。

○ あなたにとっての生きがいは何か，述べてみてください。

○ 現代の若者について，同世代としてあなたはどう思いますか。

■一般常識・時事問題編■

1 新聞には必ず目を通し，重要な記事は他紙と併読

　一般常識・時事問題については筆記試験の分野に属するが，面接でこうしたテーマがもち出されることも珍しくない。受験者がどれだけ社会問題に関

心をもっているか，一般常識をもっているか，また物事の見方・考え方に偏りがないかなどを判定しようというものである。知識や教養だけではなく，一問一答の応答を通じて，その人の性格や適応能力まで判断されることになると考えておくほうがよいだろう。

2　社会に目を向け，健全な批判精神を示す

　思想の傾向や政治・経済などについて細かい質問をされることが稀にあるが，それは誰でも少しは緊張するのはやむをえない。

　考えてみれば思想の自由は憲法にも保証された権利であるし，支持政党や選挙の際の投票基準についても，本来，他人からどうこう言われる筋合いのものではない。そんなことは採用する側も認識していることであり，政治思想そのものを採用・不採用の主材料にすることはない。むしろ関心をもっているのは，受験者が，社会的現実にどの程度目を向け，どのように判断しているかということなのだ。

①例題Q＆A

Q.	今日の朝刊で，特に印象に残っている記事について述べてください。
A.	△△市の市長のリコールが成立した記事が印象に残っています。違法な専決処分を繰り返した事に対しての批判などが原因でリコールされたわけですが，市民運動の大きな力を感じさせられました。

Q.	これからの高齢化社会に向けて，あなたの意見を述べてください。
A.	やはり行政の立場から高齢者サービスのネットワークを推進し，老人が安心して暮らせるような社会を作っていくのが基本だと思います。それと，誰もがやがて迎える老年期に向けて，心の準備をしていくような生活態度が必要だと思います。

②予想される質問内容

○ あなたがいつも読んでいる新聞や雑誌を言ってください。

○ あなたは，政治や経済についてどのくらい関心をもっていますか。

○ 最近テレビで話題の××事件の犯人逮捕についてどう思いますか。

○ △△事件の被告人が勝訴の判決を得ましたがこれについてどう思いますか。

---

③面接の方法

(1)　一問一答法

　面接官の質問が具体的で，受験者が応答しやすい最も一般的な方法である。例えば，「学生時代にクラブ活動をやりましたか」「何をやっていましたか」「クラブ活動は何を指導できますか」というように，それぞれの質問に対し受験者が端的に応答できる形式である。この方法では，質問の応答も具体的なため評価がしやすく，短時間に多くの情報を得ることができる。

(2)　供述法

　受験者の考え方，理解力，表現力などを見る方法で，面接官の質問は総括的である。例えば，「愛読書のどういう点が好きなのですか」「○○事件の問題点はどこにあると思いますか」といったように，一問一答ではなく，受験者が自分の考えを論じなければならない。面接官は，質問に対し，受験者がどのような角度から応答し，どの点を重視するか，いかに要領よく自分の考えを披露できるかなどを観察・評価している。

(3)　非指示的方法

　受験者に自由に発言させ，面接官は話題を引き出した論旨の不明瞭な点を明らかにするなどの場合に限って，最小限度の質問をするだけという方法で。

(4)　圧迫面接法

　意識的に受験者の神経を圧迫して精神状態を緊張させ，それに対する受験者の応答や全体的な反応を観察する方法である。例えば「そんな安易な考えで，職務が務まると思っているんですか？」などと，受験者の応答をあまり考慮せずに，語調を強めて論議を仕掛けたり，枝葉末節を捉えて揚げ足取り

をする，受験者の弱点を大げさに捉えた言葉を頻発する，質問責めにするといった具合で，受験者にとっては好ましくない面接法といえる。そのような不快な緊張状況が続く環境の中での受験者の自制心や忍耐力，判断力の変化などを観察するのが，この面接法の目的だ。

◐◑ Ⅴ．面接Ｑ＆Ａ ◐◑

★社会人になるにあたって大切なことは？★

〈良い例①〉

　責任を持って物事にあたることだと考えます。学生時代は多少の失敗をしても，許してくれました。しかし，社会人となったら，この学生気分の甘えを完全にぬぐい去らなければいけないと思います。

〈良い例②〉

　気分次第な行動を慎み，常に，安定した精神状態を維持することだと考えています。気持ちのムラは仕事のミスにつながってしまいます。そのために社会人になったら，精神と肉体の健康の安定を維持して，仕事をしたいのです。

〈悪い例①〉

　社会人としての自覚を持ち，社会人として恥ずかしくない人間になることだと思います。

〈悪い例②〉

　よりよい社会を作るために，政治，経済の動向に気を配り，国家的見地に立って物事を見るようにすることが大切だと思います。

●コメント

　この質問に対しては，社会人としての自覚を持つんだという点を強調すべきである。〈良い例〉では，学生時代を反省し，社会へ出ていくのだという意欲が感じられる。
　一方〈悪い例①〉では，あまりにも漠然としていて，具体性に欠けている。また〈悪い例②〉のような，背のびした回答は避ける方が無難だ。

★簡単な自己PRをして下さい。★

〈良い例①〉

　体力には自信があります。学生時代，山岳部に所属していました。登頂した山が増えるにつれて，私の体力も向上してきました。それに度胸というようなものがついてきたようです。

〈良い例②〉

　私のセールスポイントは，頑張り屋ということです。高校時代では部活動のキャプテンをやっていましたので，まとめ役としてチームを引っ張り，県大会出場を果たしました。

〈悪い例①〉

　セールスポイントは，3点あります。性格が明るいこと，体が丈夫なこと，スポーツが好きなことです。

〈悪い例②〉

　自己PRですか……エピソードは……ちょっと突然すぎて，それに一言では……。

〈悪い例③〉

　私は自分に絶対の自信があり，なんでもやりこなせると信じています。これまでも，たいていのことは人に負けませんでした。公務員になりましたら，どんな仕事でもこなせる自信があります。

●コメント

　自己PRのコツは，具体的なエピソード，体験をおりまぜて，誇張しすぎず説得力を持たせることである。

　〈悪い例①〉は具体性がなく迫力に欠ける。②はなんとも歯ぎれが悪く，とっさの場合の判断力のなさを印象づける。③は抽象的すぎるし，自信過剰で嫌味さえ感じられる。

★健康状態はいかがですか?★

〈良い例①〉

　健康なほうです。以前は冬になるとよくカゼをひきましたが，4年くらい前にジョギングを始めてから，風邪をひかなくなりました。

〈良い例②〉

　いたって健康です。中学生のときからテニスで体をきたえているせいか，寝こむような病気にかかったことはありません。

〈悪い例①〉

　寝こむほどの病気はしません。ただ，少々貧血気味で，たまに気分が悪くなることがありますが，あまり心配はしていません。勤務には十分耐えられる健康状態だと思います。

〈悪い例②〉

　まあ，健康なほうです。ときどき頭痛がすることがありますが，睡眠不足や疲れのせいでしょう。社会人として規則正しい生活をするようになれば，たぶん治ると思います。

●コメント

　多少，健康に不安があっても，とりたててそのことを言わないほうがいい。〈悪い例②〉のように健康維持の心がけを欠いているような発言は避けるべきだ。まず健康状態は良好であると述べ，日頃の健康管理について付け加える。スポーツばかりではなく，早寝早起き，十分な睡眠，精神衛生などに触れるのも悪くない。

★どんなスポーツをしていますか?★

〈良い例①〉

　毎日しているスポーツはありませんが，週末によく卓球をします。他のスポーツに比べると，どうも地味なスポーツに見られがちなのですが，皆さんが思うよりかなり激しいスポーツで，全身の運動になります。

〈良い例②〉

　私はあまり運動が得意なほうではありませんので，小さいころから自主的にスポーツをしたことがありませんでした。でも，去年テレビでジャズダンスを見ているうちにあれならば私にもできそうだという気がして，ここ半年余り週1回のペースで習っています。

〈悪い例①〉

　スポーツはどちらかといえば見る方が好きです。よくテレビでプロ野球中継を見ます。

● コメント

　スポーツをしている人は，健康・行動力・協調性・明朗さなどに富んでいるというのが一般の（試験官の）イメージだ。〈悪い例①〉のように見る方が好きだというのは個人の趣向なので構わないが，それで終わってしまうのは好ましくない。

★クラブ・サークル活動の経験はありますか？★

〈良い例①〉

　剣道をやっていました。剣道を通じて，自分との戦いに勝つことを学び，また心身ともに鍛えられました。それから横のつながりだけでなく先輩，後輩との縦のつながりができたことも収穫の一つでした。

〈良い例②〉

　バスケット部に入っておりました。私は，中学生のときからバスケットをやっていましたから，もう6年やったことになります。高校までは正選手で，大きな試合にも出ていました。授業終了後，2時間の練習があります。また，休暇時期には，合宿練習がありまして，これには，OBも参加し，かなりハードです。

〈悪い例①〉

　私は社会心理研究会という同好会に所属していました。マスコミからの情報が，大衆心理にどのような影響をおよぼしているのかを研究していました。大学に入ったら，サークル活動をしようと思っていました。それが，いろいろな部にあたったのですが，迷ってなかなか決まらなかったのです。そんなとき，友人がこの同好会に入ったので，それでは私も，ということで入りました。

〈悪い例②〉

　何もしていませんでした。どうしてもやりたいものもなかったし，通学に２時間半ほどかかり，クラブ活動をしていると帰宅が遅くなってしまいますので，結局クラブには入りませんでした。

●コメント

　クラブ・サークル活動の所属の有無は，協調性とか本人の特技を知るためのものであり，どこの採用試験でも必ず質問される。クラブ活動の内容，本人の役割分担，そこから何を学んだかがポイントとなる。具体的な経験を加えて話すのがよい。ただ，「サークル活動で●●を学んだ」という話は試験官にはやや食傷気味でもあるので，内容の練り方は十分に行いたい。

　〈悪い例①〉は入部した動機がはっきりしていない。〈悪い例②〉では，クラブ活動をやっていなかった場合，必ず別のセールスポイントを用意しておきたい。例えば，ボランティア活動をしていたとか，体力なら自信がある，などだ。それに「何も夢中になることがなかった」では人間としての積極性に欠けてしまう。

★新聞は読んでいますか？★

〈良い例①〉

　毎日，読んでおります。朝日新聞をとっていますが，朝刊では"天声人語"や"ひと"そして政治・経済・国際欄を念入りに読みます。夕刊では，"窓"を必ず読むようにしています。

〈良い例②〉

　読売新聞を読んでいます。高校のころから，政治，経済面を必ず読むよう，自分に義務づけています。最初は味気なく，つまらないと思ったのですが，このごろは興味深く読んでいます。

〈悪い例①〉

　定期購読している新聞はありません。ニュースはほとんどテレビやインターネットで見られますので。たまに駅の売店などでスポーツ新聞や夕刊紙などを買って読んでいます。主にどこを読むかというと，これらの新聞の芸能・レジャー情報などです。

〈悪い例②〉

　毎日新聞を読んでいますが，特にどこを読むということはなく，全体に目を通します。毎日新聞は，私が決めたわけではなく，実家の両親が購読していたので，私も習慣としてそれを読んでいます。

●コメント

　この質問は，あなたの社会的関心度をみるためのものである。毎日，目を通すかどうかで日々の生活規律やパターンを知ろうとするねらいもある。具体的には，夕刊紙ではなく朝日，読売，毎日などの全国紙を挙げるのが無難であり，読むページも，政治・経済面を中心とするのが望ましい。

　〈良い例①〉は，購読している新聞，記事の題名などが具体的であり，真剣に読んでいるという真実味がある。直近の記憶に残った記事について感想を述べるとなお印象は良くなるだろう。〈悪い例①〉は，「たまに読んでいる」ということで×。それに読む記事の内容からも社会的関心の低さが感じられる。〈悪い例②〉は〈良い例①〉にくらべ，具体的な記事が挙げられておらず，かなりラフな読み方をしていると思われても仕方がない。

人物試験 # 集団討論対策

人物試験

‖‖‖‖‖‖‖‖‖‖‖‖‖‖‖‖‖ ＰＯＩＮＴ ‖‖‖‖‖‖‖‖‖‖‖‖‖‖‖‖‖

　近年，社会性や人間関係能力，コミュニケーション能力などが特に重視されるようになってきた。行政が組織的に実践されていることからわかるとおり，集団の一員としての資質や組織的な役割意識，そして課題解決能力が求められているのである。集団討論はこれらの評価や公務員としての適性を判断する手段として，全国的に採用試験で実施されるようになった。集団討論は，主に２次試験で実施されることが多い。一般的には，小グループにテーマを与えて，一定時間の中で討論させる方法が実施されている。

●●● 面接試験の形式 ●●

［一例］

討論前・後 → 討論中

面接官　受験者

■**形式**　受験者が６〜８人程度で面接官が２〜４人程度
■**内容**　グループに課題を与え，１人１〜２分で意見を述べてから全体で自由討議に入る。司会者を受験生の中から選び進行させたり，司会者を決めないで進行させたりし，面接官は観察や評価に専念する。
■**時間**　30〜50分程度
■**特徴**　集団活動を通して，受験者の協調性や社会性，論理性や判断力など集団内での社会的能力を観察できる。これは面接官が評価に専念できる利点がある一面，あまり発言できない受験者の評価が十分にできないといった欠点もある。

■手順

1 グループで座り，討論のテーマが提示される。

2 各自テーマを読み，5分間程度で自分の考えをメモにまとめ討論の準備をする。

3 各自1分間程度でテーマについての意見を述べる。

4 全員意見を述べたら20分間の課題解決型討論を始める。

5 採点者は，受験者の討論を観察し評価する。

6 討論後，面接官からの質問に答える。

★ポイント　協調性や社会性といった社会的能力を中心に評価されるので，相手の意見を尊重しながら自分の主張を行うようにする。自分の意見に固執したり，他の意見に攻撃的に反論したりしないように注意する必要がある。

● 集団討論の意義 ●

このようにして，面接前の態勢を整えるが，やはり，主担当者がいて，全体を取り仕切っているのであるから，面接の期間中，その人物の言動から目を逸らさないようにすることである。出題に関しては，次に述べることとするが，この集団討論での重要なことは，討論に入る前であり，その態勢をどのようにつくるかである。さらに，それぞれの意見交換ということになるので，最初の出会いの時のそれぞれの印象が強く残るということになる。

● 実施形式と攻略法 ●

①面接官主導の討論

自己紹介という形で，それぞれに1～2分間ずつ時間が与えられることが多い。このことで，その集団の様子が明らかになるが，面接官がすべて指示するため，受験者がコの字型や円形になっている中心に，面接官が1人加わることになる。

課題の提示は，面接官が課題を読み上げる方法や受験者各自に紙面が配られる場合，会場の掲示板に示してある場合などがあるが，ほとんどの場合は，後者2つの方法であるため討論中に課題を忘却することはないと考

えられる。

　応答の形式等すべて，面接官の指示に従うことであるが，注意すべきことは，議論に熱中するあまり，発言時間を超過してしまうことである。この傾向についてはよく見られることであるため，面接官よりあらかじめ「発言時間は，1分以内」との指示もあるはずである。しかも，時間超過には発言中断の注意が発せられることになるため，自らの発言については要注意である。このとき，前述したことであるが，発言内容を「結論から」述べ，次に「その理由」とし，他の受験者がもっと聞きたいと思うようになることが望ましく，対話的になるのがよいのである。

②受験者相互の意見交換

　着席してから質疑に入る前に点呼をとり，受験者の確認があり，その後，自己紹介という形で，それぞれに1～2分間ずつ時間が与えられることが多いのは，面接官主導の討論の場合と同様である。このことで，その集団の様子が明らかになるが，受験生がコの字型や円形になっている場合，面接官が加わることはないのである。

　そして，面接官から，「どなたか，司会になっていただけませんか。」といわれる場合と「これからは，それぞれ自由に意見を出し合って，討論をしていただきます。」という2つの形態があり，後者の傾向が強くなりつつあるようである。このことは，前者の場合，司会を決定するまでに手間がかかり，それぞれの討論時間が均一にならない，という事情があるからである。したがって，示された課題に対する最初の意見表明は，かなりの度胸も必要になるが，そのことが，全体の雰囲気を左右することにもなるため，慎重になるべきである。

●●● 集団討論試験に対する対応の基本 ●●

〈集団討論の対応〉

　集団討論では，他の面接と異なり，受験者が集団の中でどのような能力を発揮し，また協調できるかなどが，とくに観察されているので，その観点について知っておくことが大切である。このことについての評価の観点の意味づけを示しておく。

ア　観察されていること
　○貢献度
　　　課題解決に寄与することで，受験者が討論の機能をどの程度理解し，目的達成のためにどの程度貢献したのかを見るものである。発言の回数が多くても，自己中心的で課題解決に役立たない場合は，高い評価を得ることはできず，発言回数が少なければ，当然，低く評価されることになる。
　○協調性
　　　これは協同して事に当たる状態を作り上げることに寄与することで，発言態度が独善ではなく，民主的であることや他の人の意見及び反対の立場の人の意見にも耳を傾ける態度が望まれる。とくに，発言の活発でない受験者を励ますような態度も評価される。
　○主導性
　　　グループ全体を課題解決への方向付けをすることで，ただ単にリーダーシップを発揮するということではなく，全員を納得させながら問題解決の方向に導いていくことが求められている。したがって，より建設的な意見や信頼感のある発言などが，高く評価されている。
　○判断力
　　　問題を十分理解し，正しい判断が行われているかどうかである。また，討議の過程において，自分の置かれている立場に対する状況判断が，適切であるかどうかなどが評価されている。
　○表現力
　　　自らが主張しようとするところを適切な言葉や有効なエピソードなどを加えて表現されているかどうかである。また，このグループディスカッションは，討論とは言っても勝ち負けが問題とされるわけではなく，面接試験なのであるから，あまり感情をむき出しにした言葉遣いや他の人に対する冷たい言い方は，避けなければならないことであり，その配慮などが評価される。
　○企画性
　　　討論の進行に対して，計画的な発言が行われているかどうかである。また，そのように進行させようと努力しているかどうかなどについて，とくに，全体の状況に対する配慮が評価されている。

イ　評価を高める十ヶ条
　　Ⅰ　油断をしない。
　　Ⅱ　好感を与える。
　　Ⅲ　対話的になる。
　　Ⅳ　信頼感を与える。
　　Ⅴ　演出を考えておく。
　　Ⅵ　けじめを感じさせる。
　　Ⅶ　気配りを感じとらせる。
　　Ⅷ　全力投球の気構えをもつ。
　　Ⅸ　健康的で，活気を感じさせる。
　　Ⅹ　人間的な温かみを感じとらせる。

● 集団討論におけるアドバイス ●

・はじめに各自自分の意見を述べるので，そのとき，他のメンバーの考えを
　簡単にメモしながら聞くと，後の討論のとき他の受験生がテーマをどのよ
　うに捉えているのかがわかり，意見をまとめやすくなる。
・テーマの内容によっては論じにくいものもあるが，行政の課題に関連づけ，
　公務員の視点から発言するとよい。
・自分の考えばかりを言うのではなく，他の人の意見を聞き，それに対して
　自分はどう思うかを発言することが大切である。
・自分と意見が違う場合には「私は……のように思いますが皆さんはどう思わ
　れますか」などと尋ねてみるとよい。
・他の人の言っていることがよくわからなかったら，「○番の方，もう少し具
　体的に説明していただけますか」などのように聞くことも必要である。
・みんなで一緒にコンセンサス（共通理解）を得るといった気持ちを大切にす
　る。
・普段から友達同士で行政の課題について，気楽に話をしたり，意見交換を
　しておくことが大切である。
・他の受験者の意見に関連づけて発言するとよい。
　［例］　「○さんが言われたのに付け加えて，私は……と考えています」
　　　　「○さんと○さんが言われたことに私も賛成で，……を加えたいと思

います」

「○さんは先ほど……のように言われましたが，私は……と考えています」

「○さんが言われることに関して，私の意見は……と考えています」

●言葉遣い

　面接試験だからといって，特に難しい言葉を使う必要はなく，日常使っている敬語を使った丁寧な言葉で十分である。自分の考えや意見を正しく，わかりやすく，相手に伝えられるようにすることが重要である。つまり，公務員として，住民の模範となるような正しい日本語を使うことが大切であると言える。

　しかし，面接試験のときには緊張してしまい，つい普段の癖がでてしまうものである。常日頃から，目上の人や年長者と話すときに，正しい敬語が使えるようにしておくことが大切である。

◖◗ 集団討論の流れ ◖◗

①課題の把握と方針の決定（個人発表）

　問題点の構造化を図り，解決すべき課題を整理して，2，3つに集約した課題を自分の意見として挙げる。

②構造の把握と分析

　テーマの分野がどのような構造になっているのか，どの方向から考えていったらいいのかを討論する。皆の意見を整理し，同様の意見をまとめて構造的に分類する。

③課題の焦点化と討論の流れの確認

　構造化された課題の中で，話し合いで焦点化していく課題を1つ選び，メンバーで確認しながら，選んだ課題についての分析と問題点の確認，以降の討論の流れを確認する。

④課題の深化

　テーマの課題に対して意見を出し合い，課題の問題点や，状況を解明する。

⑤課題解決の対策

　課題が解明できてきたら，時間を見ながら，対策や対処法についての具体策を出す方向へと進める。

⑥解決策のまとめ

　一通り課題への解決策が出てきたら，皆の解決策をいくつかにまとめて集約していく。分類できるものは分類して構造的に整理する。

⑦次の課題への転換

　時間が残っている場合には，次の課題へと話を転じる発言をする。課題の焦点化から同様の話し合いを行う。

⑧議題の収束へ

　残り３～５分程度になったら全体を収束させる方向に議論を進める。抽象的な話から具体的な解決策へと発展させていく。

●● 評価項目 ●●

貢献度　グループ・ディスカッションを進めるとき，課題に対する論点を示したり，議論の方向性を定めたりする働きが重要である。これは受験者の発言や発表が，討論を進める上で，どのように貢献できたかを評価するものである。発言の回数が多くても，課題からずれていたり，自己中心的で課題解決に役立たない場合には評価されない。当然，発言が少なければ評価は低い。

評価の観点

・適切な論点を提供する
・論点についての適切な意見を述べる
・課題の解決に役立つ意見を提供する
・混乱した討論を整理し，論点からはずれた意見を修正する
・討論をまとめる方向へと意見を述べる

協調性　グループでの協同作業は，まわりとの協調性が必要である。他人の意見や反対の意見にも耳を傾け，発言態度が民主的であることが求められる。感情的に対立したり，攻撃的に意見を述べるといった態度では自由な意見交換が成立しなくなってしまう。まわりの意見に気を配り，他人の意見も積極的に認め，発展させようとする態度が望ましい。

評価の観点

・自分の意見に固執しない

・他人の意見を意欲的に聞こうとする

・他人の意見を積極的に認めようとする

・対立・攻撃を和らげるように努める

・グループの雰囲気を高めようと努める

主導性 グループ・ディスカッションでは，全員を納得させながら課題解決の方向へと導いていくことが望まれている。ただ単にリーダーシップをとるということではなく，民主的に互いの意見を尊重し合いながら解決へと進めていく主導性が求められている。

評価の観点

・進んで口火を切る発言をする

・討論を次の段階へと発展させる働きをする

・意見が討論の進行に大きな影響を与えている

・討論をまとめる方向へと導く

・他者を促し，全員が討論に参加できるようにする

企画性 討論の進行に対して計画的に発言し，一定の時間の中で課題の論点を解決の方向へとまとめていく努力をしなくてはならない。受験者が討論の全体構想をもって発言しているか，論点を示しながら発展させ，まとめへと計画的に意見を述べているかといったことが評価される。また，現実的・具体的に課題を捉え，その解決の方策を考えることも重要なことである。

評価の観点

・討論進行に対して計画的な発言を行う

・一定の方向性を持った意見を述べる

・制限時間を考えながら発言している

・課題に対する全体構想をもっている

・発言内容が現実的・具体的である

◖◗ 評価の観点 ◖◗

①貢献度

課題解決に寄与した程度で，受験者が討論の機能をどの程度理解し，目

的達成のためにどの程度貢献したかを見るものである。発言の回数が多くても，自己中心的で課題解決に役立たない場合は高評価を得ることはできないし，発言回数が少なければ当然低く評価されることになる。

②協調性

これは協同して事に当たる状態を作り上げることに寄与した程度で，発言態度が独善的でなく民主的であることや，他の人の意見，反対の立場の人の意見にも耳を傾ける態度が望まれる。

③主導性

グループを課題解決の方向に動かした程度でただ単にリーダーシップをとるということではなく，全員を納得させながら問題解決の方向に導いていくことが求められている。

④判断力

問題を十分理解し正しい判断が行われているかどうか，また討議の過程において自分のおかれている立場に対する状況判断が適切であるかどうか，などである。

⑤表現力

自分の主張しようとするところが適切な言葉や有効なエピソードなどを使って表現されているかどうか。また，このグループディスカッションは討論とはいっても勝ち負けが問題とされるわけではなく面接試験なのであるから，あまり感情をむき出しにした言葉遣いや，他の人に対する冷たい言い方は避けなければならないのは当然である。

⑥企画性

討論の進行に対して計画的な発言が行われているかどうか，また行おうと努力しているかどうかなどについて，特に，全体の状況に対する配慮などが評価される。

実施課題例の分析

四日市市

　近年実施された採用試験では，新型コロナウイルス感染症対策等のため，集団討論の実施はなく，個別面接による試験のみでした。最新の試験内容に関しましては，最新の募集要項をご参照ください。

＊　＊　＊

平成29年度

▼集団討論

○　道州制という地方自治制度について

《集団討論の方針・課題の分析》

　道州制とは，行政区画として道と州を置く地方行政制度であり，日本では，北海道以外の地域に数個の州を設置し，現在の都道府県よりも高い地方自治の権限を与える構想である。その導入には，それぞれの都道府県の状況から賛成と反対がある。道州制のメリットとしては，地方公務員の削減，大資本の選択と集中の可能性，地域の実情に応じた政策・事業実現の可能性，広範囲での事業の推進，過密化・過疎化の抑制などが考えられる。逆に，デメリットとしては，財政の弱い自治体同士が合併しても財政が強くなるわけではなく格差の拡大につながる，道州庁所在地・政令指定都市以外の地域の扱いがないがしろになる，といった意見がある。集団討論では，こうした道州制の導入の賛否について話し合うことになる。この制度にはまだ課題が多く，導入には慎重であるべきということで意見をまとめることがよいだろう。

《集団討論のポイント》

　まず，道州制とはどのような制度なのか，知っていることを出し合って共通理解する。次に，道州制のメリットとデメリットを挙げて，整理することになる。そこで，なぜ，こうした制度の導入が言われるようになったのかについて話し合う。それが，道州制を導入することのメリットになる。最大のメリットは，地方分権を進めることによって地方の主体性を強化し，地方の活性化を図るということである。次に，デメリットを出し合って整理する。デメリットとしては，道州制の導入が，かえって地域間格差の拡大につながるということである。そうした話し合いを踏まえて，道州制を

導入することの賛否について論議する。この制度には課題も多く，時期尚早であるということで話し合いをする方がよいだろう。

○　男性の育児参加促進について

《集団討論の方針・課題の分析》

　国民のニーズの多様化やグローバル化等に対応するために，人材の多様性（ダイバーシティ）を確保することが重要であり，女性の活躍が必要不可欠である。しかし，女性は非正規雇用労働者が多く，女性雇用者における正規雇用労働者の割合は半数以下となっている。このように，働く場面において女性の力が十分に発揮できているとはいえない原因の一つが，男性の育児参加が進んでいないことにある。集団討論にあたっては，こうした現状認識に立って，男性の育児参加を促すうえでの課題とそれを克服するための対策について話し合うことになる。男性の育児参加を推進する立場に立って，男性の育児休業の取得率をどのように高めていくのかなどについて話し合う。

《集団討論のポイント》

　まず，なぜ「男性の家事・育児参加」が求められているのかということについて話し合う。男女共同参画社会の実現，女性の社会進出への対応，多様な労働力の確保などが，その理由として挙げられる。次に，男性の育児参加が進まない理由やそのための課題について話し合って整理する。男性のワーク・ライフ・バランスの問題，多くの残業時間の問題，仕事の進め方の問題などが考えられる。そうした状況を踏まえて男性の育児参加を促すことを目指したり，男性の育児休業の取得率を高めたりするために，どのような対策を取っていったらよいのかについて話し合う。具体的で，実効性のある方策を出し合ってグループとしての意見をまとめていく。

○　防犯カメラの設置について

《集団討論の方針・課題の分析》

　防犯カメラの設置については，地域社会の安全・安心を守るということが，近年の行政サービスに期待されるテーマになっていることを踏まえたい。プライバシーや肖像権への配慮も大切であるが，一方で，事件や事故の解決や事前抑止への効果を期待する声も無視できない。こうした意見の相違から，賛否について議論していくようにしてはどうだろう。ここで重要なのは，本題が警察官の採用試験として出題されているのではないということである。行政職員の立場から見た防犯カメラの設置の是非，防犯カメラの活用策とは，どのようなものか。事件や事故の解決や抑止というだ

けではなく，災害発生時の記録映像としても活用し，防災・減災の参考映像として活かせることなどに注目してみるのも面白い。

《集団討論のポイント》

　防犯カメラの設置について，プライバシーや肖像権への配慮と，安全・安心の具現化とをどう両立させるかが，議論のポイントになるだろう。司会進行やグループリーダーになった場合，単に設置の是非を論じるだけのテーマ設定では，行政としての施策にまで踏み込めない。また，アイデア出しだけを求めてしまうと，関心が拡散したり，かみ合わなかったりする議論になってしまう。テーマ設定の仕方と他のメンバーの話題内容の整理に注意したい。また，他のメンバーは他者の発言を否定しない，設定されたテーマから逸れた発言をしないようにする。もし，原理的な議論になるとすれば，そもそも地域社会の安全・安心とは何か，その本質を全員で突き詰めていくのもよいだろう。

平成28年度

　▼集団討論

　○　中学・高校などで土日に部活動を行うことについて

《集団討論の方針・課題の分析》

　文部科学省によると，部活動の配慮事項として生徒の自主的，自発的な参加により行われる部活動については，スポーツや文化及び科学等に親しませ，学習意欲の向上や責任感，連帯感の涵養等に資するものであり，学校教育の一環として，教育課程との関連が図られるよう留意することとある。しかし，その趣旨から大きく外れて，学業よりも部活動に重きがおかれた学校教育，勝利至上主義の活動，それに伴ういじめや体罰，教員や生徒の多忙化などが問題となっている。そこででてきたのが，土日の部活動の禁止などの活動制限である。集団討論では，部活動を行うことのメリットとデメリットを整理して，土日に部活動を行うことの是非について話し合う。

《集団討論のポイント》

　討論に当たっては，まず，部活動を行うことのメリットとデメリットについて話し合い，整理する。メリットとしては，集団としての好ましい人間関係を築ける，もっている才能を伸ばせる，根気強さや忍耐力が身に付くといったことが挙げられる。デメリットは，前述した通りである。話し合いにあたっては，説得力のある意見にするために，自身の学生時代の経験を織り込むようにする。そのうえで，土日に部活動を行うことの是非に

ついて話し合う。部活動を巡る状況，社会の趨勢から土日に部活動を行うことを制限することもやむを得ないという立場で話し合いをまとめる。

○　給料額について年功序列か実力主義かどちらがよいか
《集団討論の方針・課題の分析》

　年功序列型賃金とは，官公庁，企業などにおいて勤続年数，年齢などに応じて賃金を上昇させる人事制度・慣習のことである。この制度は，所属企業への帰属意識を高め，仕事への意欲を高めることに結びつく。また，働く者にとって人生設計がしやすいという利点もある。その反面，大きな失敗がなければ自然と昇給していくので，リスクのある行動を避ける傾向が出て，思い切った施策が出ないという欠点がある。こうした「年功序列型賃金」制度に対するのが「実力主義」であり，仕事の成果に応じて賃金を支払うシステムである。設問は，この二つのどちらがよいのか話し合うことである。それぞれメリットとデメリットがあるが，変化への迅速な対応が求められる現代社会の傾向から，「実力主義」を導入することはやむを得ないという立場に立つ方がよいだろう。

《集団討論のポイント》

　討論に当たっては，まず，「年功序列型賃金」と「実力主義賃金」のそれぞれの制度のメリットとデメリットについて話し合い，整理する。「年功序列型賃金」のメリットとしては，所属企業への帰属意識の向上とそれに伴う企業への忠誠心の高まりなどが挙げられる。一方，デメリットとしては，現状維持を志向する傾向とそれに伴う社会の変化への対応の遅れなどが考えられる。そうした論議を踏まえ，どちらがよいのか判断することになるが，社会の動きや世界の趨勢から，実力主義を取り入れることはやむを得ないという立場に立つ。そのうえで，どのように所属企業への帰属意識を高め，仕事への意欲を高めていくのかについて話し合い，対応策を整理していく。

○　市役所を年中無休とすることについて
《集団討論の方針・課題の分析》

　市役所は，市民が安心して便利に暮らしていくための様々な役割を担っている。特に，市民に関わる諸証明書の発行などは，身近な市民サービスである。近年，ライフスタイルの変化，多様化によって，こうしたサービスの提供時間の延長を希望する声が高まっている。その一つが，市役所を年中無休としてほしいという要望である。設問では，市役所を年中無休にすることについて話し合うことを求めている。集団討論では，年中無休に

することのメリットとデメリットを整理し，結論を出していく。メリットは市民が便利になるということであり，デメリットとしては経費の増大，職員の負担増などが考えられる。そのうえで，市役所を開庁しないでも済む方法なども検討してくことが必要である。

《集団討論のポイント》

　集団討論に当たっては，まず，なぜ，市役所の年中無休が求められているのかについて話し合い，そこには市民のライフスタイルの変化があることを確認する。次に，市役所を年中無休にすることのメリットとデメリットを整理し，そうすることの是非について話し合う。年中無休に賛成する立場からは，経費の増大等の諸課題をどうするのかという考えが求められる。反対する立場からは，多様化した市民生活に対応した住民サービスをどうするか考える必要がある。マイナンバー制度が普及しつつある今，コンビニでの諸証明書の交付が可能となっている。そうしたことも視野に入れて，話し合いを進めていく。

平成27年度

▼集団討論

○　四日市市のマスコットキャラクター，こにゅうどうくんがゆるキャラグランプリで1位を取るためにはどうしたらよいか。

《集団討論の方針・課題の分析》

　都道府県や区市町村のイメージは，農業産品や工業製品の販売，観光客の誘致といった経済・産業の振興・発展を促すうえで極めて重要な役割を果たす。地方公共団体が作成したキャラクターは，そうしたイメージアップに大きく貢献する可能性をもっており，様々な機会にそのキャラクターを登場させることが望ましい。そのためには，そのキャラクターにストーリー性をもたせることが必要であり，サブキャラクターなども重要な役割を担うことになる。設問は，四日市市のマスコットキャラクターである「こにゅうどうくんがゆるキャラグランプリで1位を取る」ための方策を話し合うことを求めている。マスコットキャラクターに加えてサブキャラクターを設けたり，サイドストーリーなどを考えたりして，マスコットキャラクターをどのように活躍させるかを話し合う。「こにゅうどうくん」を活用できる具体的な場面を想定し，現実的な内容にしていくことが重要である。

《集団討論のポイント》

　集団討論に当たっては，まず，マスコットキャラクターを活用することに

よって，どのような効果が期待できるのか，そのメリットについて話し合う。その過程で，マスコットキャラクターは，その地域のイメージアップに大きく貢献する可能性をもっていることを確認する。そのうえで，どのような場面で，どのようにすれば四日市市のマスコットキャラクターである「こにゅうどうくん」が有名になるのか話し合う。四日市市を全国にPRするための具体的な場面を取りあげ，サブキャラクターやサイドストーリーなどを考えていく。イメージキャラクターの活用は，一過性のものであってはならない。飽きの来ない，様々な場で活用できる具体的な方策を考えていく。

○　中心市街地の活性化のために，中心市街地にひとつだけ施設を立地するとしたら何がよいか。

《集団討論の方針・課題の分析》

　1980年代後半から，それまで活気を呈していた地方都市の個人商店の閉店が続き，中心商店街の衰退が心配されるようになった。そうした現象は「シャッター商店街」「シャッター通り」という言葉を生み出した。そうなってしまった原因は様々で，一概に論じることはできないが，過疎化による人口減少，車社会の出現と交通網の発達，郊外型の大型ショッピングモールの設立などが複雑に絡み合った結果であると考えられる。こうした中心商店街の衰退は四日市市でも例外ではなく，高齢者を中心に買い物難民を生み出しており，大きな課題となっている。集団討論では，こうした中心商店街を活性化させていくために，どのような施設をつくったらよいかということである。大型の立体駐車場，商店と文化施設の入った複合施設，役所の機能をもった商業施設などが考えられる。四日市市のこれからの商店街像を描きながら討論していくことが必要である。

《集団討論のポイント》

　まず，中心商店街が衰退してしまった原因を出し合って整理する。その際，三重県や四日市市の具体的な事例やデータを示すことができれば，説得力のある意見となる。そのうえで，そうした商店街を活性化させるために，どのような施設をつくったらよいか話し合う。車社会にあわせた駐車場の整備，各種イベントの開催ができる文化施設を伴う商業施設，役所の公共機能を集中させた施設などの中から，何がよいか一つを選択する。そのうえで，その施設を中心にどのような商店街づくりを進めていくのか話し合う。四日市市の具体的な商店街を想定して話し合い，具体的で実現可能な取組み案をまとめていきたい。

●書籍内容の訂正等について

　弊社では教員採用試験対策シリーズ（参考書，過去問，全国まるごと過去問題集），公務員採用試験対策シリーズ，公立幼稚園・保育士試験対策シリーズ，会社別就職試験対策シリーズについて，正誤表をホームページ（https://www.kyodo-s.jp）に掲載いたします。<u>内容に訂正等，疑問点がございましたら，まずホームページをご確認ください。</u>もし，正誤表に掲載されていない訂正等，疑問点がございましたら，下記項目をご記入の上，以下の送付先までお送りいただくようお願いいたします。

---

① **書籍名，都道府県・市町村名，区分，年度**
　（例：公務員採用試験対策シリーズ　北海道のＡ区分　2025年度版）
② **ページ数**（書籍に記載されているページ数をご記入ください。）
③ **訂正等，疑問点**（内容は具体的にご記入ください。）
　（例：問題文では"ア～オの中から選べ"とあるが，選択肢はエまでしかない）

〔ご注意〕

○ 電話での質問や相談等につきましては，受付けておりません。ご注意ください。
○ 正誤表の更新は適宜行います。
○ いただいた疑問点につきましては，当社編集制作部で検討の上，正誤表への反映を決定させていただきます（個別回答は，原則行いませんのであしからずご了承ください）。

●情報提供のお願い

　公務員試験研究会では，これから公務員試験を受験される方々に，より正確な問題を，より多くご提供できるよう情報の収集を行っております。つきましては，公務員試験に関する次の項目の情報を，以下の送付先までお送りいただけますと幸いでございます。お送りいただきました方には謝礼を差し上げます。
（情報量があまりに少ない場合は，謝礼をご用意できかねる場合があります。）

◆あなたの受験された教養試験，面接試験，論作文試験の実施方法や試験内容

◆公務員試験の受験体験記

- -

送付先
○電子メール：edit@kyodo-s.jp
○FAX：03-3233-1233（協同出版株式会社　編集制作部 行）
○郵送：〒101-0054　東京都千代田区神田錦町2-5
　　　　　　協同出版株式会社　編集制作部 行
○HP：https://kyodo-s.jp/provision（右記のQRコードからもアクセスできます）

※謝礼をお送りする関係から，いずれの方法でお送りいただく際にも，「お名前」「ご住所」は，必ず明記いただきますよう，よろしくお願い申し上げます。

津市・四日市市・鈴鹿市・
名張市・伊勢市の
中級・短大卒程度／初級・高卒程度

編　者　公務員試験研究会

発　行　令和6年1月25日

発行者　小貫輝雄

発行所　協同出版株式会社

〒101－0054
東京都千代田区神田錦町2－5
電話　03－3295－1341
振替　東京00190－4－94061